尚智财管力　财管服务家

财管力

——300个指标提升利润管理

基础工作力　会计核算力
数据分析力　税务得体力　风险控制力
自查自校力

高婷姝

哈尔滨工业大学出版社
HARBIN INSTITUTE OF TECHNOLOGY PRESS

图书在版编目(CIP)数据

财管力:300个指标量化提升利润管理 / 高婷姝著. —哈尔滨:哈尔滨工业大学出版社,2021.11
ISBN 978-7-5603-9631-6

Ⅰ.①财… Ⅱ.①高… Ⅲ.①企业利润—企业管理 Ⅳ.① F275.4

中国版本图书馆 CIP 数据核字 (2021) 第 165953 号

HITPYWGZS@163.COM
13936171227

财管力:300个指标量化提升利润管理
CAI GUAN LI: 300 GE ZHIBIAO LIANGHUA TISHENG LIRUN GUANLI

策划编辑	李艳文　范业婷
责任编辑	孙　迪
封面设计	朱　宇
出版发行	哈尔滨工业大学出版社
社　　址	哈尔滨市南岗区复华四道街 10 号　邮编 150006
传　　真	0451-86414749
网　　址	http://hitpress.hit.edu.cn
印　　刷	哈尔滨市石桥印务有限公司
开　　本	787 毫米 ×960 毫米 1/16　印张 19.25　字数 313 千字
版　　次	2021 年 11 月第 1 版　2021 年 11 月第 1 次印刷
书　　号	ISBN 978-7-5603-9631-6
定　　价	68.00 元

(如因印刷质量问题影响阅读,我社负责调换)

代　序

可不可以不扛着棺材上路

大概十年前,在中山黄圃会展中心听了爱多创始人胡志标一次演讲,他说:"中国企业家都是扛着棺材上路的。"这句话给与会的老板们留下非常深刻的印象,好像触动了大家的某根神经,但背后的原因是什么,估计并没有多少人去细想。

对多数老板而言,就是想明白了,也无力改变。这里面有价值观的问题,有历史的原因,有政策的因素,有企业能力的问题……

企业要想活下去,人、财、物、技术、信息五个方面,一个都不能少。但我们往往把"财"片面地理解为资金,只是想投多少钱赚多少钱,关心的是资金的回报,而不思考如何提升资金的效率。我不明白不思考资金的效率又如何能提高资金回报率呢?表面上老板都很关心资金风险,但却没有一套可行的方法,一般是凭直觉、凭经验,而税务风险是他们经常忽视的一个风险。

企业要做强做大更离不开这五个方面。

高总说她准备出一本关于企业财管力的书,邀我给她的新书写一个序,我没有经过思考就答应了,事后就有些后悔,后悔不是因为其他原因,而是因为对财管力这个概念并不是十分了解。而我愿意来写这个序,也可能是因为对这个概念不是十分了解,而我又很好奇,我很想知道财管力的作用力和威力。事实上,我最近恰好也在思考这个问题。我想企业五流中的资金流与财管力简直密不可分。

在经营的实践中,我经常会说到认知力、思维力、判断力、决策力、创新力、经营力、产品力、营销力、组织力、执行力十力,并且建立了企业的十力模型。

听到高总说财管力,我才发现我的认知系统有个巨大的疏漏,对财管的漠视,也许就是企业最大的风险。

我们可能深受德鲁克"因为企业的目标是创造客户,因此企业有两个并且只有两个基本功能:市场营销和创新"这句话的影响,所以我们的眼睛都盯着市场营销和创新,对可能给企业带来致命一击的"财务风险"却视而不见。

在中小企业里,对财务风险"视而不见"却是普遍现象。我问过不少人,是否进行过财税筹划?是否进行过风险评估?大多数人都说没有。而且有的人还理直气壮地说,大家都是这么做的啊。潜台词是即使出了什么问题也是法不责众呗。

有时候也不是他们不想,或者故意视而不见,而是因为中小企业的一切导向就是活下来,所以其表现形式就是野蛮生长,在这样的大背景下,跟他们谈财务管理就如跟一个饿着肚子的人谈营养均衡。

按照国家税务总局统一部署,2019年3月1日起上线金税三期,实现原国税、地税两套金税三期系统并库。对企业来说,合并后的信息将更加全面、精准、透明,也会让违法行为无所遁形。而随着国家的财税管理越来越规范,企业的经营管理必然越来越规范,越来越多的老板不得不开始关注财务管理工作,开始有了强烈的风险意识,但又无所适从,不知如何是好。

高总这本书用新的概念解读企业财务管理工作,把它分成六个维度,再将六个维度融合为统一的逻辑核算体系;在概念传导中穿插100个财务管理诊断问题和解决方案,都是来自于企业咨询实践,具有很高的借鉴和实用价值;创造性地将企业的财务管理进行量化,并将其以一种无穷演进的模型形式提供给企业使用,能够根据企业的不断发展驱动调整适应。

其实,不管老板有没有风险意识,关不关注财务管理,我国经济已经从2018年起转向高质量发展之路。国家政策变了,企业走向规范是必由之路,政策环境一变,企业的生存法则也就变了。

作为老板如果还不懂财务管理,可能就不是企业赚多少钱或者亏损多少钱的问题了,而是可能正走在违法违规的路上,真的到了那时候,你就懂了,但也晚了。

稻盛和夫先生说:"公司透明的经营,更能凝聚人心。"越来越多的老板开始相信这种理念。如果要实行"玻璃般透明的经营",财务管理在企业中的位置也将越来越重要，它不仅可以帮助企业减少损耗，提升资金效率，从而提高利润，还可以规避风险。如果我们合理地运用基础工作力、会计核算力、风险控制力、财务分析力、税务得体力、自查自校力这六个力，再加上企业经营能力，我们就不需要悲情地说"扛着棺材上路了"。

可不可以不扛着棺材上路，回答是肯定的：可以。

但我们必须能精确地回答：自己公司是做什么的？公司为什么而存在？然后提升自己的认知力，加强自己的判断力、决策力、专业力和执行力，从此以后我们企业就会晴空万里。

罗子健
2021年8月

罗子健简介：

罗子健，笔名保保，左脑经商，右脑写诗，缔造"超人"节能厨房品牌、"壹点爱"公益品牌，"虚度光阴"文化品牌联合创始人。中国作家协会会员、中国家电商业协会营销委员会常务副会长、广东省家电协会副会长、广东省燃气具协会副会长、节能专业委员会主任、中山市政协委员、中山市创业导师、中小微企业创业创新服务专家、中山市作家协会副主席、香山文学院副院长。《现代青年》十大青年诗人、中国新归来诗人代表诗人。领衔开发的第十代内旋火燃气灶项目被国家科技部列为创新基金扶持项目。先后荣获中山美居创意工业设计大赛"美居奖"、佛山市工艺美术创新"市长奖"、广东省创新纪录特别贡献奖、广东省企业文化管理杰出人物、"大家奖"中国家电十佳营销官等奖项。

自　序

从事财务管理相关工作近20个年头，原创的管理概念——财管力，在历经数场讲座、走访、答疑、咨询实践后，终于"千呼万唤始出来"了。

在此，我唯念感恩。

第一个感恩，感恩在财管力概念应用的过程中，支持我、信任我的各位企业家朋友，各位财务管理工作者，各位有见地有理想的咨询行业同行，他们从四面八方而来，听我讲财管力，与我互动，给机会让财管力得以实践，也口口相传使得财管力广为人知。他们每一位，对我而言，都意义非凡。

第二个感恩，感恩我的小伙伴们。尚智伙伴们，谢谢你们跟随我、支持我、协助我；合作伙伴们，我的兄弟姐妹们，信任我、扶持我、推动我，我才终于把尚智由一纸执照，做成了今天这样有院子、有屋子、有吃有喝的一个家庭，有血有肉、有创造力、有活力的一间公司，有产品、有品牌、有前景的一份希望。

第三个感恩，是最大的感恩，感恩我的父母。感恩父亲，教我为人正道，仁义礼智信，恕忠孝悌勇。一路走来，一直因此而受益。尚智，即以父为名，体现了传承和发扬。感恩我的母亲，单月琴，善良、勤劳，是我的榜样，更是我最坚强有力的后盾。她常对我说，前途是光明的，道路是曲折的。谢谢我可爱的妈妈！

接下来感恩一切，感恩今天的天气，不冷不热，无风无雨；感恩一花一木，生机勃勃；感恩茶点佳肴，感恩此时此刻，感恩你们……

财管力——300个指标量化提升利润管理

财管力，是我自主提炼的财务管理感念，以立体思维将企业的财务管理归纳为六个维度——基础工作力，解决岗位和机构，资金和资产；会计核算力，解决核算规范性和原则应用性；风险控制力，在内部控制关键循环基础上，增加更为全面细致的风险关注点；数据分析力，业财结合，建设管理驾驶舱；税务得体力，引导纳税收益；自查自校力，内审加绩效，培育企业免疫功能。

六个维度，可以单独剖析，逐个加强，也可以融合渗透，形成企业价值核算逻辑体系。企业价值，分母是风险，分子是利润。财管力，增加利润，降低风险，量化管理，持续演进。

目前，尚智除了常规财管咨询项目，如：重组顾问、税务咨询、尽职调查、政府项目等，还有三个特色产品：精益核算、财管力测评中心和智汇营。一个培训中心——尚智学院，以培育有技能、有素质、有视野的财务经理为宗旨。此外，智云空间，旨在带动财管力向生态、产业、智能、信息化发展。

以上基于财管力的努力，有幸获得了学术认可，有高校、研究院协同，有专著准备出版；也得到了社会认可，各个合作方，都是重量级的、公信力强的机构和组织。

因此，再一次感恩，感恩这诸多认可，诸多鼓励，让我更有力量、有信心，把财管力推向更广阔的服务空间。

高婷姝

2021 年 11 月

目 录 Contents

导论	001
导论1　利润和财管力体系的关系	002
导论2　利润行为学和财管力的关系	007
导论3　零星问题一定是系统出错	010
导论4　财务部不是几个人，是整个财务管理职能系统	011

1　基础工作力　　013

1.1　资金管理　　014

第1节　配置效率——钱只能用在生更多钱的地方　　014

- *1　指标1　流动资产小于非流动资产的一半　　018
- *2　指标2　没有闲置不用的货币资金　　018
- *3　指标3　强迫资金不停止流动　　019
- *4　指标4　测算营业周期的合理性　　021

第2节　资金使用效率——静止的钱不是钱　　022

- *5　指标1　能获取供应商的现金折扣　　022
- *6　指标2　设计了赊销政策和对客户的现金折扣　　023
- *7　指标3　投资项目时会考虑回报率或净现值　　024
- *8　指标4　需要设备时会在购买和融资租赁间权衡　　024
- *9　指标5　测算最佳现金持有量　　024

第3节　资金安全——钱不怕丢，怕只是个数　　024

- *10　指标1　出纳岗位不掌握所有的密码和印章，货币资金不相容职务分离　　025
- *11　指标2　有各种往来的辅助账或台账　　025
- *12　指标3　有严谨的报销程序且得到执行　　026

＊13　指标4　股东或员工不可借支用于非经营用途　　　　　　　　　　027

1.2　资产　　　　　　　　　　　　　　　　　　　　　　　　　　　　　028

　第1节　过程预设——春蚕到死丝方尽　　　　　　　　　　　　　　　028

　　＊14　指标1　有明确的资产管理办法且得到执行　　　　　　　　　028

　　＊15　指标2　采购需求经过测算和分析　　　　　　　　　　　　　029

　　＊16　指标3　采购审批有确定的流程并实际实施　　　　　　　　　030

　　＊17　指标4　验收环节会反馈至采购部门　　　　　　　　　　　　030

　第2节　安全性——账实相符，也有可能财产受损　　　　　　　　　031

　　＊18　指标1　有资产清册或物资进销存　　　　　　　　　　　　　031

　　＊19　指标2　建立了资产卡片，并至少每月盘点一次　　　　　　　032

　　＊20　指标3　有指定的保管人，负责价值管理和实物管理　　　　　032

　第3节　文档痕迹——所有行为都将作为呈堂证供　　　　　　　　　033

　　＊21　指标1　资产寿命全程留存必要的档案　　　　　　　　　　　033

　　＊22　指标2　留存的文档有必要的审批和签字　　　　　　　　　　035

　第4节　使用效率——让资产的每一分钟都在为你赚钱　　　　　　　035

　　＊23　指标1　没有闲置或非生产必需的资产　　　　　　　　　　　036

　　＊24　指标2　做资产工时和人工工时的匹配测算　　　　　　　　　037

　　＊25　指标3　报废资产和边角料也有处理流程　　　　　　　　　　037

　第5节　缺陷预警——警惕不良资产带来的虚假繁荣侵蚀利润　　　037

　　＊26　指标1　定期对资产健康度进行复核　　　　　　　　　　　　037

　　＊27　指标2　对有缺陷的资产有预备方案　　　　　　　　　　　　039

1.3　会计人员素质　　　　　　　　　　　　　　　　　　　　　　　　039

　第1节　职业道德——其身正，不令而行　　　　　　　　　　　　　039

　　＊28　指标1　会计人员有责任心，正直，性格谨慎　　　　　　　　040

　　＊29　指标2　会计人员认可企业文化，对老板忠诚　　　　　　　　040

　第2节　胜任能力——至少一个散装诸葛亮　　　　　　　　　　　　041

　　＊30　指标1　有初级会计师以上职称占比大于70%　　　　　　　　041

　　＊31　指标2　三年以上工作经验占比大于50%　　　　　　　　　　041

- ✳32　指标3　负责人有中级会计师职称　041
- ✳33　指标4　懂核算、税法、财务分析、预算、内控　041
- ✳34　指标5　会做税务筹划，会对决策提供建议　041
- 第3节　综合素质——素质与专业同等重要　042
  - ✳35　指标1　沟通能力强，能达成公司整体目标　043
  - ✳36　指标2　协调能力强，能从整个业务循环考虑　043
  - ✳37　指标3　创新能力强，能把财务管理融进经营　043

1.4　组织机构　044

- 第1节　完整度——可有可无则不必要；若有若无则亏而不知　044
  - ✳38　指标1　配备足够的人手，至少三人，分工明确　044
  - ✳39　指标2　如有代理记账，有专人对其复核　045
- 第2节　不相容岗位分离——钱账物，两两相望　045
  - ✳40　指标1　出纳不记账，货币资金日记账除外　045
  - ✳41　指标2　离职或者调岗，需有完备的交接手续　045
  - ✳42　指标3　有会计主管岗位专门负责稽核　045
- 第3节　参与度——越在乎越值得　046
  - ✳43　指标1　财务部参加公司经营会议并发言　046
  - ✳44　指标2　公司大额采购、融资、投资等重大事项，需要财务部意见　047
  - ✳45　指标3　没有公司高层或外部人员对财务部施压　047

1.5　会计档案　048

- 第1节　完整度——不仅是分录　048
  - ✳46　指标1　有凭证、账簿、报表、纳税申报表，按月装订　049
  - ✳47　指标2　凭证附件足够支持会计处理　050
  - ✳48　指标3　有资产清册，并及时更新　051
- 第2节　保存保管——会计凭证是现金等价物　051
  - ✳49　指标1　有专门的区域存放，有专门的保管责任人　051
  - ✳50　指标2　未经授权，不得接近和查阅，不得发送　051

2 会计核算力　　053

2.1 基本原则　　054

第1节　会计准则符合度——做对了不高级，做错了犯法　　054

　＊1　指标1　采用了适合的会计准则　　055

第2节　会计基本原则　　057

　＊2　指标1　符合会计核算八项基本原则　　057

2.2 会计处理——所有企业行为的轨迹图　　058

第1节　资产——分录定大小　　059

　＊3　指标1　科目准确，备抵科目使用正确　　062

　＊4　指标2　有资产清单，完整登记所有资产，且折旧准确　　062

　＊5　指标3　存货进销存清晰准确，且与科目余额表相符　　063

　＊6　指标4　开发支出归集和结转符合相关政策要求　　064

第2节　负债——分录定多少　　065

　＊7　指标1　借款主体无瑕疵，本金和利息与合同相符　　065

　＊8　指标2　应付职工薪酬的计提和发放清晰，社保有明细　　066

　＊9　指标3　应交税费符合纳税申报数据，钩稽无误　　066

　＊10　指标4　如有长期应付款，未确认融资费用处理恰当　　067

第3节　所有者权益——分录定来去　　067

　＊11　指标1　实收资本为无瑕疵实缴　　067

　＊12　指标2　资本公积和盈余公积处理正确　　068

　＊13　指标3　未分配利润符合行业常规及经营预期　　068

第4节　收入——分录定理想　　069

　＊14　指标1　收入的确认时点符合行业特性，且依据充分　　069

　＊15　指标2　应收账款和收入对应关系稳定清晰　　070

　＊16　指标3　不以发票为确认收入的唯一标准　　070

　＊17　指标4　有销售合同台账，且实时更新　　070

　＊18　指标5　至少二级科目明细核算，且与成本匹配　　071

第5节　成本——分录定现实　071
　　✱ 19　指标1　有符合生产或服务过程的成本核算方法　072
　　✱ 20　指标2　能测算出单个产品的单位成本，精确得出单品贡献度　074
　　✱ 21　指标3　能区分固定成本和变动成本　075
　　✱ 22　指标4　核算完整，并有成本管控的措施　076
　　✱ 23　指标5　毛利正常，符合行业原则　077

第6节　费用——分录定有无　078
　　✱ 24　指标1　按部门核算费用科目，分类准确，分摊依据充分　078
　　✱ 25　指标2　全部按照权责发生制计入，而不是收付实现制　078
　　✱ 26　指标3　全部都是跟公司经营发展有关的支出　078

2.3　会计监督　079

第1节　授权和牵制——英雄所见略有不同　079
　　✱ 27　指标1　有经过授权的会计监督人员或部门，会计稽核不是审计　080
　　✱ 28　指标2　被授权的范围有限，或有上级权威者对其负责　080

第2节　职责设定——核算的主观度超出你的想象　080
　　✱ 29　指标1　对会计资料复核，保证真实、准确、完整、合法　081
　　✱ 30　指标2　对资金和财产监督，确保合理使用及其安全　081
　　✱ 31　指标3　对财务收支进行监督，以保证财务收支符合财务制度　081
　　✱ 32　指标4　对成本费用进行监督，以保证用尽可能少的投入　081

第3节　独立性——不是机器，胜似机器　083
　　✱ 33　指标1　会计监督人员或机构能够独立工作　083
　　✱ 34　指标2　没有用事务所审计代替公司会计监督职能　084
　　✱ 35　指标3　会计监督工作得到公司高层的支持和配合　084

2.4　往来管理　084

第1节　对象库——你欠了谁，谁欠了你　087
　　✱ 36　指标1　建立了供应商库、客户库，并实时更新　087
　　✱ 37　指标2　对供应商综合水平打分　088
　　✱ 38　指标3　对客户授信评估　088

第2节 账龄管理——你欠了谁多少，谁欠了你多少 089
    ✱ 39 指标1 有往来账龄分析 090
    ✱ 40 指标2 有成熟的对账制度，专门的对账人员 090
    ✱ 41 指标3 账龄与员工的绩效对应 091
    ✱ 42 指标4 挂账三年以上的往来不超过总额的10% 091

第3节 实时质量——随时可以知道真相 092
    ✱ 43 指标1 对往来管理使用了软件、系统等信息化措施 092
    ✱ 44 指标2 建立了采购台账和销售台账，并与科目余额表相符 092
    ✱ 45 指标3 不存在无实质性经济业务支持的往来发生额 092

2.5 核算制度 095
第1节 制度设计 095
    ✱ 46 指标1 有全套的财务管理制度，涵盖公司所需 095
    ✱ 47 指标2 有对制度进行诠释的执行细则或操作手册 096
    ✱ 48 指标3 有对执行要点进行阐述的工作流程 096

第2节 制度执行 096
    ✱ 49 指标1 制度、细则、流程被公司全体知晓 097
    ✱ 50 指标2 对制度执行有实际的奖惩措施 097

3 风险控制力 99

3.1 流动性 100
第1节 现金资本管理——现在的钱从哪里来 100
    ✱ 1 指标1 有对现金流的分析，或月度编制现金流量表 100
    ✱ 2 指标2 有全面预算管理制度，或简明版资金预算 101
    ✱ 3 指标3 有对营运资本的因素分析 101

第2节 长期规划——以后的钱从哪来 101
    ✱ 4 指标1 融资途径经过设计和分析 102
    ✱ 5 指标2 投入的资金有可靠的返回渠道 102
    ✱ 6 指标3 有长期现金流规划 102

第3节	应急筹资计划——人算不如天算这件事，毕竟人还是算到了	103
✽ 7	指标1　设定了应急触发预警线	104
✽ 8	指标2　得到了较高的银行授信额度	105
✽ 9	指标3　有自有不动产可以用于抵押	105
✽ 10	指标4　合理估计可能的筹资规模和所需时间，考虑流动性转移限制	105

3.2 关键内控　　106

第1节	销售与收款循环——从销售之前，到收款之后	111
✽ 11	指标1　订单环节得到明确授权，而非业务员自主谈判	111
✽ 12	指标2　给客户的授信经过了信用等级评估	112
✽ 13	指标3　合同签订流程明确，并得到相关部门会签	113
✽ 14	指标4　仓库根据财务部发货通知单清点并发货，反馈发货单回传	113
✽ 15	指标5　财务部根据合同和发货综合判断，确认收入（不是只根据发票）	114
✽ 16	指标6　有收款制度，明确责任人	114
✽ 17	指标7　退货条件和退货期等条款咨询过税务师和律师	115
第2节	采购与付款循环	115
✽ 18	指标1　采购申请由需求部门提出，由财务部和采购部审批	120
✽ 19	指标2　采购需求经过了测算或分析	120
✽ 20	指标3　采购部询价、选型、招标，选择供应商	121
✽ 21	指标4　合同经过至少需求部门、财务部、采购部会签	121
✽ 22	指标5　收货环节有认真的验收，验收单回传至财务部	121
✽ 23	指标6　根据合同条款付款，有现金折扣的，测算后决定	122
✽ 24	指标7　根据付款进度和到货进度，如实确认会计处理	123
第3节	生产与存货循环	124
✽ 25	指标1　根据销售订单，确定生产任务通知单	124
✽ 26	指标2　有完善的领料流程，如材料发出汇总表、领料单、限额领料单、领料登记簿、退料单	125
✽ 27	指标3　有精准的工时记录，记录设备和人工	125
✽ 28	指标4　有产量登记制度，及时入库，确认产成品	125

✲ 29	指标5	人工工时与工资表钩稽相符	125
✲ 30	指标6	生产过程及成品环节，都有必需的质量检验	126
✲ 31	指标7	车间有原材料、生产成本、产成品的进销存，且与财务部一致	126

第4节　内控体系　　　　　　　　　　　　　　　　　　　　　126

✲ 32	指标1	有内部控制体系，或关键内容	127
✲ 33	指标2	有专门的岗位或机构在负责内部控制制度的创建和维护	129
✲ 34	指标3	对制度的执行有定期的验证和调整	130

3.3 投资预算　　　　　　　　　　　　　　　　　　　　　　　131

✲ 35	指标1	有重大投资或添置资产的打算，会进行投资预算	131
✲ 36	指标2	投资预算经过高层管理者开会集体决策	132

3.4 风险防范　　　　　　　　　　　　　　　　　　　　　　　132

第1节　风险环境——知道一些无法改变的内容　　　　　　　133

✲ 37	指标1	有对经营环境的分析，如政府工商、税务、环保等	133
✲ 38	指标2	有对公司经营理念、企业文化等的综合评估	133

第2节　应对措施——积极应对那些消极的可能　　　　　　　134

✲ 39	指标1	有对经营和项目的风险跟踪，对波动随时预警	134
✲ 40	指标2	有撤出现有市场或区域，或者通过出售、清算、剥离某个产品组合或业务的准备	134
✲ 41	指标3	购买保险	134
✲ 42	指标4	通过结盟或合资，随时可以投资于新市场或新产品	134
✲ 43	指标5	引进风险投资者	134
✲ 44	指标6	对期货和套期保值工具有深入的了解	135

3.5 法律风险　　　　　　　　　　　　　　　　　　　　　　　135

第1节　合同管理——会计职称为什么都考经济法　　　　　　135

✲ 45	指标1	对经济合同审核，对隐患做出提示	135
✲ 46	指标2	对劳动合同和薪酬相关的处理做出专业意见	137

第2节	防范体系——时刻准备着	148
＊47	指标1　有处理法律事务的机构，或法律顾问	148
＊48	指标2　对合资合作、市场并购、重大技术和装备引进等项目有法务参与	149
＊49	指标3　将案件处理与改进管理有机结合，重视日常证据的收集归档管理	149

3.6 人才忠诚度

＊50　指标1　对处于核心岗位的高端人才离职有预备　　149

4 数据分析力　　151

4.1 财务政策　　152

＊1　指标1　对财务政策重视，关注财务分析的价值　　152
＊2　指标2　管理层对财务工作的管理力度较高，基础数据可信度高　　152
＊3　指标3　有按月度做经营分析的任务和能力　　153

4.2 偿债能力　　153

第1节　短期偿债能力——晴天常备引火柴　　153

＊4　指标1　营运资本大于1　　153
＊5　指标2　流动比率大于2　　154
＊6　指标3　速动比率大于1　　154
＊7　指标4　现金比率大于0.2　　154
＊8　指标5　经计算，保持现金的最佳持有量　　155

第2节　长期偿债能力——留得青山在，不怕没柴烧　　156

＊9　指标1　资产负债率大于0.4，小于0.6　　156
＊10　指标2　产权比率小于1.5　　156
＊11　指标3　已获利息倍数大于1　　157

第3节　表外因素——寻找能伸过来的援助之手　　157

＊12　指标1　没有或有负债　　157
＊13　指标2　没有签订长期应付合同，如融资租赁，或尚未获得投资收益的长期股权投资等　　158
＊14　指标3　有可动用的银行贷款授信额度　　159
＊15　指标4　不存在未决诉讼，或有可能陷入诉讼的情况　　159
＊16　指标5　有获取财务投资，或者其他融资的预备方案　　159

4.3 盈利能力 　　162

第1节 盈利水平——糟糕的是，每个人心里一杆秤 　　162

＊17 指标1 销售毛利率不低于也不不合理地高于行业平均水平 　　166

＊18 指标2 销售净利率不低于，也不不合理地高于行业平均水平 　　166

＊19 指标3 会通过考量净资产收益率，加以改善企业经营 　　166

第2节 盈利质量——没有质量的盈利不是盈利 　　168

＊20 指标1 销售收现占销售收入总额比不低于50% 　　171

＊21 指标2 营业外收入占销售收入总额比不高于25% 　　172

＊22 指标3 收入的可持续性较强 　　173

第3节 费用管理——不是不让花钱，是要花得有规矩 　　173

＊23 指标1 有经营预算，最好是在全面预算的基础上 　　174

＊24 指标2 有控制费用的想法和一些举措 　　179

＊25 指标3 期间费用的支出经过专业的分析和审批，不是先支后报 　　179

第4节 宏观环境——逆水行舟未必好 　　179

＊26 指标1 考虑国际形势、国家政策、行业发展等宏观因素 　　181

＊27 指标2 地理位置、资源条件、运输条件、国家产业政策 　　181

＊28 指标3 信贷、利息、税收政策、劳动工资制度、市场机制、科技水平 　　181

4.4 营运能力 　　183

第1节 资产质量——保持资产健康度，才能有体力赚钱 　　183

＊29 指标1 资产的可变现净值没有低于资产的账面净值 　　186

＊30 指标2 资产结构不存在不合理，或不符合行业特征 　　187

＊31 指标3 总资产增长率符合企业规模增长 　　190

＊32 指标4 固定资产成新度符合企业持续发展的能力 　　190

＊33 指标5 不良资产比率低于同行业 　　190

＊34 指标6 资产现金回收率高（参考行业绩效标准） 　　190

第2节 营运效率——保持资产精神状态，才有实力赚钱 　　191

＊35 指标1 应收账款周转率高（参考行业绩效标准） 　　191

＊36 指标2 存货周转率高 　　191

✽ 37	指标3 劳动效率高	192

第3节 营运效益——别只看结果，投入产出比更重要 192

✽ 38	指标1 全部资产产值率适中	192
✽ 39	指标2 全部资产收入率适中	193

4.5 增长能力 193

第1节 外部系统因素 197

✽ 40	指标1 政府政策、政策导向等有利于企业长期发展	197
✽ 41	指标2 经济环境稳定	197
✽ 42	指标3 社会文化对企业有利	197
✽ 43	指标4 科技、能源、信息化等环境可以支持企业发展	197

第2节 内部非系统因素——能改变的想想怎么更好 197

✽ 44	指标1 经营能力良好	197
✽ 45	指标2 管理能力良好	197
✽ 46	指标3 创新发展能力良好	197
✽ 47	指标4 储备人才建设能力良好	197
✽ 48	指标5 资源获取能力良好	197
✽ 49	指标6 推广公关能力良好	197
✽ 50	指标7 战略规划能力良好	198

5 税务得体力 199

5.1 日常申报 200

第1节 时效性——底线 201

✽ 1	指标1 准时申报，没有延迟报、无报表空报	201
✽ 2	指标2 申报的数据属于申报期内，没有追溯报、提前报	201

第2节 合法性——老老实实做人 201

✽ 3	指标1 申报准确，没有错误	201
✽ 4	指标2 做全年纳税规划，并考虑会计法和税法的差异	202
✽ 5	指标3 发票使用合法合理，严格谨慎	213

5.2 政策和筹划 213

第1节 政策跟随度——政府的好处是给知道这个好处的人 213

* 6 指标1 有专人，或者聘请了专门的机构，对适用的税收政策跟进和分析 214
* 7 指标2 对适用的税收政策都申请了 214
* 8 指标3 对有望适用的税收政策可以向政策努力 214
* 9 指标4 经常参加税法或税收政策的培训和讲座 215

第2节 税收筹划度 215

* 10 指标1 与销售配套的服务采用了不同的增值税率 216
* 11 指标2 支付劳务报酬，采用了综合方式 217
* 12 指标3 预缴时，账务处理计提了坏账准备 217
* 13 指标4 多层次经营，大公司转集团 218
* 14 指标5 能准确划分正常损耗和非正常损耗 218
* 15 指标6 在销售合同的范本中，考虑销售收入确认时点 219
* 16 指标7 用发票或者摊销的形式，可以将无形资产计入成本 219
* 17 指标8 餐费做了详细的记录，分类计入不同科目 220
* 18 指标9 支出和采购收增值税专用发票时，尽量转换交易形式，使得抵扣率更大 220
* 19 指标10 预计营业状况不太稳定的投资，不做分公司，做子公司 221
* 20 指标11 制定营销方法，会计算税负 221
* 21 指标12 开发支出用了专账采用三级科目核算 222
* 22 指标13 股东更名前会考虑个人所得税 223
* 23 指标14 其他常规税收筹划的考虑 224

5.3 财税契合度 225

第1节 数字合理性——别让人一眼就看出有问题 225

* 24 指标1 存货余额不大于之前三个月收入之和 227
* 25 指标2 有投资收益，则有相应的资产科目，反之亦然 228
* 26 指标3 应收账款的增幅，不会低于同期销售收入的增幅 228
* 27 指标4 不存在非主要原材料的预付款大幅增长 228

＊28 指标5	不存在与生产经营规模不相适应的在建工程的突然增长	228
＊29 指标6	不存在与当前经营关联度不高的无形资产采购	229
＊30 指标7	不存在应付职工薪酬的异常波动	229
＊31 指标8	不存在偶发的交易模式、偶发的产品、偶发的客户	230
＊32 指标9	不存在交易价格明显偏离正常市场价格，且无合理原因	230
＊33 指标10	不存在销售结构异常、单位售价异常、原料单位成本异常和原料单耗水平异常导致的毛利率异常	230
＊34 指标11	运费、佣金、报关费用等，与销售收入保持相对稳定的比例关系	230
＊35 指标12	不存在投资性现金流量持续为大额负数的情况	230

第2节 内外衔接度——只有一套账才是利益最大化 　　231

＊36 指标1	各税种纳税申报表与财务报表钩稽	231
＊37 指标2	有稳定且合理的成本核算模式	231
＊38 指标3	所有的支出，有没有发票都应入账	232
＊39 指标4	管理账完整可靠，在此基础上纳税调整	232

5.4 战略契合度　　232

第1节 融资障碍——燕雀安知鸿鹄之志　　232

＊40 指标1	不会因为过度筹税导致融资障碍	235
＊41 指标2	不会因为多个账套导致财务混乱，融资困难	235
＊42 指标3	不会因为纳税不规范导致上市受阻	238

第2节 资质障碍　　238

＊43 指标1	不会因为过度筹税导致申报高新技术企业受阻	238
＊44 指标2	不会因为纳税不规范导致其他资质障碍	240

5.5 涉税风险防范　　240

第1节 内部防范环境——取材有道，不为食之　　242

＊45 指标1	管理者对税务风险重视，积极组织学习各项税务政策	242
＊46 指标2	有税务风险的日常监控措施和责任人	242
＊47 指标3	对税收开展合理预测	242
＊48 指标4	设置税务风险财务预警指标	242

第2节　外部防范支持——兼听则明　　　　　　　　　　　　　　243
　　＊49　指标1　聘请专业机构或税务顾问　　　　　　　　　243
　　＊50　指标2　政府各个部门的政策和信息，对涉税风险综合评估　　243

6 自查自校力　　　　　　　　　　　　　　　　　　　　　　245

6.1 机构和职能　　　　　　　　　　　　　　　　　　　　　246

第1节　独立机构——要么有机构，要么有职能　　　　　　　　246
　　＊1　指标1　设立独立的机构，作为内审部门　　　　　　246
　　＊2　指标2　内审部门职能清晰界定，并公布　　　　　　247

第2节　汇报对象——我不对你的工作负责　　　　　　　　　　248
　　＊3　指标1　内审部门对公司最高领导人汇报工作　　　　248
　　＊4　指标2　内审不对财务总监汇报工作　　　　　　　　248
　　＊5　指标3　内审部门成员不兼任其他部门的工作　　　　248

第3节　管理层态度——狐假虎威　　　　　　　　　　　　　　249
　　＊6　指标1　管理层高度重视内审工作，并积极协调配合　249
　　＊7　指标2　维护审计人员内部公信力，会安排后续跟进　249

6.2 流程和标准　　　　　　　　　　　　　　　　　　　　　249

第1节　文档完备度——写让人看得懂的制度　　　　　　　　　249
　　＊8　指标1　流程和标准清晰，能作为各个岗位的工作指引　249
　　＊9　指标2　流程和标准全面，涵盖了公司所有部门和业务循环　250
　　＊10　指标3　流程和标准精简，能解释工作细节的操作　250
　　＊11　指标4　流程和标准可行，对照文字或图表即可实操作业　251

第2节　验证和修订——留一个余地　　　　　　　　　　　　　254
　　＊12　指标1　有征集修改意见的途径，有固定形式的研讨会议　255
　　＊13　指标2　对文档不合理处，有专人负责调整和修订　256
　　＊14　指标3　修订会经过合理的审批和征求意见稿公示　256

第3节　可执行度——"教授式"理论，"傻瓜式"实践　　　　257
　　＊15　指标1　对流程和标准有宣讲和试行的动作　　　　257

	✱ 16	指标2	有纸质版张贴在企业内，或者用画报、广播等方式宣传	257
	第4节	奖惩制度——"胡萝卜加大棒"		257
	✱ 17	指标1	对流程和标准的执行，设立了奖惩制度	257
	✱ 18	指标2	奖惩制度得到了实际执行	257

6.3　工作质量评估　　258

第1节　绩效评估——聚焦最核心的投入产出比　　258
　　✱ 19　指标1　评估顾客盈利能力，考虑生存可否　　258
　　✱ 20　指标2　评估投资回报率，考虑盈利可否　　259
　　✱ 21　指标3　尝试平衡计分卡，考虑更多利润可否　　260
　　✱ 22　指标4　绩效评估得分与岗位设定和薪酬体系口径一致　　261

第2节　管理效率——精神层面的一些工具　　261
　　✱ 23　指标1　创建企业文化、经营理念，强调沟通　　262
　　✱ 24　指标2　关注时间管理　　262
　　✱ 25　指标3　关注目标管理　　262
　　✱ 26　指标4　通晓并推广使用管理效率工具　　263

第3节　绩效评价——多维考核才有意义　　268
　　✱ 27　指标1　经济效益：销售净利率、总资产报酬率达成　　266
　　✱ 28　指标2　资本经营：资本收益率、资本保值增值率达成　　268
　　✱ 29　指标3　偿债能力：资产负债率、流动比率达成　　268
　　✱ 30　指标4　营运能力：应收账款周转率、存货周转率达成　　268
　　✱ 31　指标5　社会效益：社会贡献率、社会积累率达成　　268

6.4　舞弊风险　　269

第1节　基本审查手段——用技术抵抗人性系列　　269
　　✱ 32　指标1　检查真伪发票　　269
　　✱ 33　指标2　报账时要报账人列明详细内容和理由　　269
　　✱ 34　指标3　生产物料及办公用品要求先入库后领用　　269
　　✱ 35　指标4　要求报账人提出开支事由，且有证明人签字　　270
　　✱ 36　指标5　制定明确、详细的费用开支标准和开支规定　　270

✱ 37 指标6 建立审计稽核制度，派专门人员定期检查账目资料，盘点现金，检查银行对账单，核实营业流水账、往来账、盘点库存账，并将总分类账、出纳流水账、业务营业账、仓库实物账等一一核对　　271

✱ 38 指标7 对应收账款进行预警管理，会计人员定期与客户对账，收款员及时催收货款。会计部门应每月对应收账款进行分析检查。稽核人员定期检查应收账款明细资料及欠款原因，必要时向客户函证欠款情况或实地对账　　271

✱ 39 指标8 对下属单位进行定期审计　　271

✱ 40 指标9 有办法核实销售合同或其他考核指标完成的真实性　　271

第2节　财产安全——钱和权都要做到防人之心不可无　　272

✱ 41 指标1 银行章印和支票要求会计和出纳分开保管　　272

✱ 42 指标2 票据交给会计保管，出纳不得兼管会计账目和会计资料　　272

✱ 43 指标3 会计监督出纳定期盘点，做到日清月结　　272

✱ 44 指标4 建立库存明细账，定期盘点　　272

6.5　审查档案　　272

第1节　完整性——从形式到内容　　272

✱ 45 指标1 内审和工作质量评估的工作全程留档，按日期排序　　272

✱ 46 指标2 档案形式有纸质版、电子版、声音文件、影像文件等　　272

✱ 47 指标3 对档案的查阅和修订也要并入档案登记留底　　272

第2节　安全性　　272

✱ 48 指标1 有专门的区域存放和保管档案　　272

✱ 49 指标2 翻阅需要经过最高领导人的审批同意，并有保管人陪同　　272

✱ 50 指标3 除非公检法调用，档案不会借出　　272

附录 273

　　附录1　财管力指标体系表　　274

　　附录2　财管力诊断常见问题　　276

财管力

——300个指标量化提升利润管理

导论

导论 1 利润和财管力体系的关系

企业的经营,简要来说就是买和卖,目的是赚取差价。生产型企业买和卖中间要加入生产,服务型企业要加入服务输出,贸易型企业直接转移,大同小异。

经营过程中,要投入资金,出现资产的流动,就是资源的转化过程。投入的资金和资产,通过一些管理行为和作业行为,转化为另一些资金和资产,以达到增值,目的是获取中间的差价,也就是利润。利润和财管力体系的关系如图1所示。

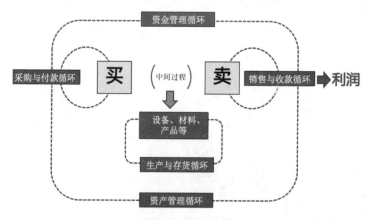

图 1 利润和财管力体系的关系

买,就是采购与付款循环;卖,就是销售与收款循环;需要加工和准备以达到可销售状态，就是生产与存货循环。经营过程中形成的资产（包括原材料、半成品等），以及需要长期或短期消耗的资源（包括固定资产、低值易耗品等）构成了资产管理循环。买卖和增减资产，都离不开钱的流转，就构成了资金管理循环。这五大循环，就是在企业的内控体系中，最核心、最以为始的，财管力将其称为关键业务循环，作为主线索，也是风险控制力的主要元素，在整个财管力体系中，都围绕这五大循环来理解。

以上关键业务循环表现在企业经济活动中，需要各种分工的人完成每个步骤，比如有人询价、有人付款、有人验收、有人保管等，具体做什么，事先讲清楚，就形成了制度。相近步骤的分工归类方便查找和使用，就形成了机构和部门。做什么更符合制度，有没有经过复核，都要留下证据，证据放在一起，就形成了业务档案。以上工作也是围绕着买和卖来不同程度地丰富和加强，以上所讲的关于资金、资产、人、机构和档案，这五项内容就是基础工作力。

资金和资产的流转少不了记录和计算。按照权责发生制来做账，能做得准，做得及时，做得对利润有帮助，能够找到增加利润的突破点，这就是会计核算力。

当然，必不可少的，只要开办了企业，就需要报税、缴税，企业要依法纳税，法都是有一个范围的，在这个范围内，尽可能地少一点缴纳税款，称之为纳税筹划，这是法律允许的；但是不能超出这个范围，所以纳税筹划，也是存在风险的，要把握好这个尺度。再加上在财管力中提到的纳税筹划，目标不是为了少纳税，而是综合衡量纳税的收益，如果衡量结果是纳税金额小于因纳税而享有的利润总额的增加，那当然就要纳税。所以，纳税筹划是个相对内容，财管力称作税务得体力。

对于买和卖的过程中形成的资金和资产的进出，核算出会计数据，企业需要掌握付出和收获之间的关系，了解其中的效率和效果，如何能够实现得更好，这个分析、测算、预计、建议的过程，就是数据分析力。

对于以上所有的工作，包括人、资源、文字和流程，以及成果、内外沟通的效果，整个过程都需要去验证和校正。需要确认企业的行为是增加了利润，还是虚耗了资源。增加了，如何机制化，虚耗了，如何改进。这非常重要。关于这部分，就是对企业行为（包括管理行为和作业行为）的绩效评价，也就是财管力中的自查自校力。

综合以上所述，财管力体系的六个维度，皆是围绕着企业的核心动作——买和卖来设定的。财管力其实就是一套行为守则，共包括 300 个行为指标，就算不了解其依据的概念和理论也没关系，也可以让人一目了然，直接且聚焦地奔赴达到增加利润、降低风险、提升企业价值的目的。

中小企业财管力六条"后腿"

内功的"后腿"——会计基础工作不扎实，组织机构不完整，胜任能力弱
披露的"后腿"——核算不规范，报价、高新、新三板、IPO 望而兴叹
安全的"后腿"——风险管控不全，内部控制缺陷，企业裸于危险而不自知
决策的"后腿"——财务数据不可靠，逻辑挖不出，管理决策无依据
筹税的"后腿"——盲目节税脱离战略，财税匹配度弱，省钱带来的后遗症
内省的"后腿"——缺乏内审内稽机构和机制，如脱缰的野马，绩效无从对应

按照以上六条线索，企业在获取利润的过程中，可以拆分成若干个行为的板块，以便我们进一步精细分析和提升，如图 2 所示。

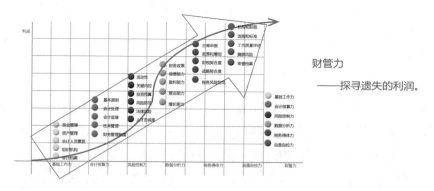

每一个作业行为的改变，都有可能影响利润。
在严峻的外部形势下，向内寻求。

图2　企业在获取利润过程中，可拆分为若干个板块

导论 | 利润和财管力体系的关系

财管力简而言之,财务管理对企业价值的作用力。

财管力的六个维度

财管力是财务管理对企业发展的作用力,包括六个维度:基础工作力、会计核算力、风险控制力、数据分析力、税务得体力、自查自校力。虽说是六个维度,但却并不是六条直线,而是交错纵横,分别涵盖了一些相关的指标,比如:核算、财务分析、税务筹划、内控、内审、绩效、预算、风险管理等,均有不同程度的涉及。这些指标盘根错节,像一棵大树的树根一样支撑着大树,而泥土之上的树干和树冠,则是大树呈现在外的部分,也就是利润了。就是说,财管力的支撑越有力,树根就越雄壮,树就生长得越繁茂,企业也就越健康盈利。

1 基础工作力

被忽略的财务基础工作,往往也最容易在关键时刻拖住企业前进的步伐。在基础工作范畴,需要解决五个基本点:资金管理、资产管理、会计人员、组织机构和会计档案。简单来说,就是起码要有一个财务部,要有具备胜任财务工作的人,有相应的制度将这些人的工作系统地连接起来。而实践发现,一些企业的财务部基础工作力很弱,甚至形同虚设。

2 会计核算力

会计核算力部分,可以说是财务会计和成本会计的深化应用,是对企业会计核算的规范性提出较高要求的一套指标。这也是在新的宏观环境和不断严谨的税务制度下,对会计核算提出的新的标准。

3 风险控制力

风险控制惯用的概念在这里不做解释,更多的是挖掘企业在管理、业务经营等方面的风险及原因,找出管理提升优化方案。除了内部控制,类似于流动性、高级人才流失等问题，也被并入风险指标。这也是财管力的特色，全面、衍进、从细节改进。

4 数据分析力

有很多企业已经开始采用经营分析的各种工具，但由于基础工作和核算水平的限制，工具所依赖的数据来源不够准确，导致分析未能精准，对决策的帮助较小，甚至误导决策。财管力对数据分析的应用，多是作为其他指标的配套分析零件，辅助性地加入到某项测评中，使得其发挥出"正能量"。

5 税务得体力

目前税务政策更新很快，更多筹税方法也跟着发布。财管力认为，对于纳税，应综合考虑企业的战略和发展规划，不能让节税为企业带来风险，也不能浪费交出去的税金。纳税不仅是成本，也是一种收益。所以财管力提出的税务得体力，就是让值得交税之处，会通过交税获得收益之处，就要交，税务要得体，要有战略匹配度，也要注意财税契合度。这对于某些由于过度筹划导致财务数据缺乏合理性的企业，尤为值得关注。

6 自查自校力

建立健全防御机制，提升企业内生力，是可持续发展的保证。自查和内审，已经被越来越多的企业重视。而绩效评价，也是一项很重要的内容，不仅可以获得量化的管理数据，还可以通过前面关于组织机构、内部控制的设定，形成完整的绩效循环，从而提升利润管理能力。

财管力有六个维度，300 个指标，总分 600 分。得分越高，说明企业获取利润和抵抗风险的能力越强。失分指标，就是企业应该着力改进的作业点。

导论 2　利润行为学和财管力的关系

首先,我们要了解什么是利润。

利润在会计学概念里,指企业在一定会计期间的经营成果。利润包括收入减去费用后的净额、直接计入当期利润的利得和损失等。

本书总结出利润的三个特点:

1　可持续性

利润是企业经营的成果,不是偶然所得。我们研究的利润,一定是跟企业的日常行为有关的,具有可持续性的。

2　与风险有关

利润是一种获取,可以理解为支出和收入之间的差额。通常风险指的是一种不确定性,这个差额有可能没有,有可能是正数,有可能是负数。我们要做的事,就是研究这些利润所隐含的不确定性,使之不仅有差额,而且一定为正数。

3　因流动而生

投入了资金,形成资产,换回了资金,形成了利润和再一次的投入。这是一个无限循环的操作,一切资源,包括原材料、设备、人员、场地、水电等,都在流动。一旦停止,就使得资源变成了消耗,使得转化为利润的过程受到了阻碍。财管力研究的就是让这种转化保持流畅,而且尽量缩短周期。

综上所述,从企业价值角度理解利润,需要理解其可持续性、相对性、流动性等特征。

在考虑使用财务数据之前,我们先来看一下,企业存在的终极目标是什么。

企业存在的目标,是净利润,财务管理的目标是企业价值。企业价值=净利润/风险。这就是一个最简明扼要的逻辑关系。不难看出,财务管理最能帮助企业实现目标。

我们再把上述的企业目标——投钱然后赚回更多的钱——用如下图财务管理公式来表示。

$$权益净利率 = \frac{净利润}{股东权益} \times 100\%$$

$$= \frac{净利润}{总资产} \times \frac{总资产}{股东权益} \times 100\%$$

$$= 资产净利率 \times 权益乘数$$

$$= \frac{净利润}{销售收入} \times \frac{销售收入}{股东权益} \times \frac{总资产}{股东权益} \times 100\%$$

$$= 销售净利率 \times 资产周转率 \times 权益乘数$$

可以看到,想要取得投钱赚钱这个效果,用财务管理公式,分解成三个方面:利润(销售净利率)、管理(资产周转率)和风险(权益乘数)。放下公式想想,经营企业无非也就是围绕这三个方面。

所以说,在日新月异的经济环境中,财务管理是必备工具。并不是由于经济变差了,所以企业"不好做"了,而是经济形式旧了,必须创新,必须改变,必须突破,才能真正"做下去",才能前途无量。那些不思变,不吸收,不挣扎的企业才会"不好做",才会前途无望。

在这里,我们尝试通过研究企业里所有的人的做法,改进他们对资源的投入和产出的贡献,以期最大限度地获得利润,这种研究和改进,我们称为利润行为学。

用数据表示以上所述的利润特征,我们可以发现,所有的企业行为都会产生收入和支出,都与财务会计有关。如果有些行为,包括管理行为和作业行为,不产生收入和支出,并没有使得资源流动起来,那么,很有可能这种行为对资源单纯消耗不产生价值,我们就可以识别出这种行为与利润无关,能免则免。

企业行为与利润的关系如图3所示。

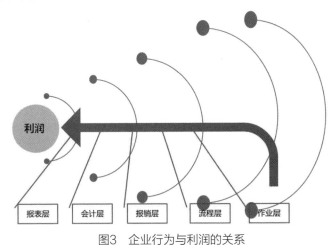

图3　企业行为与利润的关系

导论3 零星问题一定是系统出错

在咨询实践中,最常见的提问方式,也是最极端的两种。一种是概念型的,是很泛指的,问得很开放。比如,资产管理要怎么做?财务管理怎么做才能规范?税务筹划有什么好方法?这种问题的答案,怎么答都不会错,无非是从理论上说明。但是同时,怎么答都不好用,因为没有任何两家企业的状况是一模一样的,每一个问题都需要具体分析,不同的场景和背景,不同的学历和阅历,都会有不同的解决方案和方法。还有一种,是现象型的,是很具体的,问得很实用。比如,买二手设备怎么入账?这个配件是自己制造划算,还是外发加工划算?发现了员工虚假报销怎么办?这些问题可以对应作答,能够解决这个问题本身。但是财管力向来以整体来观察问题,有这样那样的零星的问题,一定是还存在关联点的问题。同时,要解决某一个点的问题,也一定会对整个流程有所牵涉,需要改进的就不仅仅是这一个点。也就是说,零星问题,一定是系统出错。解决问题的系统逻辑如图4所示。

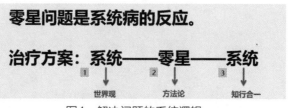

图4 解决问题的系统逻辑

导论4　财务部不是几个人，是整个财务管理职能系统

大多数企业主对财务部是不满意的。常常说，财务不规范、不给力，可是哪里不规范，要怎么给力，倒也说不出了。有时我们会建议企业，梳理财务管理，建立财务管理体系。但他们又说，只要招聘一个厉害的财务总监，就可以了。

事实上，多数情况下，让企业主认为是"很厉害的财务总监"的，都不是真正的财务总监，人家是来做老板的。期望用财务总监去改善企业的财务管理状况，把希望寄托于某个人，除非企业主本身是财务出身的。而实际情况，大多数企业主是销售，或者技术，或者生产出身，少之又少地懂一点财务，反而容易把财务部拉偏。

财务部的工作并不是由某一个人完成的工作，甚至财务部这几个人，并不能对企业的财务管理做主。业务和财务打架的情况比比皆是，财务部累于对账讨债苦不堪言的不在少数，见票做账不知发生何事的大有人在。

所以，财务部的工作并不是一个人或者几个人的工作，而是企业里各个业务线条的融会贯通。想象一下，企业的业务线条像人体的血管，那么财务管理就像血液流淌在每一条大大小小的血管里。越流畅，越纯净，人体就越健康，越有活力。财务部的"拟人"结构图如图5所示。

财务部是真正能与企业的经营目标一致的,为企业价值服务的最有效的管理部门。利润越大,风险越小,企业价值就越大。

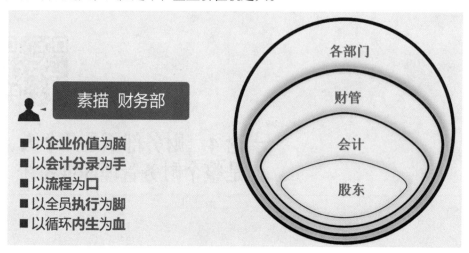

图5 财务部的"拟人"结构图

财管力

—— 300个指标量化提升利润管理

1 基础工作力

被忽略的财务基础工作，
财务部是财务管理的起点。

导论4中并未完全列出企业的财务部在基础工作范畴内的所有瑕疵或者失职。我们在训练财管力逻辑思维的过程中，会慢慢形成一种习惯，就是在检视财务管理工作效率和效果时，逐帧扫描每一个维度，以及每一个维度的每一个指标，会发现很多小小的不足之处，在侵蚀企业的利润，或资金流转的流畅性，财管力的作用，就是一个一个解决这些小的问题，追讨利润。

一个企业最基本的运作模式就是买和卖，赚取差价。买和卖中间，制造型是加工制造，贸易型是转卖，服务型是提供服务，等等，不同的企业提供的产品和服务不同，但是本质上都可以理解为生产以及提供产品。所以，有三个最基本的业务循环：采购和付款、生产和存货、销售和收款。贯穿于整个过程的，资金的流转和资产的流转，是另外两个基本循环：资金循环和资产循环。这就是我常常说的，五个关键循环。

从五个关键循环出发，通俗地理解基础工作力，就是有一组人，在记录、分析和安排三个最基本的业务循环，帮助企业盈利，同时管理资金循环和资产循环，辅助企业管理，所以这组人得专业，而且做了哪些工作得记录下来才能保证条理性和保存业务轨迹。

1.1 资金管理

第1节 配置效率——钱只能用在生更多钱的地方

资源配置效率问题是经济学研究的核心内容之一，由于资源有限，资源配置可以衍化至更多的应用场景。

财管力将其应用于企业经营实际中，并且放在了维度指标中的首位，是考虑到以下几方面：

（1）中小企业经营的目标是利润，而利润质量最为显性化的体现就是资金。所以，资金的流动是企业贯穿始终的资源配置线索。

利润质量需要考虑的因素有：

①时间因素。越短期间内达成目标，利润质量越高。

基础工作力是企业最基本的，也是最容易被忽略的财务相关工作，但它却是最容易在关键时刻拖住企业前进步伐的部分。基础工作力的测评会检验出最基本的人、财、物、账的漏洞，为企业财务管理打下坚实的基础，做好铺垫。

表1是在咨询实践中获取的某企业的基础工作力的问题描述和解决方案。

表1 基础工作力测评常见问题列举

序号	调查内容描述	解决方案
1	公司会计核算制度建立不完善，且执行力度不够	建议完善会计核算制度（具体细化到各岗位及业务流程）并且加强执行力度
2※	所使用的财务软件版本较低，不能满足现有的经营需要	建议对软件升级
3※	记账凭证上的记账与制单均为manager	建议记账与制单设置为相关的会计人员，并且有复核人
4	公司法人私章和财务专用章均为出纳一人保管	建议法人私章和财务专用章分不同的人保管，并制定用章登记本
5	会计部门未安排专门人员稽核记账凭证	建议安排专人稽核记账凭证
6	发现会计处理差错报经审批后处理情况	目前的做法是记账人员发现会计处理差错直接修改，没有报经审批
7	会计主管审核会计报表情况	记账人员有记账和审批的权限，建议出纳、记账、审批和负责报表职务由不同人员担任
8	出纳、记账、审核和负责报表职务的担任情况	建议出纳、记账、审核和负责报表职务由不同人员担任
9※	购销合同不完善	建议签订相关的购销合同，并完善合同管理制度
10※	往来款项没有进行账龄分析	定期对往来款项进行账龄分析
10	冲销应收账款的授权批准，并设立备查簿登记情况	冲销应收账款有授权批准制度，但是没有建立备查簿登记，建议设立备查登记簿
12※	没有建立赊销授权批准及核准客户信用制度	尽快建立赊销客户信用制度授权审批制度
13	存货定期盘点制度并执行情况	没有严格执行存货定期盘点制度，建议制定此制度并严格执行
14	存货报废损溢的审批制度	没有存货损溢审批制度，建议制定此制度并严格执行
15	存货总账定期与存货管理部门明细账核对情况	存货总账定期与存货管理部门明细核对
16	所有存货永续盘存记录情况	补充存货台账
17	固定资产定期盘点制度并执行情况	固定资产定期盘点，并制作固定资产标签
18※	资产保管不善(存货、固定资产、无形资产)	建议由专人保管资产，有相关资产清单，正确核算其累计折旧及累计摊销等
19	会计人员离职或轮换办理交接手续情况	须办理交接手续，并形成交接流程和交接档案保管
20	付款审批手续不完善,票据不齐全	建议完善的审批制度程序，分级授权管理，明确责任
21	费用报销单上没有出纳的私章	费用报销单上加盖出纳私章和出纳签名
22※	收入存在部分开票单位与应收客户名称不一致现象	完善发票与收款管理,手续资料齐全
23	票据管理	建议建立相关的票据台账和票据备查簿
24	销售收款情况	建议完善公司的收付款制度，制定相关的内部流转单据（公司目前与往来单位的对账方式是通过网络核对账单）
25	清关业务大部分无票据（目前有对账单）	建议相关业务持有票据支持
⋮	……	……

②风险因素。伴之而来的相关风险越低，利润质量越高。

③现金流因素。收现比例越高，收现阶梯越少，利润质量越高。

④非可持续因素。除非后利润占除非前的比例越高，利润质量越高。

（2）很多中小企业用钱属于按需取用，没有经过科学计算，一来浪费资金成本，二来浪费产生利润的机会，三来增加了诸多风险，比如税收风险、经营风险等。

（3）资金的长期和短期配置，能够影响企业的盈利能力、偿债能力、增长能力等，可以说，是企业经营的起点，如有不慎，也可能是终点。

利润并非账面利润单一维度，财管力的六个维度，300个指标，都是围绕着利润展开。其中关于资金流动的考量，是每个企业都不可选择"不适用"的一项。

对于一个正常运转的企业来说，钱永远都是不够用的，"量入为出"已经不算企业资金使用的底线，生存压力迫使企业把钱"花在刀刃上"。每一分钱支出，不管是变成了存货，还是成本，还是费用，还是营业外支出，都必须为企业创造价值，要能带来更大的利润，以及更顺畅的资金流入。

再次，除了让钱生出更多钱外，同时也要留意，避免让钱生不出本应该的那么多。比如，原材料涨价，囤积更多的原材料，可以为企业带来期货效应，节省在未来购买原材料的成本。而假设此时有一项短期投资，收益率高于原材料上涨幅度，则虽然省了钱，但实际上，丧失了获取更多利润的机会，也就形成了亏损。而这种亏损，不是亏了已有的钱，而是亏了本应可以赚到的钱——不占便宜就是吃亏——这就是遗失的利润。这在企业的经营实践中，并不罕见。亏而不自知，实在令人扼腕。

> **财管力观点——长配短配有学问，利润的 K 点是搞清楚钱去了哪张表**

有时候钱用了，变成了物资，变成了研发成果或者研发过程，变成了车间里的产成品或者半成品，相当于只是换了一种形式，并没有真正地离开企业，在资产负债表上，货币资金科目换成存货科目、固定资产科目、在建工程科目、开发支出科目，还在企业的资产列表里。当产品销售出去形成了收入，可以结转成本了，或者花出去购买物品或服务回来，就变成成本和费用，从资产负债表移至利润表，这时候钱就花出去了。

搞清楚钱用了还是花了，实际上就是搞清楚资产负债表和利润表之间的逻辑关系。在咨询实践中，我们发现很多企业是分不清钱的状态的。

（1）分不清钱在资产负债表还是利润表，影响投资决策。

假设现在有一个订单机会，需要企业增加一台设备才能完成，我们如何决策？

假如这个订单是一次性的，那么，这台设备就是为了此次订单而投入的，属于利润表，需要放进产品的成本中，除了常规的料工费和分摊的期间费用，还要加上这台设备，这样就看到我们接这个订单是否有盈利。

假如这个订单是持续性的，而且持续的周期相对较长，那么，这台设备就是为了这批订单而投入的，会在相对持续的期间里为企业的生产经营做出贡献，属于资产负债表，需要按照预计的使用年限，进行折旧，折旧的金额计入产品的成本中。这时，这台设备的投入是否划算，就需要在一个相对长的期间来考虑。

假如这个订单是持续性的，但是持续的周期相对不那么长，购买不划算，也可以考虑是否可以租赁，那么，租金就属于利润表，要放在产品的成本里。

在咨询实践中，我们也见过很多老板，仅从花钱来做决策，买设备的钱是否能通过这次订单赚回来，没有区分买的设备是资产还是成本，就有可能计算错误。

（2）分不清钱是成本还是费用，影响消费决策。

我们见过很多企业分不清成本和费用。反正都是花钱，不是成本就是费用，老板们认为自己不需要分清楚，会计能分清楚就行了。

实际上，有这种想法的老板们，他们的会计也很难分清什么是成本，什么是费用。

从会计学的定义来讲，跟产品直接相关的是成本，不直接相关的是费用。可是在企业实践里，钱用掉之前并没有被清晰地定义，用掉之后把一堆发票和单据拿给会计，会计也就只能印象派作业——差不多就行。

最重要的是，有很多会计对产品的生产过程并不了解，同样是花钱，同一个产品，不同的时间点投入的料工费，对企业的成本是有不同的影响的。所以，钱用于产品，还是用于费用，在花钱之前就要想清楚，做出利润最大化的消费决策。

关于资金的配置效率，财管力的建议指标有如下4个：

＊1 ｜ 指标1　流动资产小于非流动资产的一半

从报表数字来讲，流动资产加非流动资产是总资产，在资产负债表的左边，等于负债加所有者权益，也就是资产负债表的右边。流动资产小于非流动资产的一半，相当于流动比率小于0.5，流动比率是讨论企业的偿债能力的，在这里，我们主要考量资金放在流动资产，还是放在非流动资产，对企业获取利润的贡献。

流动资产的贡献主要在于周转，换取企业生产和经营过程所需的资源，这种贡献的关键在于流动，流动的速度越快，获取利润的能力越强，流动的路线越短，企业管理的效率越高。

＊2 ｜ 指标2　没有闲置不用的货币资金

货币资金常见形式包括现金和银行存款，我们要想办法让货币资金的时点金额尽量少。这里注意的是，时点金额尽量少不是不允许企业有存款。当企业有优质的投资项目待投，或者到了采购节点，我们要有一定的资金储备。而纯粹闲置的资金，我们就要想办法花出去，要让它们去创造价值，钱是工具，留着只是数字。

资金用于何处，在何处停留？资金应用之处所占的比例越大，越能给企业带来高的效益。比如：成本费用占比、流动资产占比、固定资产占比、存货占比、应收占比等。

如何让时点货币资金减少？买材料？买设备？这不是花出去，只是转换了资金的形式。这里要说的是整个流动资产的减少，如果是货币资金变成了存货、固定资产，则资金闲置变成了资产闲置，仍然是浪费了赚取利润的机会，形成了机会成本。

注：机会成本（opportunity cost）是指企业为从事某项经营活动而放弃另一项经营活动的机会，或利用一定资源获得某种收入时所放弃的另一种收入。另一项经营活动应取得的收益或另一种收入即为正在从事的经营活动的机会成本。

在现代财务管理学中，有一种计算最佳现金持有量的公式，让现金（包括银行存款）的持有成本和短缺成本的综合成本最少。问题是，现实中很难准确测量这个成本，并且时刻去保持理论最佳点。所以，在后面的往来管理中，会进一步讲解如何通过调节资金存量，促进其对利润的最大贡献。

> 财管力观点——资金的剩余是利润获取能力的预警，利润K点是强迫资金做化学变化

一、问题描述

企业现金过剩，资金闲置，没有有效投资获取回报。

二、风险分析

1. 资金预算编制和分配制度不合理，导致资金的闲置与浪费。

2. 资金闲置，企业资源浪费，增加企业资金占用的成本。

3. 现金使用率和周转率低，企业资金不能达到应有的效益。

4. 闲置资金存在被挪用的风险，可能使企业资金流失。

三、整改措施

1. 计算出现金周转率，提升自有资金周转率，缩短资金的周转周期和加快周转速度，提升效益。

2. 与企业经营情况相结合，合理有效配置企业内部资金。

3. 健全资金监督管理制度，避免资金私自挪用和贪污情况。

4. 在不影响企业正常运转的情况下，将闲置资金投资到适合企业风险偏好的理财产品中。

*3 | 指标3　强迫资金不停止流动

不难看出，资金从订购环节开始流出，到销售行为发生，还不能收回全部的款项。要想资金充裕，就缩短这个周期，能够晚一点付钱，早一点收钱。具体可以采用如下的操作：

①尽量晚地签订采购合同，推迟预付采购款的时间。这就需要对最佳库存量有准确的测算。

②保持最佳库存量，不短缺。短缺会延误生产进程，拉长营业周期。也不积压，积压存货就是积压资金，也会拉长营业周期。

③在生产之前获取订单，让产成品的周转速度加快，最快即为零库存。

库存生产（MTS）

优点：

在按库存生产策略的类型中，客户基本上对最终产品规格的确定没有什么建议或要求，库存生产（MTS）投入很少。

缺点：

按库存生产时的产品批量不像典型的重复生产的产品那么大。通常，这类生产系统的物料清单（BOM）只有一层，而且生产批量是标准化的，因而一个标准化的成本是可以计算出来的。实际的成本可以和标准成本相比较，比较结果可以用于生产管理。

订单生产（MTO）

优点：

以销售订单作为需求的源头，在计划、生产、采购等订单执行的全过程可以根据订单号轻松追踪相关单据，查看相关单据的状态，以明确订单的执行状况，并可以用甘特图等方法进行非常直观的显示。

提供销售订单的价格管理，支持对价格字段的单独授权（没有权限的人员无法看到单价和金额），可以对客户进行信用控制。

缺点：

在面向订单生产的企业中，客户订单的确认工作是非常重要的。它直接影响到企业可以获取的订单数量，并进而影响企业的经营业绩。在目前产品品质合格已经作为最基本的前提的情况下，客户订单确认的主要内容包括交期、价格和客户个性需求的满足。

④确定科学的赊销政策。

赊销对销售的刺激程度，要考虑赊销产生的应收账款；应收账款比例过大，会降低盈利质量，让收入变为报表数字，影响企业周转。

⑤对应收账款进行清理。

A 首先确定应收账款核算的准确性。

根据银行对账单核对有报告费、咨询费等标注的往来款可直接计入应收账款，进行简化处理。

使用现金或微信支付的款项补入应收账款。

B收入和台账进行比对，不确定的预收账款不进行登记，直接计入应收账款；已收款的再做一次确认，保证收入和应收账款比对相符。

C企业先自查，查到未收到的款项应进一步核实，进行对账，确定为未收的应收账款时通知业务员催收款项。

⑥留意能让企业资金短期变现的机会。

*4 | 指标4　测算营业周期的合理性

营业周期（图6）是指从外购承担付款义务，到收回因销售商品或提供劳务而产生的应收账款的这段时间。其计算公式为：营业周期 = 存货周转天数 + 应收账款周转天数。

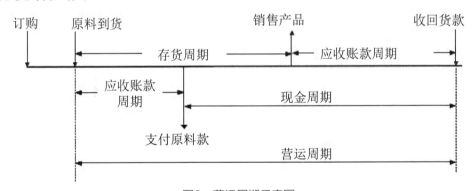

图6　营运周期示意图

一般情况下，营业周期短，说明资金周转速度快；营业周期长，说明资金周转速度慢。这就是营业周期与流动比率的关系。决定流动比率高低的主要因素是存货周转天数和应收账款周转天数。

如果用贷款支付货款，营业周期就会缩短，在资产负债表中，右边的负债，在短期借款或长期借款，和应付账款之间转换。假设，生产效率并不会因为付款加快而加快（实际上二者也并不存在必然的因果关系），则这种提前付款行为对企业来说，是无意义的，只是白白增加了企业的利息负担，降低了利润，减少了净现金流量。假设，贷款是为了通过一些措施增加生产速度，比如说，增加一条生产线，增加作业工人，提高技术研发水平从而提升生产效率，或减少废料等，这些无疑在相同的时间区间，会促进生产成本向销售成本的转化，或者同样的产能下的销售成本的降低，因此增加了利润，也会提高利润率。我们可以看到，总资产报酬率提高了。

总资产报酬率＝净利润÷平均资产总额＝主营业务净利率×总资产周转率

综上分析，应用到实践中，可以通过具体的数字代入，做一些变量分析过程，就可以知道，每种设想的改进措施，对利润率的贡献有多大。

第2节 资金使用效率——静止的钱不是钱

资金使用效率，是指资金利用的有效性和充分性。有效性是指使用的结果，是一个出概念，资金在投入后为企业带来的影响；充分性是指使用的进行过程，是一个投入概念，也就是资金的投入是否正确和其价值性。

财管力讲资金管理的使用效率，主要包括以下5个指标：

*5｜指标1　能获取供应商的现金折扣

有很多企业明白早收晚付的好，利用资金浮游量，或者依仗甲方心态，能拖就拖。实际上，我们可以计算一下，拖着不付款，是否有更有价值的项目去投资，是否这个项目的投资回报率比即时付款能够获取的供应商的折扣率更高。

有人说，我们没项目，但是也没有充裕的资金马上付钱。那么，最起码可以算一下，银行的贷款利率和供应商的折扣率，哪个更高？

有人说，我的供应商没说不拖款还能打折啊。那么，能否主动提出呢？假如供应商正愁资金周转，沟通之下就同意提供现金折扣，如此省下来的钱，就增加了利润。

> **财管力观点：不占便宜就是吃亏——利润K点在于现金折扣**

浪费的现金折扣

一、问题描述

企业无能力提前支付货款以享受现金折扣的待遇。

二、风险分析

1. 存在丧失降低成本的风险。

2. 存在企业资金周转困难的风险。

三、整改措施

1. 如果放弃现金折扣成本＞短期借款利率（或短期投资报酬率），则在折扣期付款，享受现金折扣；反之不享受现金折扣。

2. 如果企业因缺乏资金而欲展延付款期，则需在降低放弃现金折扣成本与展延付款带来的损失之间做出选择。

3. 如果面对两家以上提供不同信用条件的卖方，应通过衡量放弃现金折扣成本的大小，选择信用成本最小（或所获利益最大）的一家。

（1）如果决定享受现金折扣，应选择放弃现金折扣成本最大的方案，即享受时选高的。

（2）如果决定放弃现金折扣，应选择放弃现金折扣成本最小的方案，即放弃时选低的。

*6｜指标2　设计了赊销政策和对客户的现金折扣

由赊销产生了应收账款，对于应收账款管理，我们将在会计核算力—往来管理中，以"一张余额表玩转经营分析"的视角来详解。

销售和收款循环中，因赊销及是否足额及时收回应收账款产生的风险，及对应的控制点，我们将在风险控制力—关键内控中详解。

确认应收账款或者发出商品，形成的税务调节我们将在：税务得体力—纳税筹划中详解。

以上所述，表达了财管力各个维度之间的关系。实际上，分为六个维度，是为了解释清楚财务管理对企业价值的作用力而人为划分出来的。而企业经营过程中，是通过一个一个的行为，形成系列的工作内容。通常一个行为，会从若干方面影响利润和风险，这种逻辑思维，是我们需要养成的。建议之后的每个指标，读者都自行画画脑图，看看这个指标所形容的行为跟几个维度有关，都关联了哪些利润点和风险点。关联连线越多，逻辑层次越高。

赊销政策，主要是指企业针对信用销售业务，制定的一系列业务管理原则，制度、权限、流程、和标准,以及风险控制方法。

至少需要考虑信用标准、信用额度、信用期限、现金折扣、结算条件、拖欠罚金等。

*7｜指标3　投资项目时会考虑回报率或净现值

回报率,即为通常所称的投入产出比,计算回报率离不开会计核算净现值,即未来资金流入现值与未来资金流出现值的差额。一定要考虑现值,因为货币时间价值也是风险。所有的不确定性都会影响利润。

*8｜指标4　需要设备时会在购买和融资租赁间权衡

当我们考虑生产所需设备、所需人才、所需知识产权等时,是否一定要为己所用呢?有很多老板,设备一定要买,见到人才一定要聘,有难题一定要自主研发、自主申请知识产权。随着金融思维的日益普及,以及共享思维的大众化,此类情况应有更宽广的资源效益模式。

资产,无论是买还是融资租赁,都可以为我们所用,为我们创造价值。对企业的利润贡献和对现金流的影响来说,却不尽相同了。尤其是当我们的企业前景良好、订单稳定时,更应该考虑多样的资产获取方式,努力使利息费用和手续费用之和低于我们的资金投入生产带来的回报。简单来说,利息和融资费用加起来小于资产价格与平均净利率的乘积,则可采用融资租赁。

*9｜指标5　测算最佳现金持有量

最佳现金持有量,即为既能满足生产经营所需,不产生短缺,又不会持有多余而造成浪费。理论上,是使现金管理的机会成本与转换成本之和保持最低。

保持最佳持有量,与企业流动性息息相关。理论上的方法,在国内中小企业经营实务中,相对缺乏完美应用的环境。我们更多的是需要在老板和出纳之间建立起一种相互沟通又相对独立的关系,使老板知道自己企业的生产所需,出纳能用一些闲置资金理财。

第3节　资金安全——钱不怕丢,怕只是个数

对于资金的定义有很多,其共性就是资金是流通中价值的一种货币表现。本

篇所指的资金主要是指货币资金。货币资金主要包括现金和银行存款，是企业生存的基础，是企业最重要的一项资产。随着市场经济发展水平的不断提高，企业收支规模越来越大，面对如此巨额的资金，在合理使用的基础上，加强资金安全管理，堵塞漏洞，消除隐患，不仅是企业管理的一条重要生命线，也是促进企业发展的根本保证。

《现金管理暂行条例》规定，库存现金限额是指为保证各单位日常零星开支，按规定允许留存的现金的最高数额。库存现金的限额，由开户行根据开户单位的实际需要和距离银行远近等情况核定。其限额一般按照单位3至5天日常零星开支所需现金确定。边远地区和交通不便地区的开户单位的库存现金限额，可按多于5天、但不得超过15天的日常零星开支确定。

库存现金 = 前一个月的平均每天支付的数额（不含每月平均工资数额）× 限定天数

财管力讲资金管理的安全性，主要包括以下4个指标：

*10｜指标1　出纳岗位不掌握所有的密码和印章，货币资金不相容职务分离

【关于货币资金的不相容职务】

按照《内部会计控制规范——货币资金（试行）》（财会【2001】41号）的要求，单位货币资金内部控制制度的具体内容应包括以下几个方面：

（1）货币资金的收付及保管应由被授权批准的专职出纳人员负责，其他人员不得接触；

（2）出纳人员不能同时负责总分类账的登记工作；

（3）出纳人员不能同时负责非货币资金账户的记账工作；

（4）出纳人员应与货币资金审批人员相分离，实施严格的审批制度；

（5）货币资金的收付和控制货币资金收支的专用印章不得由一个人兼管；

（6）出纳人员应与货币资金的稽核人员、会计档案保管人员相分离；

（7）负责货币资金收付的人员应与负责现金的清查盘点人员和负责与银行对账的人员相分离。

﹡11 | 指标2　有各种往来的辅助账或台账

对于资金安全，通常强调账实相符，保管严实，别丢了，别记错账了。当今时代，现金使用越来越少，钱丢了的可能性也就不大。我们更应关注资金进出的痕迹。该进的进的准，该出的出的清。在这里，特别推荐台账、日记账、流水账，对于资金管理来说，一笔一笔记清楚，并附上凭据，才是安全了。不能只是一个数字，账实相符，实际上只是余额相等，中间的若干进出才是关键。

﹡12 | 指标3　有严谨的报销程序且得到执行

报销程序，简单来说，如下：

费用报销人报销申请（填制费用报销单）——报销人部门负责人（或上级主管）确认签字——财务主管审核（单据、数据等方面要求）——公司总经理（或委托授权人）审批（侧重真实、合理性等方面，负全责）——出纳复核并履行付款。

实务中，常有财务部和业务部门产生分歧的情况，我们需要关注几个注意事项：

（1）明确报销的范围。

报销费用一般范围和要求：

办公费：办公费主要是指维持公司日常工作需要而发生的办公用品方面的支出。

办公室购买办公用品的经办人凭正式发票及清单，印章齐全，经手人、验收人签字，经部门领导签字，经财务审核后方可报销。

交通费：公司员工外出办事，自行乘坐公交车。原则上不能乘坐出租车，若确因工作需要须乘坐出租车，要事先请示公司主管领导，并在报销单据上注明原因，方可报销。

电话费：凭预存话费的发票报销。

业务招待费：各部门报销业务招待费之前，须经总经理在报销单据上签字后，方可到财务报销。

燃料费：报销燃料费必须有用车人签属的证明及用车去向，如无用车人证明签字，不予报销。

材料采购报销：无论现金购买还是预付购买，需拿发票或出入库单到财务报账及核销预付款项。

维修保养相关人工费报销：各部门报销维保费之前，须经总经理在报销单据上签字，之后方可到财务报销。

（2）明确提呈的票据的具体要求。

所有费用单据原则上要求是税务局统一印制的正式发票，在付款单位栏中填写本公司全称及公司统一信号代码，且加盖开出单位的"发票专用章"方为有效。

特殊原因不能开具正式发票的，要提供收据（如购货收据，物流发货单、收货单等），不能出现白条。收据上要注明开出单位的名称、地址和电话。特殊情况需事前请示或报总经理同意后可以特殊处理。

凡是购买货物或物品的发票、收据及清单上要有货品明确的名称、规格、数量、单价、合计，否则不予报销，经办人必须要求开票单位如实，清晰填写发票或收据上的所有内容。票据涂改、大小写金额不符的不能报销。

（3）明确提呈的报销资料的样式。

报销费用时应按单据性质（如交通费、办公费、电话费、招待费）分类、分页粘贴填制，所报销单据的张数、合计金额必须准确无误填写，粘贴要求整齐、美观，否则财务有权退回。

报销单据依次从大到小阶梯粘贴，如不按要求进行粘贴的，财务有权不予报销并退回处理，直至粘贴合格为止。

报销单据必须签属经手人姓名、日期及项目，如漏填或填写不完整的，财务有权退回，直至填写完整为止。

*13 | 指标4　股东或员工不可借支用于非经营用途

很多企业下挂的员工往来，股东往来，都有较为频繁、较为巨额的发生和余额，并视为正常。现在我们已经有个税概念了，知道这样存在税务风险，但因为还有影响利润的可能，于是被忽略了。

实务中，推荐使用备用金，并做好备用金流水账。备用金是账上的现金科目的主要成分，产生于实务，说明非常吻合生产经营所需。这几年各种无纸化办公，各种电子审批，现金慢慢变成了时代的弃物。实际上，备用金也不一定非要纸质现金，也可以微信转账，支付宝保存，作为相关人员的零星开支之用。

公司员工因工作需要而要事前预先借款的，必须填写费用预支申请表、借款单或支票使用申请单，提供详细预算清单，写清借款原因、预借的金额和还款日期，财务人员严格控制现金的使用。借款单要由公司总经理或常务副总经理和财务主管签字后出纳人员才能放款。在预定还款日期到期后不能还款或报销的从有关人员的工资中扣除。

1.2 资产

资产管理，广义就是对资产负债表左侧所列全部资产进行管理。

第1节 过程预设——春蚕到死丝方尽

资产管理办法，很多企业都有；采购管理办法，也有。可是资产管理，除了买和保管，还有很多内涵。

财管力的宗旨是让企业所有行为都必须产生利润。分析资产价值之所在，并非抽象理念。我们谈管理，不同于谈文化，我见过有一家企业，有十五条生产线，每个生产线生产的产品型号不同，可日常有订单的产品，只有六种型号。其余九条线都闲置。老板说，只是先放着，以后总是要用的。那么，我们为什么要为了不确定的收入，去浪费确定的成本呢？

还有一家企业，产品的可替代性很低，有一个客户，对其有很高的依赖度。一年会产生 7 000 万的订单，竟久未谈妥。老板说，产能不够，等客户下单才敢买设备，不然白花几百万。量入为出是对的，可不出不进，也是制造业的规则。技术更迭，客户即是机会。客户久而未决，可能是在自主研发，可能是在寻找第二家。那么，我们为什么要为了确定小于收入的成本，放弃确定大于成本的收入呢？

这两个例子，都是只从资产的采购去考虑。单一维度思维考虑的结果，要么就是不差钱，买了先放着；要么就是不舍得花钱，即使有用也不敢买。所以，不是浪费钱，间接少了获取利润的机会，就是贻误了时机，直接放弃了利润。

所以，资产管理的重点，不是怎么买，怎么保管，再大致做个折旧，而是要有利润思维，做资产的全生命周期管理。

财管力讲资产管理的过程预设，主要有以下 4 个指标：

*14 │ 指标1　有明确的资产管理办法且得到执行

这里我们不追求管理办法多么完美，只要有适合我们企业的现实情况，能在资产的全生命周期内，都覆盖到，做到了过程管理，即可。

请购——采购——验收——保管——调配——报废——处置。

Tip：资产管理，包括实物管理和价值管理。

*15 │ 指标2　采购需求经过测算和分析

这里采购需求的测算和分析，主要有以下几项内容要确定：

第一项：用途，即是否一定要买；

第二项：数量，即要买多少；

第三项：分工，即涉及哪些部门；

第四项：时限，即什么时候买回来；

第五项：归属，即买回来之后由谁负责。

资产的请购：

（1）生产主物料请购。

根据企业生产经营需求，由各所属管理部门的主管领导按要求填写请购单，列明请购的物料名称、规格、单位、数量、需要时间、用途说明等内容经负责人审核后，交供应科。

（2）常用物料请购。

根据各有关部门本部门生产实际情况，由本部主管领导做常用物料需求明细计划表，经总经理审批后交仓库存档，由仓库管理员定期核查库存后，按要求库存实际情况填写请购单后交采购部门作业，采购部门必须按照《物料需求计划》准时交货。

（3）生产通用料请购。

在生产急需情况下而计划表上无法准确显示的物料，应及时按程序电话报请主管领导通知采购部门作业,同时应填写好请购单按程序补签手续后交采购部门备案。

（4）办公用品请购。

由办公室根据各部门月耗状况，对库存进行考虑，填制请购单提出采购要求。招待用品、打字、刻印等费用可以免开请购单。

（5）机器设备。

各部门的生产设备与机电，由部门主管计划申请，呈公司总经理裁决交采购部门作业。

*16｜指标3　采购审批有确定的流程并实际实施

资产的采购

（1）询价。

咨询现行市场价格，对所需采购资金进行估算。采购部门签署同意采购的意见并将估算的资金需要、付款时间说明后附交财务部门，由财务部门根据企业的经营目标、资金预算范围和企业的现有资金情况进行综合审查后批准。

（2）不合格的固定资产坚决拒收，并由经手人负责进行退回或调换。

*17｜指标4　验收环节会反馈至采购部门

实务中，验收通常由仓库或需求部门执行，采购部同时验收，还是有必要的。

财管力强调，每一个行为，都有至少一个关联行为。需要注意的是，验收反馈不是由采购部门单独完成的，需要将专业度和内控结合起来考虑。既要保证采购的物品、规格、数量、质量、时间无误，又要保证采购流程各节点相互制约。到货验收与财管力的维度的关联如图7所示。

图7　到货验收与财管力的维度的关联

第2节 安全性——账实相符，也有可能财产受损

财管力讲资产安全性，主要有以下3个指标：

*18 | 指标1 有资产清册或物资进销存

固定资产清册是指记载企业存放各类固定资产使用地点，增减变化的明细账。固定资产清册示例见表2。

表2 固定资产清册

编号：JL06_04

专业（使用）部门：

明细科目名称	资产名称	卡片编号	计量单位及数量	规格或产权凭证	资产原值	使用年限	购建日期	所在地点	资产编号	属性

本页固定资产原值小计：　　　元；本册固定资产原值总计：　　　元；本册固定资产净值总计：　　　元

负责人：　　　　　　　财务主管：　　　　　　　制表人：

物资进销存是指采购（进）→ 入库（存）→ 销售（销）的动态管理过程。

进：指询价、采购到入库与付款的过程。

销：指报价、销售到出库与收款的过程。

存：指出入库之外，包括领料、退货、盘点、损益、借入、借出、调拨等影响库存数量的操作。

仓库物资进销存台账示例见表3。

表3 仓库物资进销存台账

类别：		名称：		规格型号：				计量单位：	
进仓			出仓					结存	
时间	数量	单价	时间	数量	领用部门	领用人		时间	数量

*19 | 指标2　建立了资产卡片，并至少每月盘点一次

固定资产卡片，一般都是一式两份，第一份由使用部门进行登记并进行保管，第二份由财务部门进行保管。为了防止固定资产卡片丢失，固定资产的管理部门还要设立"固定资产卡片登记簿"进行管理固定资产卡片。"固定资产卡片登记簿"上要逐一登记卡片的开设和注销情况。

> 财管力观点——盘点是企业的断舍离，利润的K点在于成本控制始于会计

*20 | 指标3　有指定的保管人，负责价值管理和实物管理

资产的保管责任通常被指定在为财务部，实际上，资产的保管责任人有两位，一位是价值管理责任人，一位是实物保管责任人。

（1）资产日常保管。

①资产进行编号且记录成册。

②注意无形资产的有效时限。

③对于正在使用的设备，进行必要保养和维修。

④按月盘点在库物资。

⑤存放地点的防潮湿、防火、防盗管理。

（2）资产的调配。

①需申请调用该固定资产的部门主管填写固定资产调配申请表，表明原因、用途，呈调出部门主管、财务部门主管以及行政部门主管进行审查后批准。

②专用设备和仪器调出，要经有关部门鉴定，报主管部门批准后方可调出。

（3）资产的处置。

①调配给个人的办公用品，在人员离职后，要按照制度规定回收方可离职。

②闲置的固定资产处理：封存、出售、退租。

③专用设备和仪器报废，要经有关部门鉴定，报主管部门批准后方可处理。

④废旧物品处理：变卖、报废。

第3节 文档痕迹——所有行为都将作为呈堂证供

文档痕迹（图8）在企业管理中是非常有用的工具。不仅是整个工作流程的记录和备查，还可以分类和索引，将全过程的证据附后。作为财务管理的概念体系，财管力在多处都体现了文档痕迹的用途，比如，此处资产管理的文档痕迹，本章第5节的会计档案，第2章第4节往来管理中的台账，第3章第2节的内控部分，第6章第5节的审查档案等。我们需要让自己具备一些简单实用的技能，这些技能可以在工作中举一反三地应用，就可以把工作高效高质量地完成，而这种高效高质量，就是提升利润的压缩点。

图8　文档痕迹与财管力6维度的关联

> **财管力观点**——简单的技能举一反三高质量应用，利润的K点在于绩效贡献的提升

财管力讲资产管理的文档痕迹，主要有以下2个指标：

*21｜指标1　资产寿命全程留存必要的档案

（1）建立档案及编码。

① 建立供应商档案，产生供应商编码。

② 建立合同档案，产生合同编码。

③ 建立商品档案，产生商品编码。

（2）采购订货痕迹。

由采购部依据订货需求以及实时库存来制作采购订货单，由采购部负责人进行采购订货单的确认及审核。订货单需纸质版，一式两份，一份作为预付款申请附件，一份交给库管人员，库管人员按采购订单验货入库。

采购部将订货单传递给供应商，要求供应商按期备货、送货。

（3）验收痕迹。

供货商／采购员送货至验货区，库管人员严格按照供应商／采购员所持订货单对商品进行验收，逐一核实标识、质量、商品名称、规格、数量等。对少于订货单数量的商品按实际数量收货；对多出订货单数量和无订货单的商品不予收货。验收完毕后，库管人员按照实际收货情况录入系统，并打印入库单／其他入库单一式三份，采购员、库管人员双方签字，一份交予采购员，一份交财务部作为结算依据，一份留存。

（4）出库痕迹。

设计部人员／销售人员选货，库房人员通过扫描计算价格，并打印出库单／销售单一式三份，设计部人员／销售人员、库管人员双方签字，一份交予设计部人员／销售人员，一份交财务部作为成本结算依据，一份留存。

销售退回，设计部人员／销售人员打印销售退货单，库房人员根据销售退货单点货验收，并签字确认，销售退货单一式三份，一份交予设计部人员／销售人员，一份交财务部作为结算依据，一份留存。

（5）财务做账痕迹。

财务部根据入库单冲抵预付账款；根据出库单、销售单确认销售收入；根据销售退货单确认销售退回。

①盘点痕迹。

商品盘点，每月由库房人员对库存商品进行盘点，财务部人员进行监盘。月盘点时必须核对明细账。盘点表一式三份，当月盘点表必须归档保存，以备下月查实。

②对账痕迹。

盘点结束后，及时进行盘点实数与台账、大账的核对，只有核对后实现实数与台账、大账完全相符，才能说明账目清晰；如出现不符，就必须对明细资料进行逐一核查，找出差异。

对账核查的各种问题不管查清还是未查清都必须逐一列出清单，说明情况，上报部门负责人及总经理。

对账完成后，列制对账备查簿。

注：各单据必须包含信息如下：

入库单：商品编码、名称、数量、单价、总价、经手人、日期；

出库单：客户/项目名称、商品编码、名称、数量、单价、总价、经手人、日期；

销售单：客户/项目名称、商品编码、名称、数量、单价、总价、经手人、日期；

销售退回单：客户/项目名称、商品编码、名称、数量、单价、总价、经手人、日期；

他入库单：商品编码、名称、数量、单价、总价、经手人、日期等；

盘点表：商品编码、名称、数量、单价、总价、日期；

对账备查簿：商品编码、名称、数量、问题、责任人、上级。

*22 │ 指标2　留存的文档有必要的审批和签字

这是一个形式指标。参照上条即可。

第4节　使用效率——让资产的每一分钟都在为你赚钱

我们要对资产的使用效率不断考量：

（1）资产使用频率。每天开工少于4小时，可以考虑经营租入，或者租出共享，或者寻找其他的变现形式。

（2）资产使用寿命的长短。保养和维护成本大于重置或者租入，则可处置。

（3）是否有闲置、未充分使用。未充分使用通常因产品渠道淤堵，如何打通呢？可以充分利用经营分析来寻找答案。前提是核算准确，决策者对经营分析有一定的理论基础。

（4）购买新的资产的测算工作和投资报告。

（5）工时分配表。按小时测算做表，按分钟获取成果。

财管力讲资产管理的使用效率，主要有以下2个指标：

*23 ｜ 指标1　没有闲置或非生产必需的资产

这里所说的闲置和非生产必需，是两种常见的导致利润遗失的情况。

闲置，是指买回来没有用，放着。非生产必需，是指生产中可以用到，但是如果没有也可以有替代品。

在我们的咨询实践中，库存占用的资金造成了浪费，是企业老板很多的困扰。

我们看存货管理的目标——是在保证生产或销售经营需要的前提下，最大限度地降低存货成本。而不是保证生产和销售需要，增加存货储备。那么，在实践中，往往看到企业在储备，究其原因，无非两个：一是目标错了；二是目标没错，只是不知道怎么精确计算到最优储备。

目标拆分：

- 保证生产正常进行（原材料）
- 有利于销售（如市场需求量增加）
- 便于维持均衡生产，降低产品成本（季节性商品）
- 降低存货取成本（批量采购折扣）
- 防止意外事件（有备无患）

财管力观点——流动才是王道，利润的K点在于不囤货

【案例：库存存放空间不足，仓储能力告急】

一、问题描述

库存存放空间不足，仓储能力告急。

二、风险分析

1. 存货保管缺乏物理条件，导致实物不安全、难以统计等；

2. 未经测算的保管和仓储成本，造成利润被侵蚀。

三、整改措施

经过分析和测算的采购，精确到每日的消耗和补给；

对积压的存货及时清点，将变质、腐烂、过期的存货进行处理。

> 财管力观点——买得起也不买，利润的 K 点是逼出资产的最高使用效率

*24 | 指标2　做资产工时和人工工时的匹配测算

工时测算在 BOM、PMC 的应用较为常见。多为生产经理所测。这里我们推荐财务工作者也练习测算一下，并且按照资产工时核算生产成本，按照人工工时核算应付职工薪酬，促进财务和生产的紧密衔接。

*25 | 指标3　报废资产和边角料也有处理流程

边角料的归集、处置、二次利用能降低生产成本，提高物料使用效率。如果缺乏边角料处理流程，无疑会使能产生利润的资源在无形中漏掉了，更因为缺乏管理，连确认为营业外支出的机会都没有。所以账上面，所有的物料都进了成本，虚增了产品成本，更使得报价被模糊，企业的盈利也受到影响。

故而，边角料的处理要有明确的流程和分工，各个部门各司其职，财务部准确记录和分析。不能放过任何提升资产使用效率的机会。

第5节　缺陷预警——警惕不良资产带来的虚假繁荣侵蚀利润

不良资产是一个泛指概念。不同行业、不同企业，不良资产不同。如，银行的不良资产是不良债权，企业的不良资产是尚未处理的资产损失和潜亏挂账；而更广义的范畴，对企业营利失去了力量，自身状态不佳，对企业发展没有正常促进作用的，都应列为不良资产。

（1）实物类不良资产。实物类不良资产主要是指因市价持续下跌、技术陈旧、长期闲置等原因导致可收回金额低于账面价值的设备、房屋建筑物，以及成本高于可变现净值的存货、在建工程等具有实物形态的不良资产。

（2）债权类不良资产。债权类不良资产是指长期难以回收的、预计可能产生坏账损失的应收账款、其他应收款、担保损失及其他不良债权。

（3）股权类不良资产。股权类不良资产是指长期投资可收回金额低于其账面价值的长期股权投资损失。

财管力讲资产管理的缺陷预警，主要有以下 2 个指标：

*26｜指标1　定期对资产健康度进行复核

检验要点：

（1）实物资产。

①产品市价有无下降，或有无下降迹象；

②产品所依赖的主要原材料，市价有无下降，或者有无下降迹象；

③生产所用知识产权有无同类更新，市场上有无替代技术；

④固定资产有无闲置，且短期内无法转换使用形式；

⑤工具、模具有无陈旧，生产的产品有无超出了预期标准的残次品；

⑥生产用低值易耗品有无过期、变质、不符合使用标准的；

⑦有无影响生产许可的状况出现；

⑧生产的产品是否出现了成本倒挂，且回转无望。

（2）债权资产。

①有无 3 年以上应收账款，经催收仍未收回；

②单笔余额占比 10% 以上的赊销客户，有无被行政处罚、税务处罚金额较大，或有停业意向的；

③单笔余额占比 5% 以上的其他应收款中，有无关联方；

④有无消息得知债务人经营困难，或有经济纠纷；

⑤有无提出了退货、退款要求的应收账款；

⑥有无消息得知债务人遭受自然灾害或意外事故的。

> **财管力观点——处理不良资产比账实相符更有意义，利润的 K 点在于资产健康度**

纳税人符合下列条件之一的应收账款，应作为坏账处理：

①债务人被依法宣告破产、撤销，其剩余财产确实不足清偿的应收账款；

②债务人死亡或依法被宣告死亡、失踪，其财产或遗产确实不足清偿的应收账款；

③债务人遭受重大自然灾害或意外事故，损失巨大，以其财产（包括保险赔

款等）确实无法清偿的应收账款；

④债务人逾期未履行偿债义务，经法院裁决，确实无法清偿的应收账款；

⑤逾期3年以上仍未收回的应收账款；

⑥经国家税务总局批准核销的应收账款。

下列各种情况一般不能全额计提坏账准备：

①当年发生的应收款项；

②计划对应收款项进行重组；

③与关联方发生的应收款项；

④其他已逾期，但无确凿证据证明不能收回的应收款项。

*27 | 指标2 对有缺陷的资产有预备方案

预警永远不是终点，预备方案在任何时候都有必要。

【案例：已经报废的固定资产未及时处理，长期挂账】

一、问题描述

已经报废的固定资产没有及时处理，长期挂账。

二、风险分析

1. 未能及时处理导致账实不符，财务数据失真，不能反映企业真实资产情况。

2. 资产总额虚增，资产质量低。

三、整改措施

1. 正确且及时处理已报废的固定资产。

2. 结合资产创造价值定期分析资产质量。

1.3 会计人员素质

第1节 职业道德——其身正，不令而行

其身正，不令而行；其身不正，虽令不从。出自《论语·子路》。

自身言行正当，即使不下命令，别人也会跟着行动；若自身言行不正当，即使三令五申，别人也不会跟着行动。意味着领导者必须以身作则，为人表率。

会计职称的各级考试，以及注册会计师的考试，都有对会计人员的职业道德的约束。会计人员的工作，对钱、账、物多为敏感，职业道德自是各项素质之首要。

（1）爱岗敬业：要求会计人员热爱会计工作，安心本职岗位，忠于职守，尽心尽力，尽职尽责。

（2）诚实守信：要求会计人员做老实人，说老实话，办老实事，执业谨慎，信誉至上，不为利益所诱惑，不弄虚作假，不泄露秘密。

（3）廉洁自律：要求会计人员公私分明、不贪不占、遵纪守法、清正廉洁。

（4）客观公正：要求会计人员端正态度，依法办事，实事求是，不偏不倚，保持应有的独立性。

（5）坚持准则：要求会计人员熟悉国家法律、法规和国家统一的会计制度，始终坚持按法律、法规和国家统一的会计制度的要求进行会计核算，实施会计监督。

（6）提高技能：要求会计人员增强提高专业技能的自觉性和紧迫感，勤学苦练，刻苦钻研，不断进取，提高业务水平。

（7）参与管理：要求会计人员在做好本职工作的同时，努力钻研相关业务，全面熟悉本单位经营活动和业务流程，主动提出合理化建议，协助领导决策，积极参与管理。

（8）强化服务：要求会计人员树立服务意识，提高服务质量，努力维护和提升会计职业的良好社会形象。

财管力讲会计人员素质的职业道德，主要有以下2个指标：

✻ 28 ｜指标1　会计人员有责任心，正直，性格谨慎

好学谨慎，也是道德素质之一。每个人都有知识盲点，只要保持学习意识，谨言慎行，就可以不断进步。

✻ 29 ｜指标2　会计人员认可企业文化，对老板忠诚

德才兼备，通常指既有好的思想品质，又有工作的才干和能力。出自《先天集·人邑道中三首》。

在企业中，常听说要用德才兼备的人，这里，德，指认可企业文化，认可老板的作风，同心方可同德；才，指专业水平和技能。二者兼具，才是人才。

第2节 胜任能力——至少一个散装诸葛亮

此处讲财务人员胜任能力,不是就单人而言,而是就企业的财务部整体而言。财管力讲会计人员素质的胜任能力,主要有以下5个指标:

✳ 30 | 指标1　有初级会计师以上职称占比大于70%

初级会计师,相当于助理会计师,掌握会计基础知识和经济法常识,这是会计人员从事财务工作的起点。

✳ 31 | 指标2　三年以上工作经验占比大于50%

✳ 32 | 指标3　负责人有中级会计师职称

✳ 33 | 指标4　懂核算、税法、财务分析、预算、内控

✳ 34 | 指标5　会做税务筹划,会对决策提供建议

> **财管力观点——财务部的健全程度就是老板管理思维的健全程度,利润K点在于起码有个财务部**

老板通常提到财务部的问题,很多都是不满意。对于大多数企业来说,财务部不属于核心部门,对其建设也缺乏关注。

我们先看看以下问题,是否有些熟悉?

①何必浪费人力,找代理记账不就行了。
②我们公司会计很不专业,做得很差。
③我知道我们财务部不规范,可财务也不懂怎么搞好。
④财务部确实有很多不足,需要招一个厉害的财务总监。
⑤我们财务能做亏损,根本不需要操心避税的事。

…………

实际上,对于财务部的素质,很多老板没用心也没出力。不会招,不好用,水土不服,好不好自己也不懂判断。所以,对于财务部的要求,不仅是对财务人员个人的要求,更是企业主对财务部的建设的要求。

可以说,老板的格局,决定了财务部的等级;财务部的等级,决定了企业赚钱的等级。财务部职能示例如图9所示。

图9　财务部职能示例

第3节　综合素质——素质与专业同等重要

财务部的综合素质，大致如下：

（1）政治思想素质。会计人员的行为是由其思想支配的，只有正确的思想才会有正确的会计行为。

（2）职业道德素质。会计职业道德素质是指在会计职业活动中，人们应遵循的职业行为和规范，是调整与单位有关各方面经济利益关系，有效实现财务会计目标和内部会计控制的目标手段，是规范会计行为的基础。

（3）会计业务素质。会计人员应具备熟练的记账、算账以及会计电算化技术等操作能力，作为更高要求，还要会预测、编制计划、分析、决策等，还要有较强的独立分析、处理问题的能力，能够透过现象看本质，抓住主要矛盾并妥善予以解决。

（4）综合文化素质。由于市场运作往往会出现各行业相互渗透、交叉，综合性是现代会计业务的特征之一，这一特征要求会计人员的知识结构不能只限于本专业，而是既要有一定的深度，又要有一定的广度，需要做到深广结合。会计人员的知识结构好比一座宝塔，塔尖部分是专业学科知识，塔的中间部分是专业学科的基础知识，塔的下半部是应用专业性知识所需要的其他专业学科的基础知识，如数学、外语、逻辑学、心理学等会计人员必须具备的基础文化素质和修养。

（5）沟通协调能力。财务部门一般是单位的综合性管理部门，要和单位内外方方面面的人打交道，因此应具备一定的沟通协调能力。具有良好的语言和文字的表达能力，能简要、准确地陈述问题和观点；文明礼貌、团结协作、互相支持，能正确处理好上下级之间、部门之间、单位内外的关系，树立会计人员良好的社会形象。

财管力讲会计人员素质的综合素质，主要有以下3个指标：

※ 35 | 指标1　沟通能力强，能达成公司整体目标

沟通能力是职场必备，也是做人必备，但其实很少有人能够完美掌握这项能力。对于会计人员来说，最重要的是能够站在公司整体的高度去思考，从借贷跳出去，看经济业务实质。

从借贷出发，看经济业务，是财务管家的优势。任何企业的行为，都可以用分录写出来，写不出的，就不是企业理性行为。可以说，代表了决策失误，或者执行偏差。

而很多财务人员会被认为死脑筋，不懂变通。因为我们把不通，当作了专业原则。实际上，沟通才显出专业性。如何能把应该坚持的，让公司其他部门能够理解，能够认可，这是水平，是需要训练和提升的。

财管力强调，企业是一个整体，应以系统心态去努力达成一个共同目标。所以沟通，在任何时候，都非常重要。

> 财管力观点——会计的综合素质能为企业省成本省税费，利润K点是会计除了分录还会考虑利润

※ 36 | 指标2　协调能力强，能从整个业务循环考虑

协调能力是一项素质要求，也是一项职权赋予。现代企业的发展，需要企业内部管理的高度协调，很多部门需要合作，也就有了磨合。很多企业已经意识到业财融合的重要性。但还是有很多企业，财务部门和业务部门在打架。财务部事后参与，没有全局观，决策穿透度低，导致跟业务部门缺乏沟通。所以要让企业的各个部门协调工作，不是以哪个部门为主导，而是作为企业主，先要抓清自己企业的关键业务循环，在业务循环的各个关键节点，分配责任部门，各个部门各司其职，也就从根源上减少了沟通成本。

※ 37 | 指标3　创新能力强，能把财务管理融进经营

企业的价值源于业务，财务部门作为企业职能管理部门，通常扮演支撑服务

的角色，伴随着业务发展和需要而存在。但一直以来，传统财务思维聚焦于基础核算，过分强调对业务的监督职能，在与业务交互时往往只是说"不"，忽视业务问题的解决和管理需要，限制了财务对企业的价值贡献。业财融合是对传统财务职能的拓展，要求我们基于业务的视角，用财务管理理念和工具方法服务业务活动开展，从而形成管理合力，提升企业价值创造能力。业财融合是财务转型升级的内在需要，要求财务管理要主动服务业务，财务人员及时学习业务，了解业务特点，理解业务需求，形成服务机制，在敢于说"不"的同时，能够协同业务找到解决问题的方法。同时，现在我们讲业财融合，将业务活动放置在财务管理的前面，而非财业融合，就是要明确财务管理要积极融入业务、主动服务业务，在理念上打破传统财务思维。

> **财管力观点：会计的思维异于常人——利润 K 点在于平衡思维不是要平平平**

1.4 组织机构

第1节 完整度——可有可无则不必要；若有若无则亏而不知

提到财务部赚钱，很多老板第一时间会想到节约成本，避税。

其实，所谓节约成本，成本本就没有最低，但凡可以节约的，说明存在了浪费，浪费本来就不对。不浪费也不能算赚了。

避税，与钻政策的空子不同，与数字游戏不同。不当避税，过度避税，反而增加风险，甚至造成损失。

所以财务部的职能，发挥得尽，是要增加利润，降低风险的，如果建设不完整，则有可能不仅没赚，反而亏了都察觉不到。

财管力讲财务部的完整度，主要有以下2个指标：

※ 38 | 指标1　配备足够的人手，至少三人，分工明确

这里的三个人，指三个职能人，在不违反不相容岗位分离的原则下，可以兼任。

※ 39 | 指标2　如有代理记账，有专人对其复核

如果企业规模不大，财务工作以代理记账为主，或者企业规模较大，将财务部的部分工作委托给代理记账机构完成，务必安排有人与代理记账机构对接工作，最好能够对其工作结果进行复核。

第2节　不相容岗位分离——钱账物，两两相望

不相容岗位分离，简单来说：

①授权批准职务与执行业务职务；

②执行业务职务与监督审核职务；

③执行业务职务与会计记录职务；

④财产保管职务与会计记录职务；

⑤执行业务职务与财产保管职务。

财管力讲财务部的不相容岗位分离，主要有以下3个指标：

※ 40 | 指标1　出纳不记账，货币资金日记账除外

出纳不记账，指的是跟钱不直接有关的账。跟钱有关的，出纳是必须登记日记账的，一般都是每支付一笔就要马上登记，并要注明这一笔的支付内容，而且要做到日清日结。

※ 41 | 指标2　离职或者调岗，需有完备的交接手续

交接工作做好，可以顺利过渡换岗期，也可以对前任的工作加以验证。

※ 42 | 指标3　有会计主管岗位专门负责稽核

会计主管，是指单位会计机构的负责人或主管单位会计工作的技术负责人，是各单位会计工作的具体领导者和组织者。会计主管根据会计法和公司的实际情况负责公司的全面会计核算工作，并直接对老板负责。负责审核票据的合法性、合理性、正确性，并审核科目汇总表，审核会计报表，做到账表相符，并检查预算和财务收支计划的执行情况。对出纳工作及其他会计工作进行督促和监督，并协调会计内部工作。

会计主管的主要工作职责是稽核，避免出现自己做自己稽核的情况。

第3节 参与度——越在乎越值得

为财务部争取发言席这件事,我做了很多年。很多民营企业的决策都是老板做主。有的设计了治理机构,会有中高层管理人员聚集开会,围绕着老板的意见讨论,结论八九不离十。

财务部对企业决策的参与度低,形成了恶性循环。越不参与,越不明就里,越说不上话,越没必要参与。

而会计们后知后觉地记录手上拿到的单据,不知当时具体发生了什么,一半靠经验,一半靠推测,老板当然不满意。

有时,我会跟老板建议,别先判断人家不行,先提出一个要求,看看能到什么程度。要让财务部走进会议室,这么做,受益的必将是企业。

财管力讲财务部的参与度,主要有以下3个指标:

✳ 43 ｜指标1　财务部参加公司经营会议并发言

公司的经营会议,应有财务部参加,可以提供很多有价值的内部服务。

（1）经营指标。

公司经营会议通常制订一年的销售计划、利润计划等。相应的,应有的所得税、增值税会有什么样的联动反应,需要专业的测算。而且,在促销方案的制订中,涉及成本降低和税务风险的方面,也非财务不可。

（2）预算。

都知道"现金为王",也都怕"死在奔跑的路上"。有了经营指标,当然要做预算,看看家底有多少,收入会有多少,收现会有多少,成本增加多少,付现多少,短缺了还是盈余了,短缺了怎么筹集,盈余了怎么利用,这都是财务部的活儿。

（3）决定与客户和供应商的关系。

财务部应给出往来分析报告。不仅是流动比率,计算一连串的相对值、绝对值,还应有非数据分析,相当于一份往来对象情报分析报告。依据此份报告,决定商业模式和合作模式才更加有理有据,理直气壮。

（4）执行报告。

细节和行为守则反映在钱,也需要财务部才能讲清楚。比如,差旅费用哪了,对业务的促进作用如何，报销的费用里有没有"杂质"，真的不能剔除吗？工资计算方法对生产的促进有没有强有力的帮助？这些属于业财融合的范畴。当代的财务部，如果还不懂得研究生产，研究产品，研究利润，那就真的是落伍了。

（5）税。

税的计算，加上税费的计算后，原本很精彩的促销方案也许变成了"败家方案"。这种案例比比皆是。不让财务部知道上层的精彩构思，财务部当然也就无从反驳。很多企业也就用这种虚假繁荣的促销方案，赢了吆喝，输了利润。

（6）发票。

发票和凭证后附的附件都是作业行为的痕迹。报销被退回不能用，也不能因此而讨回花费，因此而造成的浪费、舞弊的风险，不能抵税的损失，还是企业来承担。一开始就在经营会议上做出明确的要求，大家就会有执行的标准。

✽ 44 | 指标2　公司大额采购、融资、投资等重大事项，需要财务部意见

大额采购、融资、投资等重大事项，财务部应提供：

（1）金额。

包括预测和测算的金额，以及提供线性图，或者历史数据等作为进一步探讨的依据；

（2）必要性。

是否一定要这么做，就是要探讨这么做的好处。财务部可以从利润促进作用，以及长期的税务规划去考虑。

（3）风险。

这么做有什么不确定性，就是要探讨这么做有什么不好的可能。会亏损，还是会被处罚，还是会造成员工工作积极性变低了从而使得单位人工贡献降低了，都需要财务知识才能考虑。

（4）渠道。

真的要做，有什么实现的可能。财务部主要考虑这些渠道的成本的对比。

（5）替代方案。

如果不这么做，是否可以有别的办法。

✽ 45 | 指标3　没有公司高层或外部人员对财务部施压

能够保持话语权不受约束，是企业主管理的艺术。我们要警惕那些偏离了经营本身的事件。和谐的环境，也是生产力的促进因素。

1.5 会计档案

第1节 完整度——不仅是分录

会计档案的完整度，已经写入了法律条款。《会计法》规定，"各单位对会计凭证、会计账簿、财务会计报告和其他会计资料应建立档案，妥善保管。会计档案的保管期限和销毁办法，由国务院财政部门会同有关部门制定。"因此，法律主要依据是《会计档案管理办法》，由国务院财政部门和国家档案局会同制定。

会计档案是指会计凭证，会计账簿和财务报告等会计核算专业资料，是记录和反映企事业单位经济业务发生情况的重要史料和证据，属于单位的重要经济档案，是检查企事业单位过去经济活动的重要依据，也是国家档案的重要组成部分。

会计凭证类：原始凭证、记账凭证、汇总凭证、其他会计凭证。

会计账簿类：总账、明细账、日记账、固定资产卡片、辅助账簿以及其他会计账簿。

财务报告类：月度、季度、年度财务报告，包括会计报表、附表、附注及文字说明、其他财务报告。

广义的会计档案，应包括合同、合同签订流程文档、内控流程的业务轨迹全过程留档等。比如：

（1）各种经济合同、协议、担保书契约及其附件。

（2）年度财务计划，年度财务工作计划，年度财务工作总结，年度财务决算编审的工作要求，财政、财务工作会议文件及资料。

（3）各种财务分析资料（资金分析、经营活动分析、成本情况分析）。

（4）资信证明。

（5）重点工程决算资料。

（6）财务部门会议记录本。

（7）各种投标保函。

（8）其他。

财管力讲会计档案的完整度，主要包括以下3个指标：

✱ 46 | 指标1　有凭证、账簿、报表、纳税申报表，按月装订

通常所称会计档案，至少包括凭证、账簿、报表、纳税申报表，具体参照《会计法》《会计档案管理办法》，以及企业实际情况而定。

《会计档案管理办法》第十四条规定：会计档案的保管期限分为永久、定期两类。定期保管期限一般分为10年和30年。

会计档案的保管期限（表4），从会计年度终了后的第一天算起。

表4　企业和其他组织会计档案保管期限表

序号	档案名称	保管期限	备注
一	会计凭证		
1	原始凭证	30年	
2	记账凭证	30年	
二	会计账簿		
3	总账	30年	
4	明细账	30年	
5	日记账	30年	
6	固定资产卡片		固定资产报废清理后保管5年
7	其他辅助性账簿	30年	
三	财务会计报告		
8	月度、季度、半年度财务会计报告	10年	
9	年度财务会计报告	永久	
四	其他会计资料		
10	银行存款余额调节表	10年	
11	银行对账单	10年	
12	纳税申报表	10年	
13	会计档案移交清册	永久	
14	会计档案保管清册	永久	
15	会计档案销毁清册	永久	
16	会计档案鉴定意见书	永久	

✷ 47 | 指标2　凭证附件足够支持会计处理

以会计工作为财务管理主要内容的企业，多数见票入账，以发票作为做账和报税的依据，附件以银行单据、发票、审批表等为主；具备财务管理职能的财务部，会增加合同、收付款依据、过程文件等。

很多凭证，只有两句分录，后附附件——无。这算什么会计档案呢？机械的分录对企业的伤害，类似于"书到用时方恨少"。等到要找这笔账，想要知道当时的情况，想要求证什么的时候，一无所知。凭证附件索引见表5。

> **财管力观点——会计凭证后附的是企业管理水平，利润的 K 点是报账清单**

表5　凭证附件索引（不适用全部类型企业）

序号	业务环节	对应科目	需附件	补附件索引号	
1	客户订购	预收账款	订购单	A	
2	发货	主营业务收入	出库单	B1	B
			销售发票	B2	
			快递单	B3	
3	收到款项	银行存款	银行业务凭单	C	
4	订购商品	预付账款	订购单	D	
5	收到商品	库存商品	入库单	E1	E
			采购发票	E2	
6	支付全部款	银行存款	银行业务凭单	C	
7	固定资产采购	预付账款	采购合同	F1	F
		固定资产	发票	F2	
		银行存款	银行业务凭单	C	
8	固定资产折旧	累计折旧、费用类	折旧表	G	
9	租金、水电、物业	预提费用	计算表	H	
10		现金	收据	I	
11	零星支出	费用类	请示及审批	J1	J
			采购清单	J2	
			发票	J3	
12	计提工资	费用类、应付职工薪酬	工资计算表	K	
	支付工资				
13	社保、税费	管理费用、应交税费、其他应收款	税单	L	
14	无形资产采购	预付账款	采购合同	M1	M
		无形资产	发票	M2	
		银行存款	银行业务凭单	C	
15	无形资产摊销	管理费用、累计摊销	计算表	N	

✻ 48 | 指标3 有资产清册，并及时更新

会计资料的完整性是指经济活动、财务收支和会计核算的资料必须全面、系统，既不发生疏漏，又不发生以偏概全的现象。

（1）档案编号排列要合理，无编码缺漏。

（2）档案级别分为绝密、机密、秘密三个等级，分别用文字标示。拟制文件时，需在文件首页右上角标注密级，存放有序。

（3）有明确的会计档案交接手续，会计档案调阅登记制度和借还手续。

（4）档案销毁须由档案管理员填写销毁清单并报公司分管领导及有关人员会审批准后销毁。销毁的档案清单由档案员永久保存。

（5）销毁档案时应有两人以上负责监销，并在清单上签字。

第2节 保存保管——会计凭证是现金等价物

财管力讲会计档案的保存保管，主要有以下2个指标：

✻ 49 | 指标1 有专门的区域存放，有专门的保管责任人

根据国家档案法及会计档案管理制度要求，按会计档案立卷、归档、保管、查阅和销毁的程序，保证会计档案保管妥善，存放有序，查阅方便，严防毁损、散失和泄漏。

保证会计档案的安全，注意防火、防潮、防磁、防尘。所有会计档案必须登记造册，不得丢失、毁损、非法抄录；打印输出的纸质档案必须装订成册并加具封面，记账凭证必须附有原始凭证，凭证、账簿必须连续编号并经审核签字后，方可归档保管。

✻ 50 | 指标2 未经授权，不得接近和查阅，不得发送

所有会计档案的借阅和归还必须有完备的登记手续，归还时应检查其完好性，不得涂改、毁损和过期不还；不得将会计档案随便借出，查档要办理登记手续，严禁在会计档案上涂改、拆封和抽换。

财管力

——300个指标量化提升利润管理

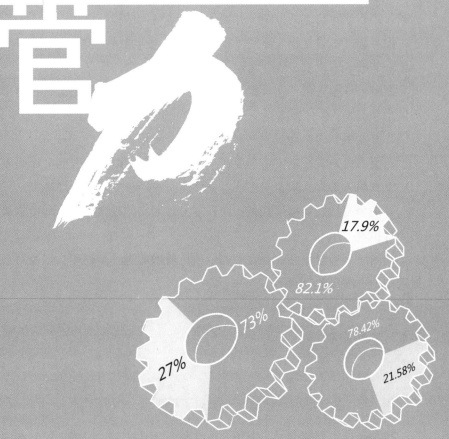

会计核算力

对传统会计核算的深化，更是泛资本财务的新行标。

核算方法的选择，的确可以影响企业的财务状况和经营成果；核算和管理的结合，在企业战略中越来越重要。而实务中，还有很多案例，核算和经营是脱节的，如此又怎么能发挥作用，为利润做贡献呢？会计核算能力的指标会给出企业核算水平与企业会计准则或企业会计制度之间的吻合度，同时根据企业的战略和远景，提示核算与之的差距，并给出更有契合度的核算建议。

财务会计报告是指企业对外提供的反映企业某一特定日期的财务状况和某一会计期间的经营成果、现金流量等会计信息的文件。

财务会计报告包括会计报表及其附注和其他应当在财务会计报告中披露的相关信息和资料。会计报表至少应当包括资产负债表、利润表、现金流量表等报表。

小企业编制的会计报表可以不包括现金流量表。

①资产负债表是指反映企业在某一特定日期的财务状况的会计报表。

②利润表是指反映企业在一定会计期间的经营成果的会计报表。

③现金流量表是指反映企业在一定会计期间的现金和现金等价物流入和流出的会计报表。

④附注是指对在会计报表中列示项目所做的进一步说明，以及对未能在这些报表中列示项目的说明等。

2.1 基本原则

第1节　会计准则符合度——做对了不高级，做错了犯法

我国会计主要依据了《中华人民共和国会计法》《中华人民共和国企业所得税法》《中华人民共和国公司法》等，制定了《企业会计准则——基本准则》，在此基础上，制定了《企业会计准则》和《小企业会计准则》。

《企业会计准则》包括基本准则和具体准则。规定企业应当编制财务会计报告，财务会计报告的目标是：向财务会计报告使用者提供与企业财务状况、经营成果、和现金流量等有关的会计信息，反映企业管理层受托责任履行情况，有助于财务会计报告使用者做出经济决策。财务报告与财管力6维度的关联如图10所示。

财管力讲核算原则的会计准则符合度，主要指标为：

图10　财务报告与财管力6维度的关联

✱ 1 │ 指标1　采用了适合的会计准则

采用企业会计准则还是小企业会计准则，我们对比如下：

（1）框架体系对比（图11）

图11　企业会计准则和小企业准则的框架体系对比

（2）会计科目设置对比（图12）

- 企业会计准则
  - 资产类
  - 负债类
  - 所有者权益类
  - 成本类
  - 损益类
  - 共有160多个会计科目

- 小企业会计准则
  - 资产类
  - 负债类
  - 所有者权益类
  - 成本类
  - 损益类
  - 共有60多个会计科目

图12　企业会计准则和小企业会计准则的会计科目设置对比

(3) 财务报表结构（图13）

• 企业会计准则
- 资产负债表
- 利润表
- 现金流量表
- 所有者权益变动表
- 附注

• 小企业会计准则
- 资产负债表
- 利润表
- 现金流量表
- 附注

图13　企业会计准则和小企业会计准则的财务报表结构

（4）会计科目区别（表6）

表6　企业会计准则和小企业会计准则的会计科目区别

项目	内容	企业会计准则	小企业会计准则
1.存货	存货跌价准备的处理	计提存货跌价准备	不计提
	投资者投入存货成本的初始计量	按合同或协议约定的价值，不公允的除外	应当按照评估价值确定
2.金融资产	分类	①以摊余成本计量的 ②以公允价值计量且变动计入其他综合收益的 ③以公允价值计量且其变动计入当期损益的	短期投资/长期债券投资和长期股权投资
	计量属性选择	采用公允价值进行后续计量，历史成本（摊余成本）与未来现金流量孰低计量	历史成本
	减值处理	需计提可转回	不计提减值准备
	投资收益	按具体准则确定	等于应收利息加减折溢价摊销
3.固定资产	投资者投入的固定资产	合同或协议约定的价值	评估价值和相关税费
	减值处理	需计提，不得转回	不计提
4.生物资产	分类	消耗性生物资产/生产性生物资产/公益性生物资产	消耗性生物资产/生产性生物资产
	减值处理	需计提	不计提
5.无形资产	减值处理	需计提，不得转回	不计提
	摊销方法	应根据资产经济利益的实现方式确定	直线法摊销
	不能可靠估计使用寿命的无形资产	可以不摊销，但要做减值测试	不短于10年摊销
6.借款	利息计算	根据实际利率和摊余成本确定	按合同利率和借款本金计算
7.收入	确认条件不同	更关注风险和报酬是否转移	更关注收到货款或取得收款权利
8.所得税费用	确认方法	资产负债表债务法，需确认递延所得税费用	应付税款法，不需要确认递延所得税费用

以上简略对比，详细内容，将在重点科目中详解。企业应根据自己的实际情况，准确选择适用的会计准则。

小微企业的划分标准(资料来源:《关于印发中小企业划型标准规定的通知》工信部联企业〔2011〕300号)见表7。

表7 小微企业的划分标准

项号	行业(小企业)	从业人员/人①	营业收入/万元②	资产总额/万元③
1	农、林、牧、渔业		50(含)~500	
2	工业*	20(含)~300	300(含)~2 000	
3	建筑业		300(含)~6 000	300(含)~5 000
4	批发业	5(含)~20	1000(含)~5 000	
5	零售业	10(含)~50	100(含)~500	
6	交通运输业*	20(含)~300	200(含)~3 000	
7	仓储业	20(含)~100	100(含)~1 000	
8	邮政业	20(含)~300	100(含)~2 000	
9	住宿业	10(含)~1 000	100(含)~2 000	
10	餐饮业	10(含)~100	100(含)~2 000	
11	信息传输业*	10(含)~100	100(含)~1 000	
12	软件和信息技术服务业	10(含)~100	50(含)~1 000	
13	房地产开发经营		100(含)~1 000	2 000(含)~5 000
14	物业管理	100(含)~300	500(含)~1 000	
15	租赁和商务服务业	10(含)~100		100(含)~8 000
16	其他未列明行业	10(含)~100		

注*:低于下限的为微型企业,高于上限的(含上限)的归入大中型企业。

注①:从业人员,是指期末从业人员数,没有期末从业人员数的,采用全年平均人员数代替。

注②:营业收入,工业、建筑业、限额以上批发和零售业、限额以上住宿和餐饮业以及其他设置主营业务收入指标的行业,采用主营业务收入;限额以下批发与零售业企业采用商品销售额代替;限额以下住宿与餐饮业企业采用营业额代替;农、林、牧、渔业企业采用营业总收入代替;其他未设置主营业务收入的行业,采用营业收入指标。

注③:资产总额,采用资产总计代替。

第2节 会计基本原则

会计的基本原则,大意是指会计准则的符合度。这个基本原则,确实有很多企业是遵守不到位的。举个最简单的例子,那些账务处理交由代理记账机构处理的,基本上账务处理和经营实际几乎完全脱节,又何来的原则之守。

财管力讲核算原则的会计的基本原则,主要指标为:

✽ 2 | 指标1 符合会计核算八项基本原则

会计8个基本原则:可靠性、相关性、可理解性、可比性、实质重于形式、重要性、谨慎性、及时性。

（1）可靠性：要求企业应当以实际发生的交易或者事项为依据进行确认、计量和报告，如实反映符合确认和计量要求的各项会计要素及其他相关信息，保证会计信息真实可靠、内容完整。

（2）相关性：要求企业提供的会计信息应当与投资者等财务报告使用者的经济决策需要相关，有助于投资者等财务报告使用者对企业过去、现在和未来的情况做出评价或者预测。

（3）可理解性：要求企业提供的会计信息应当清晰明了，便于投资者等财务报告使用者理解和使用。

（4）可比性：

①纵向可比：同一企业不同时期发生的相同或者相似的交易或者事项，应当采用一致的会计政策，不得随意变更。

②横向可比：不同企业同一会计期间发生的相同或者相似的交易或者事项，应当采用统一规定的会计政策，确保会计信息口径一致、相互可比，以使不同企业按照一致的确认、计量和报告要求提供有关会计信息。

（5）实质重于形式：要求企业应当按照交易或者事项的经济实质进行会计确认、计量和报告，不仅仅以交易或者事项的法律形式为依据。

（6）重要性：要求企业提供的会计信息应当反映与企业财务状况、经营成果和现金流量有关的所有重要交易或者事项。

（7）谨慎性：要求企业对交易或者事项进行会计确认、计量和报告时保持应有的谨慎，不应高估资产或者收益、低估负债或者费用。

（8）及时性：要求企业对于已经发生的交易或者事项，应当及时进行确认、计量和报告，不得提前或者延后。

> 财管力观点——万变不离其宗，利润的 K 点在于借贷基本功

2.2 会计处理——所有企业行为的轨迹图

会计处理，即为通常意义上的会计的工作：做账、做分录。不同的行业，有不同的会计处理方法。这在各个行业的会计学基础中均有阐述。

可是这里所讲的轨迹图，主要有两种涵义：

（1）先行轨迹，即为预测财务目标，先有想要的财务数据，再有企业行为之为或不为。

（2）后行轨迹，即为企业行为的点阵图，所有行为，都可以借贷分录记录为数字的一来一往，如此形成的轨迹路线，即可表示企业行为与财务报表的关系。

也就是说，会计处理不仅是记录和记账，更是促进企业利润的有效工具。

第1节 资产——分录定大小

资产是指企业过去的交易或者事项形成的、由企业拥有或者控制的、预期会给企业带来经济利益的资源。

企业过去的交易或者事项包括购买、生产、建造行为或其他交易或者事项。预期在未来发生的交易或者事项不形成资产。

由企业拥有或者控制，是指企业享有某项资源的所有权，或者虽然不享有某项资源的所有权，但该资源能被企业所控制。

预期会给企业带来经济利益，是指直接或者间接导致现金和现金等价物流入企业的潜力。

符合本准则规定的资产定义的资源，在同时满足以下条件时，确认为资产：

（1）与该资源有关的经济利益很可能流入企业；

（2）该资源的成本或者价值能够可靠地计量。

符合资产定义和资产确认条件的项目，应当列入资产负债表；符合资产定义但不符合资产确认条件的项目，不应当列入资产负债表。

资产核算，我们主要介绍核心科目，常用的有：

（1）存货。

存货，是指企业在日常活动中持有以备出售的产成品或商品、处在生产过程中的在产品、在生产过程或提供劳务过程中耗用的材料和物料等。

存货同时满足下列条件的，才能予以确认：

①与该存货有关的经济利益很可能流入企业；

②该存货的成本能够可靠地计量。

存货应当按照成本进行初始计量。存货成本包括采购成本、加工成本和其他成本。

存货的采购成本，包括购买价款、相关税费、运输费、装卸费、保险费以及其他可归属于存货采购成本的费用。

存货的加工成本，包括直接人工以及按照一定方法分配的制造费用。

制造费用，是指企业为生产产品和提供劳务而发生的各项间接费用。企业应当根据制造费用的性质，合理地选择制造费用分配方法。

在同一生产过程中，同时生产两种或两种以上的产品，并且每种产品的加工成本不能直接区分的，其加工成本应当按照合理的方法在各种产品之间进行分配。

存货的其他成本，是指除采购成本、加工成本以外的，使存货达到目前场所和状态所发生的其他支出。

下列费用应当在发生时确认为当期损益，不计入存货成本：

①非正常消耗的直接材料、直接人工和制造费用；

②仓储费用（不包括在生产过程中为达到下一个生产阶段所必需的费用）；

③不能归属于使存货达到目前场所和状态的其他支出。

企业提供劳务的，所发生的从事劳务提供人员的直接人工和其他直接费用以及可归属的间接费用，计入存货成本。

资产负债表日，存货应当按照成本与可变现净值孰低计量。

存货成本高于其可变现净值的，应当计提存货跌价准备，计入当期损益。

（2）长期股权投资。

长期股权投资，是指投资方对被投资单位实施控制、重大影响的权益性投资，以及对其合营企业的权益性投资。

投资方能够对被投资单位实施控制的长期股权投资应当采用成本法核算。

采用成本法核算的长期股权投资应当按照初始投资成本计价。追加或收回投资应当调整长期股权投资的成本。被投资单位宣告分派的现金股利或利润，应当确认为当期投资收益。

投资方对联营企业和合营企业的长期股权投资，应当采用权益法核算。

（3）固定资产。

固定资产，是指同时具有下列特征的有形资产：

①为生产商品、提供劳务、出租或经营管理而持有的；

②使用寿命超过一个会计年度。

使用寿命，是指企业使用固定资产的预计期间，或者该固定资产所能生产产品或提供劳务的数量。

固定资产同时满足下列条件的，才能予以确认：

①与该固定资产有关的经济利益很可能流入企业；

②该固定资产的成本能够可靠地计量。

企业应当对所有固定资产计提折旧。但是，已提足折旧仍继续使用的固定资产和单独计价入账的土地除外。

折旧，是指在固定资产使用寿命内，按照确定的方法对应计折旧额进行系统分摊。

（4）无形资产。

无形资产，是指企业拥有或者控制的没有实物形态的可辨认非货币性资产。

无形资产同时满足下列条件的，才能予以确认：

①与该无形资产有关的经济利益很可能流入企业；

②该无形资产的成本能够可靠地计量。

企业在判断无形资产产生的经济利益是否很可能流入时，应当对无形资产在预计使用寿命内可能存在的各种经济因素做出合理估计，并且应当有明确证据支持。

企业内部研究开发项目开发阶段的支出，同时满足下列条件的，才能确认为无形资产：

①完成该无形资产以使其能够使用或出售在技术上具有可行性；

②具有完成该无形资产并使用或出售的意图；

③无形资产产生经济利益的方式，包括能够证明运用该无形资产生产的产品存在市场或无形资产自身存在市场，无形资产将在内部使用的，应当证明其有用性；

④有足够的技术、财务资源和其他资源支持，以完成该无形资产的开发，并有能力使用或出售该无形资产；

⑤归属于该无形资产开发阶段的支出能够可靠地计量。

无形资产的使用寿命为有限的，应当估计该使用寿命的年限或者构成使用寿命的产量等类似计量单位数量；无法预见无形资产为企业带来经济利益期限的，应当视为使用寿命不确定的无形资产。

使用寿命有限的无形资产，其应摊销金额应当在使用寿命内系统合理摊销。

无形资产的应摊销金额为其成本扣除预计残值后的金额。已计提减值准备的无形资产，还应扣除已计提的无形资产减值准备累计金额。使用寿命有限的无形资产，其残值应当视为零，但下列情况除外：

①有第三方承诺在无形资产使用寿命结束时购买该无形资产；

②可以根据活跃市场得到预计残值信息，并且该市场在无形资产使用寿命结束时很可能存在。

财管力讲资产核算，主要有以下 4 个指标：

❋ 3 | 指标1　科目准确，备抵科目使用正确

科目准确，也值得列为指标吗？很多日常工作我们都习以为常，但确实不够准确。

而资产类科目的备抵科目，比如：

（1）应收账款、预付账款、其他应收款——坏账准备。

（2）存货——减值准备。

（3）固定资产——折旧。

（4）无形资产——摊销。

在实务中，用备抵科目在理论上更精准，实际上，我们也可以用备抵科目做纳税筹划。这个问题将在"税务得体力"里详解。

❋ 4 | 指标2　有资产清单，完整登记所有资产，且折旧准确

（1）资产清单。

我们在"基础工作力—资产管理"中，已经强调过清单和台账，这是非常简便且有效的方法。

此处我们更强调的是清单在核算中的应用。

（2）所有资产。

有些资产，尤其是固定资产，二手的、以物易物的、抵债的、投资的是没有发票的。财务人员知道，没有发票不能抵税，所以就不入账了。如此，资产原值里没有这项资产，也没有这项资产的折旧。看上去，反正资产净值没差别，实则不然。

①资产总额未变，只是进行了内部转化。

账未钩稽，整个企业行为缺乏逻辑。比如：银行存款减少，固定资产增加，但账上没有增加固定资产，只是银行存款减少了，说好的一借一贷，少了一边，财务人员不敢做账，企业的钱莫名其妙不见了，或者挂在往来上，也是缺少核销的依据。

②成本被低估。

该折旧的没折旧，资产所做的贡献被抹杀了。如果折旧并没有进入生产成本，那么产品成本也少了一块，那么，是否报价也低了？还算满意的毛利率，是否也被虚增了？

③有可能多缴纳税款。

按照正规操作，此类情况应做简易申报，获取发票，则增值税一进一销，未有增加，但企业所得税可以不必调增，抵税效应就有了。

有的企业说，为什么要发票，付出成本，再去节税。如果不要发票，根本就不用费事了。在此特别提醒各位，人间正道是沧桑。

（3）折旧准确。

企业折旧方法较多采用直线法，少数企业采用加速法等。方法很简单，为何常有错漏，也常在年度汇算清缴时纳税调增呢？大多因为放错了类别，导致会计折旧年限不准确，而类别又与会计科目和费用归属有关。有时是总金额对了，但部门错了，导致了各个线条对利润的贡献度就不甚准确。有时一个部门对利润贡献度低了，可以做些调整。如果有这些情况，也就失去了这个机会，又是变得亏而不自知了。

※5 | 指标3 存货进销存清晰准确，且与科目余额表相符

存货进销存，在"基础工作力—资产管理"中有所涉及。在这个章节中，我们除了关注资产的使用效率和安全性外，还要关注的是核算的钩稽关系。

存货的进销存与科目余额表相符，当然不是指在财务人员的做账软件中的存货的进销存，而是真正的存货实物，包括原材料、生产成本、库存商品，甚至低值易耗品和包装物。

不管是大的供应商，还是小的个体户，有没有发票，都应该入账，并入进销存台账中。

✱ 6 | 指标4　开发支出归集和结转符合相关政策要求

开发支出的归集和结转与若干部门有关。如经信部门、税务部门、财政部门等。而每个部门要求有细微的差别，企业要格外留意，以免承担风险。

对于开发支出的核算，应注意以下6个方面：

（1）鼓励的是投入还是创新？

很多政府补贴政策都对企业投入研发的资金进行补偿，比如，研发费补贴、研发费加计扣除等。可是要有创新成果，而且要创新成果经过重重考验，转化为收入，这需要企业有两个转化能力。而补贴政策和补贴导向之间，似乎有话没说完。

如果申报高新技术企业，则高新技术产品（服务）收入达到企业收入总额60%以上这个指标，又比研发投入补贴的要求更进一步。有时企业看着一个目标前行，好不容易快实现了，发现还有一道附加题。积极性受挫，反而成了打击。

（2）研发投入和收入增长之间有关系吗？

研发投入，不一定形成知识产权；知识产权，不一定能顺利卖出变成收入；卖出也不一定能覆盖新增的成本形成利润。

如此一来，研发投入在先，接着要求企业的收入增长率，净资产增长率，是否有些强人所难呢？

而且申报高新技术企业的条件中，要求提供数据的期间，包括了三年研发费投入，和一年的高新技术产品（服务）收入，这三年对一年，又是什么逻辑依据呢？

不得其解则不思其解。重要的是，要看清现实，趋利避害。

（3）研发投入到底是资产还是费用？

企业自行开发无形资产发生的研发支出，不满足资本化条件的，借记"研发支出—费用化支出"科目，满足资本化条件的，借记"研发支出—资本化支出"、贷记"原材料""应付职工薪酬"等科目。所以，企业的研发投入，有可能是资产，也有可能是费用。

换个角度想，资本化还是费用化，倒也是利用汇算清缴做纳税筹划的契机。

（4）有辅助账就行了，还用做专账吗？

辅助账也称备查簿，是对未能在序时账和分类账中反映和记录的事项进行补充登记的账簿，主要用来记录一些供日后查考的有关经济事项。

对于研发投入，做了辅助账，是否还要做专账，我们考虑的主要是税务上的收益和风险。研发费可以加计扣除，形成无形资产的，无形资产的摊销也可以加计扣除，过程是：

假如用辅助账核算研发投入，则辅助账的主体内容——料工费，在发生时，多半进入成本或者费用，也就是体现在会计利润中。到了汇算清缴时，则根据辅助账的料工费及其他，对会计利润进行纳税调整。这时，加计扣除75%，加上在成本和费用环节已经抵税的部分100%，相当于研发投入抵税275%。（粗略计算，只为讲解原理。）

这就是为什么在税法关于加计扣除的条款中明确地规定了成本和费用要清晰地核算。

（5）税收补贴了之后，为什么还有税务处罚风险呢？

申报高新技术企业，用的是前三年的历史数据，补贴之后，可以采用低税率的是后三年。这就相当于用历史成绩奖励未来。可当时的后三年，也会变成三年后的前三年，如果不符合高新技术企业的资质条件，还要补税，甚至要缴纳滞纳金。

第2节 负债——分录定多少

负债是指企业过去的交易或者事项形成的、预期会导致经济利益流出企业的现时义务。

现时义务是指企业在现行条件下已承担的义务。未来发生的交易或者事项形成的义务，不属于现时义务，不应当确认为负债。

符合企业会计准则规定的负债定义的义务，在同时满足以下条件时，确认为负债：

（1）与该义务有关的经济利益很可能流出企业；

（2）未来流出的经济利益的金额能够可靠地计量。

符合负债定义和负债确认条件的项目，应当列入资产负债表；符合负债定义，但不符合负债确认条件的项目，不应当列入资产负债表。

财管力讲负债核算，主要有以下4个指标：

* 7 | 指标1　借款主体无瑕疵，本金和利息与合同相符

企业的短期借款或长期借款，通常指跟金融机构有关的借入资金。一般情况下，需要符合一定的条件，所以有的企业的借款转移了借款主体，比如，关联方

向金融机构借款，然后转借给企业，企业承担利息，但无金融机构的发票。这种情况，我们认为借款主体有瑕疵，利息的抵税作用也不得发挥。

实际上关联方的借款，也可以利息抵税，也就是在企业所得税税前扣除。只要符合税前扣除的相关形式条款，比如发票不超过一定比例等。

同时，计提利息也很重要。按照权责发生制，将当期应承担的利息计入相应的期间。

利息计入正确的科目，不是一定计入财务费用。比如：财务费用、在建工程、固定资产、长期应付款等。

✳ 8 | 指标2　应付职工薪酬的计提和发放清晰，社保有明细

应付职工薪酬是企业根据有关规定，应付给职工的各种薪酬。按照"工资、奖金、津贴、职工福利、社会保险费、住房公积金、工会经费、职工教育经费、解除职工劳动关系补偿、非货币性福利、其他与获得职工提供的服务相关的支出"等明细科目。

企业应设置"应付职工薪酬"会计科目，贷方登记分配计入有关成本费用的金额，借方登记实际发放、支付和缴纳的金额。

企业向社会保险机构为职工缴纳的各项社会保险，一部分由企业承担，一部分由员工承担。疫情期间，国家对企业的缴纳金额有一定的减免，财务人员一定要留意。

由企业负担的部分，同工资薪酬一样，要计入有关成本费用；由职工负担的部分，企业在实际发放工资时，在应发放金额中扣除。

企业向社会保险经办机构，为职工缴纳的医疗保险费、养老保险费、失业保险费、工伤保险费、生育保险费等，国家和省级人民政府，统一规定了计提基础和计提比例，按当地标准执行即可，但需要留意更新政策。

✳ 9 | 指标3　应交税费符合纳税申报数据，钩稽无误

应交税费主要有两种常用的税种在日常的会计处理中使用，增值税和企业所得税。增值税主要以销售额等为纳税依据，企业所得税分为核定征收和查账征收，核定征收以收入额或成本费用支出额等为纳税依据，查账征收以企业的财务处理为基础，在平时预缴税款，按年度汇算清缴，做纳税调整。

根据收入确认的依据不同，增值税和企业所得税确认的收入，不一定都是实

时相等的。所以，我们要求应交税费符合各自的收入确认依据，分别钩稽，而不要求绝对一致。

※ 10 ｜指标4　如有长期应付款，未确认融资费用处理恰当

不属于常见会计处理，通常见于融资租赁。按书面分录处理即可。

> 财管力观点——别浪费欠债的机会，利润K点在于经营性负债

第3节　所有者权益——分录定来去

所有者权益是指企业资产扣除负债后由所有者享有的剩余权益。

公司的所有者权益又称股东权益。

所有者权益的来源包括所有者投入的资本、直接计入所有者权益的利得和损失、留存收益等。

直接计入所有者权益的利得和损失，是指不应计入当期损益、会导致所有者权益发生增减变动的、与所有者投入资本或者向所有者分配利润无关的利得或者损失。

利得是指由企业非日常活动所形成的、会导致所有者权益增加的、与所有者投入资本无关的经济利益的流入。

损失是指由企业非日常活动所发生的、会导致所有者权益减少的、与向所有者分配利润无关的经济利益的流出。

财管力讲所有者权益核算，主要有以下3个指标：

※ 11 ｜指标1　实收资本为无瑕疵实缴

自2014年认缴制正式以来，工商环节不强制企业要在注册后的法定时限内，足额缴足注册资本。此处所讲的无瑕疵实缴，是强调如果因为某些其他的情况，比如投标、政府协议、股东约定等，应实缴的，应避免一些法律不认可的瑕疵。

（1）转账来源。一定是工商注册资料里注明的股东作为转账人，其他人无权代缴。

（2）转账用途。在备注栏不写内容，或者写往来款的，某种意义讲，也不能作为实收资本来确认。一定要清晰注明"投资款"。

（3）溢价处理。同一控制方的股东加入，溢价进入资本公积；非同一控制方的股东加入，溢价进入营业外收入。有现时的纳税义务，或者潜在的纳税义务。

（4）用增资方式增加股东的，需要留意被注资的企业是否盈利，是否实质上构成了股权转让，产生了纳税义务。

跟实收资本科目紧密关联的是个人所得税。常有陷阱，敬请留意。

✱ 12 ︱ 指标2　资本公积和盈余公积处理正确

资本公积（capital reserves）是指企业在经营过程中由于接受捐赠、股本溢价以及法定财产重估增值等原因所形成的公积金。资本公积是与企业收益无关而与资本相关的贷项。资本公积是指投资者或者他人投入到企业、所有权归属于投资者，并且投入金额上超过法定资本部分的资本。

会计准则所规定的可计入资本公积的贷项有四个内容：资本（股本）溢价、其他资本公积、资产评估增值、资本折算差额。

资本溢价是公司实际收到的金额超过投资者认缴的出资额的部分，股本溢价是公司发行股票的价格超出票面价格的部分，其他资本公积包括部分金融资产公允价值变动、长期股权投资权益法下被投资单位净利润以外的变动。资产评估增值是按法定要求对企业资产进行重新估价时，重估价高于资产的账面净值的部分。资本折算差额是外币资本因汇率变动产生的差额。

盈余公积（surplus reserve）：各种积累资金。盈余公积包括法定盈余公积和任意盈余公积。

✱ 13 ︱ 指标3　未分配利润符合行业常规及经营预期

未分配利润是指企业实现的净利润经过弥补亏损、提取盈余公积和向投资者分配利润后留存在企业的、历年结存的利润。

未分配利润有两层含义：一是留待以后年度处理的利润；二是未指明特定用途的利润。相对于所有者权益的其他部分来说，企业对于未分配利润的使用有较大的自主权。

> **财管力观点——无本生意也能做，利润K点在于巧用实收资本**

第4节 收入——分录定理想

收入是指企业在日常活动中形成的、会导致所有者权益增加的、与所有者投入资本无关的经济利益的总流入。

收入只有在经济利益很可能流入从而导致企业资产增加或者负债减少，且经济利益的流入额能够可靠计量时才能予以确认。

为什么说收入的分录是理想呢？

根据《企业会计准则》，收入根据权责发生制确认。确认收入的时候，不一定收到钱，只是记录了一种收到钱的可能。这种可能，就是一种不确定性，就是一种风险。所以说，是理想。

符合收入定义和收入确认条件的项目，应当列入利润表。财管力讲收入核算，主要有以下指标：

✱ 14 │ 指标1　收入的确认时点符合行业特性，且依据充分

收入确认时点，即为符合收入的条件的当时。在实务中，经常忘掉收入确认是有法律条款约束的，变成了开票确认收入、可以收款了确认收入等。

（1）预收账款被滥用——推迟纳税、铤而走险。

（2）开票记账，增值税销项税额与销售收入确认同步——变成半收付实现制。

（3）收入和成本不匹配——利润变成了"大概""也许""差不多"。

（4）视同销售——五花八门的侥幸。

以增值税视同销售行为为例进行对比如下：

①将货物交付他人代销；（会计上需要确认收入）

②销售代销货物；（会计上需要确认收入）

③设有两个以上机构并实行统一核算的纳税人，将货物从一个机构移送其他机构用于销售，但相关机构设在同一县（市）的除外；（会计上不需要确认收入）

④将自产或委托加工的货物用于非应税项目（指提供非应税劳务、转让无形资产、销售不动产和固定资产在建工程等）；（会计上不需要确认收入）

⑤将自产、委托加工或购买的货物作为投资，提供给其他单位或个体经营者；（会计上需要确认收入）

⑥将自产、委托加工或购买的货物分配给股东或投资者；（会计上需要确认

收入）

⑦将自产、委托加工的货物用于集体福利或个人消费；（会计上需要确认收入，值得注意的是，将购买的货物用于集体福利或个人消费，会计不需要确认收入，增值税只做进项税额转出，不视同销售）

⑧将自产、委托加工或购买的货物无偿赠送他人；（会计上不需要确认收入）

⑨单位或者个体工商户向其他单位或者个人无偿提供服务，但用于公益事业或者以社会公众为对象的除外；（会计上不需要确认收入）

⑩单位或者个人向其他单位或者个人无偿转让无形资产或者不动产，但用于公益事业或者以社会公众为对象的除外。（会计上不需要确认收入）

> 财管力观点——闷声发大财——利润 K 点在于巧用收入确认时点

✱ 15 │ 指标2　应收账款和收入对应关系稳定清晰

理论上来讲，银行存款＋应收账款＝含税收入。

但是，由于银行存款的转账很难一目了然区分是赊销还是现销，还是预收款，而且也很难逐一对应的，将销售收入和银行存款的每一笔对应起来，所以，实务中，可以将所有的进账，都用应收账款过渡一下，既可以便捷处理收款和收入的关系，又可以用二级科目导出往来清单，对销售台账和往来管理非常有效。

需要注意的是，应收账款可能与发票有关。这种情况在执行税务账和管理账分开处理的企业比较常见。如此一来，对会计的钩稽关系破坏很大。

✱ 16 │ 指标3　不以发票为确认收入的唯一标准

参见指标 14。

这里单独作为一个指标，是因为开票确认收入的现象太普遍了。

✱ 17 │ 指标4　有销售合同台账，且实时更新

台账一直是我非常推荐的土工具，非常有效。××公司销售台账见表 8。

（1）记录合同，权利义务分明；

（2）记录收入，可以明了已经签订的合同有多少，应收总额和应付总额心里有数；

（3）记录往来明细，谁欠了我，我欠了谁，我的钱够不够还，收了钱要买啥，

钱不够找谁，都可以尽早打算；

（4）记录账龄，应收账款账龄分析，既可以防范风险，又可以纳税筹划。

表8　XX公司销售台账

序号	合同编号	单位名称	合同日期	合同金额	开票情况		收款情况			
							银行存款		现金	
					日期	金额	日期	金额	日期	金额

＊18｜指标5　至少二级科目明细核算，且与成本匹配

收入的二级科目应与成本的二级科目相对应，一对一，不可错位，不可有时间差异。收入的二级科目与应收账款的二级科目不是一对一关系。

> 财管力观点——你的收入你做主——利润的 K 点在于收入跟利润没关系

第5节　成本——分录定现实

成本核算是指将企业在生产经营过程中发生的各种耗费按照一定的对象进行分配和归集，以计算总成本和单位成本。

成本核算通常以会计核算为基础，以货币为计算单位。

成本核算是成本管理的重要组成部分，对于企业的成本预测和企业的经营决策等存在直接影响。

进行成本核算，首先审核生产经营管理费用，看其是否已发生，是否应当发生，已发生的是否应当计入产品成本，实现对生产经营管理费用和产品成本直接的管理和控制。其次对已发生的费用按照用途进行分配和归集，计算各种产品的总成本和单位成本，为成本管理提供真实的成本资料。

财管力讲成本核算，主要有以下 5 个指标：

✻ 19 | 指标1 有符合生产或服务过程的成本核算方法

是否每个企业都可以有一套成本核算方法呢？

比如，塑料产品按称重算，五金按包算，需要组装的按工序的……成本核算方法，一定贴合自身的产品和工艺流程，发生时归集，入账时分配。准确且权责分明是非常重要的。

成本核算的误区也比较多，比如：

（1）按收入和预期的毛利率算一个成本总数；

（2）当期采购花了多少钱就是成本；

（3）按销售量和估算的成本单价相乘；

（4）用总的投入的原材料和工人工资，减掉在成品，就是成本。制造费用放入管理费用；

…………

精准的过程设计，按工序科学的归集和分配成本有以下益处：

（1）成本准，定价才能准；

（2）知道成本构成，才知道竞争的可控点；

（3）根据工序分配成本，才可以进行精益生产，提升利润和管理。

案例：某制造企业成本核算设计过程。

1. 划分原材料归属

根据财务软件导出的材料明细，按仓库划分、归集、核算材料成本，分别为：

（1）原材料半成品五金直接材料。直接材料来自大五金仓，金额为 7 508 882.64 元。

（2）原材料—半成品压铸—直接材料，直接材料来自粗坯仓，金额为 2 782 858.85 元。

（3）原材料—产成品—直接材料，产成品的直接材料主要包括塑胶仓、辅料仓、包材仓，金额为 775 006.64 元。

根据上述内容，设计原材料进销存明细表，由于只有本月购入的数量、金额，无实际领用单价，暂以本月购入金额视作领用金额。

移交电子档：五金原材料进销存明细表、压铸原材料进销存明细表、塑胶、包材及辅料原材料进销存明细表。

2. 划分人工成本归属

根据工资表划分：

（1）管理费用——工资：管理部门的人工费用。

（2）销售费用——工资：销售部门的人工费用。

（3）制造费用——工资：质检部和品质部的人工费用。

（4）研发支出——人员人工：研发部门的人工费用。

（5）生产成本——半成品五金—直接人工：五金。

（6）生产成本——半成品压铸—直接人工：压铸。

（7）生产成本——产成品—直接人工。

移交电子档：工资表

3. 制造费用的归集与分配

根据企业实际每月发生的房租、水费、电费、污水处理费等间接费用进行归集和分配。

（1）制造费用——房租。按照 8 元 / 平方米，共 3 771.49 平方米，金额为 30 171.92 元进行划分，除办公及研发占用一层外，其余四层计入制造费用，进行分摊。

（2）制造费用——折旧。按照销售收入的 1.39% 暂估，共 63 081.86 元。

（3）制造费用——低值易耗品。低值易耗品指耗材，按照销售收入的 0.17% 暂估，共 7 715.05 元。

（4）制造费用——福利费。福利费主要指食堂费用，按照销售收入的 0.92% 暂估，依据各部门人数在管理费用及制造费用之间分摊，比例为 29∶76，其中制造费用分摊金额为 30 220.51 元。

（5）制造费用——水费。水费包括水费及污水处理费，按照实际发票金额计入制造费用，暂按 9∶1 分配，水费：312 909 元，污水处理费：3 862.74 元。

（6）制造费用——电费。暂按 9∶1 分配，按照实际发票数额计入制造费用，共 48 335.88 元。

（7）制造费用——工资。归集质检部、品质部的员工应付工资数额，共 18 150.00 元。

原计划拟采用销售收入的 2.5% 估算房租及水电费，金额为 1 134,56.6 元，核算过程中发现实际 91 218.86 元，相差 22 237.72 元。

上述归集的制造费用，依据 BOM 清单半产品占产成品比例约 50%，在产成品生产成本和半成品生产成本之间按 5∶5 的比例进行分配；依据五金、压铸车间的员工数量，在半成品五金生产成本和半成品压铸生产成本之间 9∶1 进行分配。

另：对于劳保用品、机物料等是否需要进行归集和分配需要进一步商讨。

移交电子档：制造费用明细表

4. 半成品生产成本的设计与分配

（1）根据上述划分的直接材料、直接人工及分配的制造费用，进行半成品五金、半成品压铸的生产成本核算；在汇恒系统导出的半成品名称清单中，暂按目前导出的验收数量进行分配（待商榷事项 6）。另包含内部转移成本，加计 20%。

（2）同时根据生产成本明细表设计半成品进销存明细表，以完工入库数量入库，以产成品实际领用数量出库。

移交电子档：半成品五金生产成本明细表、半成品压铸生产成本明细表

5. 产成品生产成本明细表的设计

根据原材料、半成品、人工及制造费用的归集，设计产成品生产成本明细表。

产成品的组成：直接材料＋半成品＋直接人工＋制造费用＝产成品成本。

（1）按销售发票整理、汇总的销售数量视为本期生产数量，实际应存在生产数量、验收数量及销售数量。将本期完工入库的半成品五金、半成品压铸，在生产本期产成品时视作全部领用。按照生产数量分配上述归集塑胶仓、包材仓、辅料仓的原材料、领用的半成品五金成本、成品压铸成本、直接人工及制造费用。

（2）同时根据产成品生产明细表，设计产成品进销存明细表，包括产品的单价、数量、金额。

移交电子档：产成品生产成本明细表；产成品进销存明细表；销售成本表

﹡ 20 | 指标2　能测算出单个产品的单位成本，精确得出单品贡献度

越来越多企业采用了 BOM 表，并作为产品的单位成本。

我见过有几千种不同型号的产品的企业，按成本核算方法归类，也只有六七种。归类后，可以更准确地测算产品的单品贡献度，以决策：

（1）是否可以增加设备，能否与其他产品或相似规格共用；

（2）是否值得为之承担价格即将上涨的原材料，承担的上限是多少；

（3）是否需要为之提升技术，增加研发支出；

（4）有无流程、工艺、材料、技术等改进空间，使得立项变成增值行为；

（5）有无可行性，使得直接成本节约或者压缩；

（6）可否确认毛利稳定，并以此分析经营成果，并做下一步计划。

真实成本与核算成本真正的距离：

● 产品生产真正的成本是多少？

● 各种费用分摊是否合理？

● 各种费用影响度是多少？

● 产品实际损耗是多少？

● 效率管理对成本影响度是多少？

● 工时分摊是否按照实际费用率核算？

● 工艺分阶是否合理？产品核算遵从什么原则？

● 材料是否被加权使用？

● 人工、费用是否因为分摊被平均？

● 标准毛利与核算毛利之间的差异原因？

✱ 21 ｜ 指标3　能区分固定成本和变动成本

能够区分固定成本和变动成本，对量本利分析是前提。

量本利分析法主要包括保本分析（是研究当企业恰好处于保本状态时量本利关系的一种定量分析方法，是量本利分析的核心内容）、安全边际分析、多种产品量本利分析、目标利润分析、利润的敏感性分析等内容。

量本利分析是在成本性态分析和变动成本计算模式的基础上，通过研究企业在一定时期内的成本、业务量和利润三者之间的内在联系，揭示变量之间的内在规律，为企业预测、决策、规划和业绩考评提供必要的财务信息的一种定量分析方法。

相关公式总结如下：

（1）单位边际贡献＝单价－单位变动成本

　　　　　　　　＝单价 × 边际贡献率

（2）边际贡献总额＝销售收入－变动成本

　　　　　　　　＝销售量 × 单位边际贡献

　　　　　　　　＝销售收入 × 边际贡献率

（3）利润＝销量 × 单价－销量 × 单位变动成本－固定成本

　　　　＝销量 ×（单价－单位变动成本）－固定成本

　　　　＝销量 × 单位边际贡献－固定成本

　　　　＝销售收入 × 边际贡献率－固定成本

> **财管力观点——并非成本越低越好，利润 K 点在于拉长成本贡献期**

✱ 22 ｜ 指标4　核算完整，并有成本管控的措施

成本核算，概括地讲，是料、工、费三项，即：直接材料、直接人工、制造费用。但也常有较为模糊，或者由于财务人员与采购人员沟通不顺，或者由于对生产流程的不了解，会误将开发支出、研发费、期间费用等计入成本的情况。又或者是将本该计入成本的支出计入了管理费用，或者是将本该计入直接人工的支出计入了制造费用，这些都应留意。

成本管控要点：

（1）库存管控。

①库存账务明细：账实一致、及时性、有效性；

②仓库实际要求：卡片、位置、新旧程度、类别、注意要点；保管人员责任心，仓库5S等；

③保税非保税：保税物件分列存放，出库明细划分清楚。

进出商品核对：自发与采购、生产、客服核对进出料件。

（2）材料采购管控。

采购管控：

①订单要求：能否满足订单，不拖延生产；

②价格优势：价格优势策略；

③对账：采购对账。

内部交易：内部交易价格策略。

（3）PMC工单管控。

PMC工单管控：

① 控制工单情况，完成工单结案，具体日期进行要求；

② 监管本月已下达工单，跟踪完成工单关闭工作。

提供月末在制品清单，核对系统在制品与现场在制品。

（4）工程工艺管控。

工程工艺管控：

① BOM 准确性；

② 工艺改善，成本改变；

③ 实际与理论比较。

（5）生产制程管控

生产制程管控：

① 生产实际效率，稼动率；

② 工单完成情况，工时统计；

③ 产品、材料退库；

④ 人员利用率。

（6）财务审核管控。

财务审核管控：

① 账实查询工作；

② 基础工作；

③ 成本对比分析；

④ 流程制定。

✱ 23 | 指标5　毛利正常，符合行业原则

毛利是否准确，可以说是没有标准的。只有行业标准范围。因为各企业用料、付工资、管理效率等都不同，毛利也不会是固定值。

但毛利也很容易将错就错。常见失误：

（1）为了避税而压低再压低；

（2）无形资产未能计入成本，成本被虚低，毛利被虚高；

（3）单价不稳定，不是市场变化快，而是毛利被操控。

第6节　费用——分录定有无

费用是指企业在日常活动中发生的、会导致所有者权益减少的、与向所有者分配利润无关的经济利益的总流出。

费用只有在经济利益很可能流出从而导致企业资产减少或者负债增加，且经济利益的流出额能够可靠计量时才能予以确认。

企业为生产产品、提供劳务等发生的可归属于产品成本、劳务成本等的费用，应当在确认产品销售收入、劳务收入等时，将已销售产品、已提供劳务的成本等计入当期损益。

企业发生的支出不产生经济利益的，或者即使能够产生经济利益但不符合或者不再符合资产确认条件的，应当在发生时确认为费用，计入当期损益。

企业发生的交易或者事项导致其承担了一项负债而又不确认为一项资产的，应当在发生时确认为费用，计入当期损益。

财管力讲费用核算，主要有以下3个指标：

❋ 24｜指标1　按部门核算费用科目，分类准确，分摊依据充分

核算费用的要点：

（1）成本和费用划分，比如车间里的，计入生产成本，就不属于期间费用；

（2）管理费用的控制方法，就要编制管理费用预算表，根据不同项目分别确定费用限额，然后由各个项目负责人进行审批和控制支出。

（3）财务费用的控制应结合资金成本的控制来研究，合理利用各种有利条件，多方面地进行资金的筹集，合理降低获得资金的成本。

（4）销售费用的控制，为鼓励销售人员增加销售额，降低销售费用，可以事先规定销售收入、销售费用、贡献额等几项指标之间的比例，做出奖惩标准。

❋ 25｜指标2　全部按照权责发生制计入，而不是收付实现制

（1）只要有支出，哪怕没给钱，也要计入费用；

（2）只要有支出，就严格区分，是谁用了就算在谁头上；

（3）只要有支出，就要明算账，用了不白用。

❋ 26｜指标3　全部都是跟公司经营发展有关的支出

实务中常见的问题，老板把钱转走了，挂在往来上，挂很久。这种情况算利润分配，要么还钱，要么交 20% 的收益税。

老板们的苦恼是，公司的钱是我赚的，为什么我却不能用？

（1）生产经营有关的支出和老板及家庭支出，有什么不同？

家庭支出，纯粹的生活消费，算利润分配；为公司拓展业务花费的，算公司业务招待费，或者范围的佣金和业务费。

（2）送礼物给客户，或者中间人，没有发票能开出来的，怎么入账？

（3）市场推广费用，或者做了广告的，怎么界定收益？

（4）跟股东有关的支出都算利润分配吗？

关联方为公司提供服务，交易价格公允，也是公司的生产经营支出。将合同、交易凭据、转账凭据、发票，按照相关要求做好。

> 财管力观点——股东用钱不一定是分配——利润 K 点在于将费用和资产分清楚

2.3 会计监督

第1节 授权和牵制——英雄所见略有不同

我在成为咨询师之前，也跟大众有一样的想法，会计是个技术活儿，一分钱都不能错，非常的严谨。

后来我发现，以会计为基础，解决企业实际问题，也需要从多维度去考虑，也需要始终把握一个目标不变——利润最大。

常常一个问题的解决方案，有好几个，我们会反复推敲，寻找出效益最大，风险最小的那一个。所以，会计是个艺术活儿——要做错很难，要做好，也很难。

这就是为什么我要在核算中强调会计监督的作用。公司是否盈利，可以完全由会计来决定，企业里再也没人能知道，报表里的数据在这若干个借贷之后，到底经历了什么。也许连这个会计都不知道。

要有另一个会计，不做，只是观察。两种职业判断加起来，重叠度越高，准确的可能性才越大——英雄所见略有不同。

那些不做会计监督的企业，我建议也不要做经营分析了。工具是中性的，基础数据却不一定客观。

财管力讲会计监督的授权和牵制，主要有以下2个指标：

✱ 27 | 指标1　有经过授权的会计监督人员或部门，会计稽核不是审计

（1）会计稽核谁来做？

有会计监督岗位，哪怕是一个懂会计的后勤主任来执行这个职能，都可以。但是要有一个专人来担任这个职能角色。规模大，或者业务复杂的企业，可以设立一个部门。

（2）会计稽核做什么？

会计稽核，不是看报表，看数字合理性，看资产负债状况，看有多少利润，看要交多少税费。这些是财务分析和税务筹划，不是会计稽核。

财管力讲会计稽核，只是看分录，看是否能够通过这笔账和后面的附件，还原当时的经济业务。

如果不能还原，要么是分录不对，要么是附件不够，总之不对。

（3）会计稽核和审计的不同。

①会计稽核看会计处理过程；

②内部审计看业务执行过程；

③外部审计看报表。

✱ 28 | 指标2　被授权的范围有限，或有上级权威者对其负责

授权范围很重要，会计稽核说不可以的，不一定对企业不利。

第2节　职责设定——核算的主观度超出你的想象

设立专业职能部门，并赋予经过授权的职权，提升监督力度，切实做好检查、监督、指导和服务工作。要提高专业职能部门监督人员的专业素质，保证监督质量；定期组织由公司领导、其他相关职能部门参与的会计活动情况监督调查，协调配合，履行监督职能。

财管力讲会计监督的职责设定，主要有以下 4 个指标：

※ 29 ｜ 指标1　对会计资料复核，保证真实、准确、完整、合法

※ 30 ｜ 指标2　对资金和财产监督，确保合理使用及其安全

※ 31 ｜ 指标3　对财务收支进行监督，以保证财务收支符合财务制度

※ 32 ｜ 指标4　对成本费用进行监督，以保证用尽可能少的投入

会计监督自查案例：

（1）会计科目设核算不够科学，级次设置有问题。

（2）采购材料直接入"生产成本"科目。

（3）购进货物的非正常损失，未进行增值税进项税额转出。

（4）已核销的坏账收回时进行错误的会计处理，并且未调增应纳税所得额。

　　①错误的处理方法为：

　　借：应收账款

　　　贷：坏账准备

　　②正确的处理方法为：

　　借：银行存款

　　　贷：应收账款

　　　　　　　　　借：银行存款
　　　　　　　　　　贷：坏账准备

（5）购买汽车的全部税费均列入了固定资产价值。

如车船使用税等。

（6）固定资产入账没有取得合法的入账依据。

取得时的成本包括买价、进口关税、运输和保险等相关费用，以及为使固定资产达到预定可使用状态前所必要的支出。固定资产取得时的成本应当根据具体情况分别确定。若无法取得固定资产购置时的正规票据等真实凭据，可以评估入账，并可以按照评估入账的价值计提折旧，但是在税务处理上不能在税前扣除。

（7）土地入账混淆记入"固定资产"与"无形资产"。

①行政划拨的土地。

不进行会计处理,但实物视同固定资产管理。

②土地使用权。

A.《企业会计准则》下的会计处理。

企业购入或以支付土地出让金方式取得的土地使用权,在尚未开发或建造自用项目前,作为无形资产核算,并按本制度规定的期限分期摊销。

企业因利用土地建造自用某项目时,将土地使用权的账面价值全部转入在建工程成本,完工后再一同转入固定资产入账。

B.新会计准则下的会计处理。

新会计准则及指南规定:购入自用的土地使用权通常应确认为无形资产;企业外购土地及建筑物支付的价款应当在地上建筑物与土地使用权之间进行分配,分别确认为无形资产和固定资产;如果地上建筑物与土地使用权之间确实难以合理区分的,其土地使用权价值仍应确认为固定资产原价。

(8)银行借款未按权责发生制原则计提利息。

(9)长期借款会计核算未包含应付利息。

长期借款核算内容应包括借款本金和应计利息

(10)在计提应付工资时反映代扣款项。

借:管理费用

贷:应交税金—应交个人所得税

(11)在计提奖金时,未通过"应付职工薪酬"核算。

通过其他应付款核算,或直接支取现金。

(12)代缴社保未实行个人挂账处理。

缴纳职工社保时,包括个人应缴部分,全额计入"生产成本—基本养老保险"等,在发放工资时,把个人扣款再冲销"生产成本"。如此核算,已缴数及实扣数是否一致,无法核对。

(13)部分税金未通过应交税费核算。

按照税法规定,只有如关税、印花税和耕地占用税等直接计算交纳的税金不通过"应交税费"科目核算。其他税金应通过应交税金核算,很多公司的房产税、土地使用税、个人所得税未通过该科目核算。

（14）城建税及教育费附加没有按权责发生制走营业税金及附加，却按收付实现制记账直接走管理费用。

（15）在工资表中加入虚假的加班，或增加工资率或工时，虚增成本，忽略科学性和合理性。

（16）使用虚假的费用支出来扣减现金销售收入。

现金或者其他应付款。

（17）记录未实际产生的现金折扣。

（18）现金净流量年年低于净利润，说明企业存在很多不良资产，同时说明会计报表存在虚假信息。

（19）存货大量增加，超过销售订单所需数量。

（20）其他应收款和其他应付款数额巨大，甚至超过应收账款和应付账款，这就意味着隐瞒利润或隐瞒亏损。

第3节 独立性——不是机器，胜似机器

在实际工作中，特别是社会经济不断发展的进程中，会计行为欠规范，会计信息质量不高等，给会计规范管理和社会经济的可持续发展带来了严重障碍。会计监督要想发挥作用，一定要坚持独立性。这种独立性至少包括以下几个方面：

（1）专业独立性。要做监督，首先要具备丰富的技能和经验，能把握会计处理、内部控制、资金资产管理中的关键节点。

（2）职能独立性。特别设立的监督部门，专职专用。尤其不能从事会计工作的实操，内部控制的执行等实际工作。

（3）权限独立性。当需要调取资料、实地查看、咨询了解等情况时，可以不受限制的获取，或者可以在履行一定程序后，不受限制地获取。

（4）处理结果的闭环。监督报告要受到领导层重视，要有后续反馈。不可不了了之，久则失去权威性。

财管力讲会计监督的独立性，主要包括以下3个指标：

✱ 33 | 指标1　会计监督人员或机构能够独立工作

能够独立工作，包括以下几个含义：

（1）具有能够独立工作的水平。找一个实习生来做稽核，翻看一遍，那是学习，

不是稽核。所以做稽核的人，一定要有高于财务会计的水平。

（2）具有能够独立发言的职位。看到不通畅的、不准确的、不对劲的，要能够做出有分量的发言，或者向上汇报。

（3）具有能够独立思考的环境。上层领导重视稽核工作，愿意听取稽核工作的成果和建议，这很重要。

※ 34 | 指标2　没有用事务所审计代替公司会计监督职能

事务所审计是社会审计，主要对财务报表进行审计，通过执行一定的审计程序，对企业的财产状况、经营成果发表审计意见。是对财务报表上已有的数据，进行验证。跟会计监督完全不同。

有的企业，从专业程度和独立性考虑，聘请事务所做会计稽核。这里需要注意，来企业做稽核的人，如果是这间事务所的代理记账部门，或者是咨询部门，稽核可行。如果是审计部门，则审计人员固有的审计模式及审计经验，会影响会计稽核的效果。

※ 35 | 指标3　会计监督工作得到公司高层的支持和配合

监督工作需要高层支持，需要主管领导有规律地听取监督意见，并跟进所提出的改进措施，对于监督结果，要得到领导的重视，从最高层级向下过问，并且分管领导认责，反馈跟进结果。只有得到了主管领导的跟进，会计监督才能够保持独立性，才能够顺利开展工作。

2.4　往来管理

往来账项是企业资产、负债的重要组成部分，往来账项既与收入、成本有关，也与潜亏、潜盈有关，是企业会计核算和财务管理的重要内容。在企业中的财务管理中，往来款项的管理非常重要，其管理水平的高低直接影响企业的经营和发展。但由于部分企业对往来款项的重视度不够，管理制度不完善，给企业往来款项的清理、回收增加了很大的难度，妨碍了企业的资金流动，制约了企业的正常运转。

企业在生产经营过程中因发生购销产品、提供或者接受劳务等经济活动往往与其他企业、个人形成债权债务关系。主要包括往来债权和往来债务。往来账项的管理一直是企业会计工作和财务管理的薄弱环节。一方面,由于许多挂账时间长的应收款项得不到及时的清理,产生不良资产,这样不仅造成企业资金周转困难、现金流量不足,而且也使企业会计信息失真,给企业的生产经营背上沉重的包袱;另一方面,由于应付账款没有得到及时清理,给企业带来了纳税风险。由于往来账项在财务管理中不可忽视的作用,企业应该加强往来款项的清理。

往来管理往往不被列为重点工作。我们先来统一一下认识,做往来管理,我们想要什么。

目标:

小小往来,可以同时撬动三座大山
——增加利润、降低风险、提升管理

这里有五问老板如图14所示。

动机:

五问老板——

1. 你赚了多少钱?
2. 你收了多少钱?
3. 你欠别人多少钱?
4. 别人欠你多少钱?
5. 你的钱是不是你的钱?

图14 五问老板

有没有五问都能脱口而出且准确的老板呢?估计是自己亲自做财务的;有没有五问都不太清楚的老板呢?那可要提高警惕了哦。很可能亏着还不自知,又或者,你赚的跟你想的不一样。

先不加以分析,先看看我们平时认知的往来管理缺陷症状:

1. 对不准,有争议。

2. 一把抓，多年多次交易，只剩一个数。

3. 只对数，不分析，成了多余的步骤。

4. 顺序尴尬，发货要等对账，付款要等对账。

5. 为了对账，安排一个团队。

6. 财务部和销售部"打架"，讲两种语言。

这些问题常见吗？

其实这些都是假缺陷！为什么这么说呢？因为这些不是往来管理的不舒适，而是对账的烦恼。缺陷症状如图15所示。

误区1：
往来管理就是对账
——至少是客户管理、供应商管理

误区2：
为了对数而对数
——要有"增量思维"

误区3：
收款要快，付款要慢
——更重要的是培育优质上下游

图15　缺陷症状

所以，我要先给各位点出三个误区：

误区1——往来管理就是对账

对数字，是往来管理的一小部分，但是对数，肯定不是全部。至少是客户管理、供应商管理。

误区2——为了对数而对数

数字对不对，真的没那么重要。我们用财管力经营企业，要有增量思维，做一项行为，多一项作业，对我们的利润有什么促进。如果有些事，我们做了，只是一项工作，不帮助赚钱，那就别做了。

我们对销售和采购，想要准确地把握一个数字，列示一些数据，获取一些信息，到底想要的是什么？就是为了收款付款别错了吗？没那么容易错。错了也不要紧。我们真正应该关心的是，对销售和采购的梳理，对二者的逻辑搭建，能为我们增加收入和利润有什么贡献。这两条线索里，是否还牵涉到其他的利润泡沫，如何去扎破这个泡沫，让企业实实在在地获得利润。

误区3——收款要快，付款要慢

传统的浮游量教育告诉我们，要利用资金的时间价值。可是在企业实务当中，谁能分秒必争地去计算，并且精准执行资金的进出和收益呢。不如用这个精力去培育优质的上下游。

仍然是财管力的增量思维，多设一个作业行为，必须有所产出；减掉一个作业行为，不耽误赚钱，那就减掉。

第1节 对象库——你欠了谁，谁欠了你

往来账款是企业在生产经营过程中因发生供销产品、提供或接受劳务而形成的债权、债务关系。它主要包括应收、应付、预收、预付、其他应收和其他应付。不同之处是：应收是企业应收的销货款，即向购货方收取的款项；预付款是企业的购货款，即预先付给供货方的款项。应付款是在购销活动中由于取得与支付货款在时间上的不一致而产生的负债；预收款则是由购货方预先支付一部分货款给供应方而发生的负债。往来账款的管理工作代表的是企业收款的权利或付款的义务，是成本费用、经营成果核算中不可缺少的经济信息。加强各种往来款的管理，可有效地防止虚盈或潜亏，有利于真实地反映企业的经营成果。

（一）常规管理方式

1.实质：把往来对象作为下级明细科目来设置。

2.适用：往来业务量较少的单位。

（二）特殊管理方式

1.实质：把往来对象专门建立成档案来单独管理。

2.适用：往来对象较多且业务量较大，特别是容易长期拖欠或形成坏账的往来业务。

财管力讲往来管理的对象库，主要有以下3个指标：

✱ 36｜指标1 建立了供应商库、客户库，并实时更新

要用科学规范的方式对与企业有交易的供应商和客户的资料数据进行收集、整理、分析和管理应用。

（1）需要对供应商进行筛选，发布采购信息或招标邀请，需要对客户的信

用评估，都需要建立信息库以供查询和使用；

（2）需要用信息库对供应商和客户经过一段时期的合作和交流后进行评价；

（3）建立了信息库，便于科学有效管理数据信息，提高管理和工作效率；

（4）有信息库，避免员工个人与供应商和客户对接，必要时需要调换岗位时，可以顺畅交接。

※ 37 | 指标2　对供应商综合水平打分

收集供应商资料→填写供应商调查表→如果条件允许可以实地考察并协同相关部门选出优质供应商→索取样品并进行认证→小批量试生产→中批量试生产。

※ 38 | 指标3　对客户授信评估

并不是使用了赊销政策就必须对所有客户赊销，也不一定对所有的客户采用相同的授信条款。需要评价客户的信用得分，就像我们需要用财管力评价我们获取利润的能力的得分一样。

对于大部分客户进行了信用评价，则建立了企业的授信评估库，这将促进内控流程，也相应的完善。

信用评估常用的"5C 系统"，我们简单介绍。

①品质（character）。

品质，指客户的信誉。客户偿债的历史信息和口碑，是评价客户信用的首要因素。有些书上讲，要去了解客户的付款记录，查实是否按期如数付款。实际上，这是很难做到的。我们通常无从查证。主要还是要在已有的业务往来的基础上，逐渐了解。

这也可以给客户一个授信实习期。逐渐放开条件，提升信用得分。

②能力（capacity）。

能力，指客户的实际偿债能力。可以用流动资产的数量和质量，以及流动负债的比例来衡量。而实务中，要求客户提供财务报表，可以看出资产净值，不过很难了解资产质量。所以在沟通良好的机会下，可以到客户的工厂、公司参观，观察员工的状态，资产成新度，开工负荷度，管理显性化的程度，比如任务看板、甘特图等。

③资本（capital）。

资本指客户的财务实力和财务状况，如注册资本、总资产、净资产和所有者权益等。了解企业的资产负债情况是有必要的。但是，也不代表企业的规模越大，偿还债务的可能性越强。总归是要综合考量。

④抵押（collaleral）。

抵押指如果客户恶意拒付，或无力偿债时，能被用作抵押的资产或承担连带责任的担保者。

⑤条件（condition）。

条件指分析可能影响客户能力的经济环境，如：经济衰退、金融风暴、通货膨胀等。这也可以结合客户所在行业的宏观情况观察和了解。

第2节　账龄管理——你欠了谁多少，谁欠了你多少

以应收账款管理为主要对象。

企业的应收账款是企业在销售产品时由于延迟收款而形成的，企业应收账款的存在，对企业有利的影响是增加企业的竞争力，促进产品销售，增加企业盈利。不利影响是占用企业的资金，企业在管理应收账款时会增加成本，有一些应收账款可能会出现坏账损失。由于应收账款的存在，一方面增加企业的收入，另一方面会使企业产生费用，所以，管理应收账款的目标应为：在适当利用赊销增加企业产品的市场占有率的条件下控制应收账款的余额；加快应收账款的周转速度。

企业信用政策企业信用政策是管理和控制应收账款余额的政策，它由信用标准、信用条件、收款政策组成。

1. 信用标准

信用标准是企业用来衡量客户是否有资格享受商业信用所具备的基本条件。客户达到了信用标准，享受赊销条件；达不到信用标准，不能享受赊销，必须支付现金。

2. 信用条件

信用条件是客户可以享受的优惠条件，包括：信用期间、现金折扣和折扣期间。信用期间是企业允许客户从购买商品到付款的最长时间，信用期间越长，越利于企业销售商品，但会占用资金，增加坏账损失的可能性。现金折扣是企业为了吸引客户提前付款而给予的价格上的优惠，现金折扣越高，提前付款的客户越多，

但会减少企业的利润。折扣期间是企业给予客户享受现金折扣的时间，客户只有在此期间付款才能得到现金折扣。信用条件经常表示为（1/10, n/30），它的含义是：客户在购买货物后，可以在 30 日内付款；如果客户在 10 日内付款，可以享受价格 1% 的折扣。

3. 收账政策

收账政策是在信用条件被违反时企业采取的收账策略，有积极型和消极型两种。采用积极型收账政策，对超过信用期限的客户通过派人催收等措施加紧收款，必要时行使法律程序；采用消极型收账政策，对超过信用期限的客户通过发函催收或等待客户主动偿还。积极型的收账政策有利于减少坏账损失，加快应收账款的周转速度，但会加大收账成本。消极型的收账政策有利于减少收账成本，但会加大坏账损失，减缓应收账款的周转速度。

财管力讲往来管理（图16）的账龄管理，主要有以下 4 个指标：

1. 往来管理是一项全面检测机制
2. 往来管理要为利润服务，而不是收付款
3. 往来管理的执行，要与绩效挂钩

图16　三个观念

❋ 39 ｜ 指标1　有往来账龄分析

账龄分析法是按应收账款拖欠时间的长短，分析判断可收回金额和坏账的一种方法。通常而言，应收账款账龄越长，其所对应坏账损失的可能性越大。可将应收账款按账龄长短分成若干组，并按组估计坏账损失的可能性，进而计算坏账损失的金额。

将应收账款拖欠时间（即账龄）的长短分为若干区间，计列各个区间上应收账款的金额，并为每一个区间估计一个坏账损失百分比。用各区间上的应收账款金额乘以各该区间的坏账损失百分比，估计各个区间上的坏账损失；再将各区间上的坏账损失估计数求和，即为坏账损失的估计总额。

觉得账龄分析很难的，请先做好指标 17。

❋ 40 ｜ 指标2　有成熟的对账制度，专门的对账人员

这里的对账，不是会计月度对账，而是跟供应商、跟客户核对当月往来发生额和余额的工作。

对账工作可以确认债权和债务，能使双方的业务往来得以确认，同时清理异常，及时解决问题，比如：运输、保险、保管、质保期等。

最关键的是确认当月的发生额和余额。发生额指当月发货的销售额，或者当月验收入仓的采购额。余额指截至当月对账时，累计的应收未收金额，或者应付未付金额。

对账制度不仅需要讲清楚要核对的关键要素，还要有后续的行动。

（1）应收未收异常的，交给业务员要原因，要解决方法。

（2）逾期的应收，上报领导，决定催收，延期，终止合作，或者其他。

（3）应付未付异常的，交给采购员，核对准确，采购金额，必要时修改采购合同，或签订补充协议。

对账，不仅仅是对数。

✷ 41 │ 指标3　账龄与员工的绩效对应

账龄所代表的，是企业所承担的风险，是一种有可能收不回钱，或者赔钱，甚至承担法律责任的一种不确定性。这种风险，在某种程度上，要与作业人有一定比例的共担。一方面，有压力才有谨慎的思维和行为，才能在意识上避免给企业造成损失；另一方面，从内控的角度来讲，风险不共担，是在制度上留了一个漏洞，诱发舞弊。

当然了，要做考核，不能只考核某一个人，要在整个链条里的关键节点设置相应的考核，形成环环相扣的合作锁。

（1）业务谁做的，有无提成？

（2）台账谁做的，有无反馈？

（3）分录谁做的，有无核实？

（4）对账谁做的，有无分配？

（5）追账谁做的，有无效果？

✷ 42 │ 指标4　挂账三年以上的往来不超过总额的10%

原则上，挂账超过三年的应收账款，可以确认为坏账损失，但也要有必要的证据表明，确实无法收回，或难以收回。

（1）挂账三年及以上的，全额收回可能性小，企业受损失，增加管理费用。

（2）盈利质量不高，且空付了成本。

（3）确认应收账款的同时，通常会确认收入，则确认了增值税、附加税和企业所得税，提前付出了税费代价，却没有使企业受益。

（4）虚增了没有贡献的收入，扰乱企业经营成果呈现。

同时，也便于建立客户库的循环净化，培养优质客户，识别无贡献客户。

第3节　实时质量——随时可以知道真相

当然，所有的往来管理都必须具有时效性，能够实时反映精准的往来情况。这样有利于：

（1）实时掌握往来情况，可以及时对账收款，早做付款安排。

（2）更好地执行现金预算，准备资金留存量，保证安全的流动性。

（3）确保内控制度的有效执行。

财管力讲往来管理的实时质量，主要有以下3个指标：

❋ 43 ｜ 指标1　对往来管理使用了软件、系统等信息化措施

供应链管理，使供应链运作达到最优化，以最少的成本，令供应链从采购开始，到满足最终客户的的所有过程，包括工作流、实物流、资金流和信息流等均能高效率地操作，把合适的产品以合理的价格，及时准确地送达消费者手上。

以供应链思维管理往来，从需求、计划、订单交付、供应、回流五个关键节点进行把控，设定标准，然后加以信息化呈现，职能领域主要包括产品工程、产品技术保证、采购、生产控制、库存控制、仓储管理、分销管理。辅助领域主要包括客户服务、制造、设计工程、会计核算、人力资源、市场营销。

信息化程度高，不仅使得管理效率更高，而且对于监督监管、数据收集、档案留存等系列工作，都有非常大的好处。而目前的社会变革前所未有的激荡，所以信息化程度高，已经不说明先进；而信息化程度低，则足够说明落后。

❋ 44 ｜ 指标2　建立了采购台账和销售台账，并与科目余额表相符

前文基础工作力中，对资金管理在指标11中，以及对资产管理在指标18中均对台账有所提及。此处再次强调。

❋ 45 ｜ 指标3　不存在无实质性经济业务支持的往来发生额

【案例：往来款项核算不准，对账无用，收不到，付不出】

一、问题描述

往来款管理不善、对账不准确。

二、风险分析

1.财务部没有登记好应收款金额、方式等，导致无法收回收款项，形成坏账或被挪用的风险；

2.付款的金额、方式与事实不符，导致企业未能按时付款，形成采购物资不足或被供应商起诉的风险；

3.形成大量应收款、预付款被客户或供应商长期占用企业资源，导致资金运作困难，企业变现能力低下；

4.对于往来款项管理不善，导致款项责任不明。

【案例：应收账款缺乏系统管理，回款慢】

一、问题描述

回款管理不善。

二、风险分析

1.企业内部票据传递不及时、不到位，会影响货款回笼，造成企业损失；

2.由于票据经手人较多人，外部部门的传递导致票据遗失；

3.对赊销方法使用不当，容易导致产生呆坏账的风险；

4.款项产生或收到时，财务部没有及时更新信息，导致业务部不能及时看到款项情况。

三、整改措施

1.对内部票据传递不到位不及时的问题，建立票据传递责任制度，加强人员对票据预防控制意识的培训；

2.对外部票据传递遗失的问题，加强与外部部门合作，签订托收传递协议，明确责任；

3.财务部强化对赊销企业的管理和跟踪，另外及时更新回款信息，让相关部门了解到回款情况。

四、标准交付

无。

【案例：应收账款没有账龄管理，没有计提坏账准备】

一、问题描述

客户欠款没有账龄管理，没有计提坏账准备。

二、风险分析

1. 漠视了应收账款的本质特点，账龄越长，款项收不回的风险越大；

2. 没有进行账龄管理，无法预计应收账款是否逾期，影响资金链运作；

3. 发生坏账时无相应的资金承担风险；

4. 虚增资产，利润不实，应收账款存在不确定性，没有计提坏账准备高估了资产，忽视了资产的严谨性。

三、整改措施

1. 适合自身企业的账龄分析方法，制定应收账款账龄分析表；

2. 按《计提坏账准备方法》的规定入账。

四、标准交付

附件一：《账龄分析方法》

附件二：《计提坏账准备方法》

【案例：信用政策未经科学分析，盲目给出赊销条款】

一、问题描述

信用政策未经科学分析，盲目给出赊销条款。

二、风险分析

1. 存在回款缓慢，企业资金周转困难的风险；

2. 存在折扣金额过大，企业利益受损的风险。

三、整改措施

1. 在销售和回款较均匀的情况下，通过计算应收账款的周转期限确定信用期限：

（1）应收账款的周转期 =360/ 应收账款周转率 = 平均应收账款 × 360/ 销售收入

（2）在确定信用期限时一般以月份（30 天）做单位，计算出的周转天数除以 30 换算成月份，得出信用期限的标准值。

2. 运用数据科学分析信用政策指标，制定应收账款信用政策。

四、标准交付

附件一:《应收账款信用政策》

1. 企业建立应收款账龄分析制度;

2. 逾期应收款催收制度,发现逾期未收款的企业,向业务部发送信息,加强沟通;

3. 财务部登记好往来款,及时更新,并向其他部门发送。

【案例:供应商没有经过系统管理,单价未经最优议价】

一、问题描述

供应商没有经过管理,订单零散,且不是最低单价。

二、风险分析

供应商原材料价格较高、劣质假冒、到货时间延后等,导致企业成本偏高。

三、整改措施

1. 针对零散订单进行集中采购;

2. 通过比较选择优秀供应商作为长期供应商,并定期进行比价。

2.5 核算制度

第1节 制度设计

会计核算制度设计具体包括五个方面,分别为:会计科目设计、会计凭证设计、会计账簿设计、财务处理程序的设计以及会计报表的设计。

财管力讲核算制度的制度设计,主要有以下3个指标:

٭ 46 | 指标1 有全套的财务管理制度,涵盖公司所需

企业应依照《中华人民共和国会计法》《企业会计准则》等国家有关财务管理法规制度和公司章程有关规定,结合公司实际情况,制定实用、全面的财务管理制度。包括但不限于以下几方面:

(1)资金管理制度。

比如:经营计划制度、资金预算制度、资金控制制度、资金管理制度,费用管理制度等。

（2）资产管理制度。

比如：资产的请购、采购、分配、调配、保管、责任等。

（3）会计管理制度。

比如：财务、会计、稽核工作职、会计业务处理制度、会计档案管理制度、收付款管理制度、统计管理制度、内部管理制度等。

（4）财务控制制度。

比如：资产控制制度、零用金管理细则、费用开支标准、各类资金审批权，借款及各项费用开支标准及审批程序等。

※ 47 ｜ 指标2　有对制度进行诠释的执行细则或操作手册

制度是操作方法的基本原则，但是不具备直观可操作性。财管力建议企业制定财务管理制度时，要分几个层级，分别阐述原则、细则、关键节点、流程图、操作手册、文档清单等。使得作业人员一目了然，高效快捷。不仅提高工作效率，更便于检验工作成果。

※ 48 ｜ 指标3　有对执行要点进行阐述的工作流程

财管力要求每个企业行为，无论管理行为，还是作业行为，都必须对利润有促进。这种促进作用的最初始的执行条件，就是让人用最短的时间，最大程度地理解自己应该做什么，要做出一个什么样的结果。

所以对一项工作的执行要点进行流程阐述，也是提高行为贡献度的实用方法。

第2节　制度执行

制度执行是指企业加强对财务制度的执行力度，以充分发挥现有财务制度的应用价值。

（1）经常性原则。由于制度具有重复性的特性，因此制度执行也要贯彻经常性原则。制度执行并非一劳永逸，只要规则中所描述的情况发生，就必需要按规则办事。

（2）一视同仁原则。规则的精神就是它对所有人都一样，正如"法律面前人人平等"，不能有任何特权、规则排斥特权。如果"一视同仁"原则不能得到贯彻，将影响规则的权威性。

（3）强制性原则。一项规则之所有能够限制人们的自私自利行为，从某种程度上说是因为当有人犯规时，将受到应有的惩罚。其他人则通过别人的结果来约束自己的行为。因此规则执行中必须坚持按规则办事，从严执行原则。

（4）时限性原则。只要有违犯规则额现象出现，立即给予处罚，否则达不到实际效果。

财管力讲核算制度的制度执行，主要有以下2个指标：

* <u>49</u>｜指标1　制度、细则、流程被公司全体知晓

* <u>50</u>｜指标2　对制度执行有实际的奖惩措施

以上两个指标，比较容易理解，有了制度，有了行动说明，接下来的重点是，必须严格执行。奖惩都要公示。

如果可以在制定财务管理制度时，对应了"自查自校力—流程和标准"的具体指标，则最佳情况，是每个关键节点，都对应了"自查自校力—绩效评价"。

此时，是财管力系统发挥最大价值的理想状态。

【案例：没有完整实用的财务管理制度，或者虽有，执行不力，或虽有执行，未见轨迹】

一、问题描述

没有完整实用的财务管理制度，或者虽有，执行不力，或虽有执行，未见轨迹。

二、风险分析

1. 资产流失；

2. 导致重大财务决策失误，管理措施失当，从而使得资金的使用效益具有很大的不确定性；

3. 容易产生资金断裂现象，导致企业无法偿还。

三、整改措施

1. 没有完整实用的财务管理制度，则需完善《财务管理制度》《现金管理制度》《银行存款管理制度》《费用报销管理制度》《财务预算管理制度》《会计核算管理制度》《资产管理制度》《合同管理制度》《采购管理制度》《盘点管理制度》《内部财务稽核管理制度》等相关管理制度，及一系列配合制度执行的表格单据；

2. 组织员工学习制度，教育员工自觉遵守各项规章制度；

3. 定期进行制度执行情况的监督检查，发现问题及时纠正；

4. 对违反制度的，纳入绩效考核，追究个人及部门领导责任。

财管力

——300个指标量化提升利润管理

 **风险控制力**

风险无处不在，挖掘风险本身就存在识别不尽的风险。

风险控制惯用的概念，这里不做提示，更多的是挖掘企业在管理、业务经营等方面的风险及原因，找出管理提升优化方案。除了内部控制，类似于流动性、高级人才流失等问题，也被并入风险指标。这也是财管力的特色，全面、衍进、从细节改进。

3.1 流动性

第1节 现金资本管理——现在的钱从哪里来

现金流量管理是指以现金流量作为管理的重心、兼顾收益，围绕企业经营活动、投资活动和筹资活动而构筑的管理体系，是对当前或未来一定时期内的现金流动在数量和时间安排方面所作的预测与计划、执行与控制、信息传递与报告以及分析与评价。因此，现金流量管理的具体内容既包括与现金预算的分工组织体系有关的一系列制度、程序安排及其实施的预测与计划系统和由收账系统、付账系统和调度系统构成的执行与控制系统，又包括借以报告一定时期终了母系统和各子系统综合运行最终结果的信息与报告系统以及对现金流量管理系统、现金预算执行情况和现金流量信息本身的分析与评价系统。

业务增长永远不会均衡，如果业务模式没有设计好，导致人浮于事，或缺乏抗风险能力，结果想象中的业务没有做成，那么企业就会面临风险。

业务高速增长，减弱了企业对付款回款周期的控制能力，为了获得更多的业务，许多企业经常采取滞后回款期的方式，而在付款期上一拖再拖，导致信誉降低，最终必然要受到惩罚。一些潜在的付款周期，如房租、税费、发工资等，往往从财务报表上不容易反映出来，忽略了这些档期的存在将给企业现金流带来巨大影响，也会带来问题。

财管力讲流动性的现金资本管理，主要有以下3个指标：

✱ 1｜指标1　有对现金流的分析，或月度编制现金流量表

现金流量表，是在一固定期间（通常是每月或每季）内，企业的现金（包含

银行存款）的增减变动情形。反映企业经营活动、投资活动和筹资活动对其现金及现金等价物所产生影响的财务报表。

编制现金流量表，是对企业历史流动性做出分析，看企业的资金来源于哪里，用去了哪里。这是对企业现金流的直观的记录。

* 2 | 指标2　有全面预算管理制度，或简明版资金预算

资金预算，是对企业未来流动性做出分析，看企业的钱将从哪里来，可以用到哪里去。很多企业已经开展来全面预算工作，对资金预算也逐渐重视。

此处提示企业，要做预算，首先要保证核算的准确和客观。

* 3 | 指标3　有对营运资本的因素分析

$$营运资本 = 流动资产 - 流动负债$$

营运资本，多在经营分析时涉及，财管力将其放在"数据分析力—营运能力"中。此处跟随流动性提及，要在营运能力之外关注两件事：

（1）流动性是生存底线。

负债经营一定程度上带来杠杆，提升利润效率，但一定要先找到还钱的方案，还不起不要欠钱。流动性，代表企业的血槽，是企业经营的红线。

（2）流动是利润率的被乘数。

很多企业关注利润率，这是静态指标，而流动性不仅关乎生死，更能使得盈利能力不变的情况下，使得利润获取能力提高。举一个肉眼可见的例子：餐厅的翻桌率。

> **财管力观点——博快不博大，利润的 K 点在于流动**

第2节　长期规划——以后的钱从哪来

如果说短期流动性，考虑的是关键时候能不能借到钱的问题，那么，长期流动性，考虑的则是平常时候能不能保证不会有不借钱不行的问题。

财管力讲流动性的现金资本管理，主要有以下3个指标：

※ 4 | 指标1　融资途径经过设计和分析

融资途径，就是从哪里能找到钱。

（1）讨——政府补贴；

（2）借——金融机构、个人、社会机构；

（3）投——投资者投入；

（4）赚——盈利；

（5）"骗"——员工股、期权。

以上途径都可以采用，用词诙谐，但都是正道。

也可以综合使用，几种方法一起用，这就需要根据自己的实际情况分配比例，计算加权收益率。

※ 5 | 指标2　投入的资金有可靠的返回渠道

知道从哪拿到钱投入到生产经营，还要知道投入之后最差的回钱途径，以及最差能回来多少。搞清楚这个，才敢决定是否要投产。

最差的途径，比如：

（1）处置，变卖；

（2）清算；

（3）整体转让；

（4）稀释股权引入新的股东；

……

一句话概括，做最消极的打算，做最积极的努力。

※ 6 | 指标3　有长期现金流规划

（1）最近三个月如何周转？

（2）最近一年内如何盈利？

（3）1～2年内有没有向上下游扩张的计划，有没有预备好的资金？

（4）能做出3年或3年以上期间的预测财务报表，包括预测资产负债表、预测利润表、预测现金流量表。

第3节 应急筹资计划——人算不如天算这件事，毕竟人还是算到了

筹资计划是指企业根据生产经营、对外投资和调整资本结构的需要，通过筹资渠道，运用筹资方式，筹措所需资金的财务活动的计划。

通过生产经营资金筹资量和筹资方式的决策，确定了固定资金和流动资金在计划期内的筹集数量及筹资的渠道和方式后，就可以编制资金筹集计划。资金筹集计划反映了筹资量的各种来源渠道的数额，它是筹资量和筹资方式决策的具体化和进一步落实，是企业财务计划必不可少的重要组成部分。编制资金筹集计划的意义是：

（1）为企业正常生产经营活动创造起码的条件。资金筹集计划为有计划地筹措计划期需要增加的固定资金和流动资金提供依据，是筹资的行动方案。使领导和有关职能部门做到心中有数，取得组织和指挥资金运动的主动权，为保证企业生产经营的正常进行提供必要的固定资产和流动资金。

（2）进一步搞好综合平衡编制资金筹集计划，不是简单地通过一些筹资方式凑足固定资金和流动资金的计划需要量，而要在充分挖掘资金利用潜力，进一步平衡资金需要和来源的基础上编制。整个计划的编制过程是具体、仔细分析问题，解决问题、提高资金使用效益的过程。

（3）为加强企业管理奠定基础资金运动的情况反映了生产经营活动的状况。编制资金筹失计划，就为资金运动的良好运转打下了基础。资金周转顺畅、迅速，资金利用效果提高，会促使企业加强其他方面的管理，不断提高企业素质和管理水平。

总结：

1. 现金资本管理，对库存、应收款、应付款进行管理，调节回款周期，稳定内部融资问题。

2. 资产配置结构，优化企业内部资产的分配，以最少的投入得到最大的产出。

3. 正常融资结构，企业通过直接或间接投资，证券、银行和社会渠道融入资金。

4.应急筹资计划，通过制定筹资计划，确保企业日常生产经营的需要。

流动性诊断示例

【案例：在持续盈利的情况下资金周转困难】

一、问题描述

在持续盈利的情况下资金周转困难。

二、风险分析

1.资金流断力引起的生产经营活动无法正常开展，甚至带来企业经营风险。

2.账面数据缺乏合理的逻辑，导致账务处理错误。

三、整改措施

1.检查账面处理是否正确、成本费用核算是否准确、现金使用是否准确。

2.对应收账款进行清理：

①根据银行对账单核对有报告费、咨询费等标注的往来款可直接计入应收账款，进行简化处理。

②使用现金或微信支付的款项补入应收账款。

③收入和台账进行比对，不确定的预收账款不进行登记，直接计入应收账款；已收款的再做一次确认，保证收入和应收账款比对相符。

④企业先自查，查到未收到的款项应进一步核实，进行对账，确定为未收的应收账款时通知业务员催收款项。

设立现金不足的应急方案。

财管力讲流动性的应急筹资计划，主要有以下4个指标：

﹡7│指标1　设定了应急触发预警线

在风险管理中，很多处都会提到预警这个词。我们平时会有意识地做很多的分析、测算、预测、平衡，形式也很丰富，图、表、线、模型。很高大上的工作，就是做分析。

可是，确实大多数都是花架子。

财管力的建议是，选取1～2个最关键的指标，设定一个底线，接近这个底线什么程度的时候，就开始预警。简单明了，但是最有效。

重点多了，反而就没有重点了。

这个指标可以是整个业务的起点，或者终点，或者行业里最能呈现成绩的一个数字，或者企业存活最直观的那个指标，都可以。比如：废弃物处理厂的燃烧容积；净现金流小于等于100万元；失去了一个占总比20%以上的客户；回款异常占总应收余额10%以上等等。

这就像当豹子靠近羚羊，羚羊不一定跑得过。但是活下来的先决条件是在豹子扑上来之前发现了它。

※ 8｜指标2　得到了较高的银行授信额度

银行的授信额度并不容易。通常，银行会要求有一些不动产作为抵押物，或者股权、无形资产等也可以作为质押物，才会放一定的授信额度。

如果要得到信用贷款的机会，平时需要有一些积累。比如：

（1）有意愿有能力的担保人、实际控制人；

（2）加入某个具有公信力的组织或联合机体；

（3）有良好的纳税记录。

※ 9｜指标3　有自有不动产可以用于抵押

这里要讲的是未雨绸缪的重要性，如果资金宽裕，或者累计的未分配利润已经到了引起税务部门关注的时机，可以考虑置产。获得一些不动产，必要时可以用于生存，平时也可以作为降低成本和税务筹划的方法。

> 财管力观点——老板有钱不如公司有钱，利润的K点在于让公司名下有固定资产

※ 10｜指标4　合理估计可能的筹资规模和所需时间，考虑流动性转移限制

（1）财管力关注的利润，跟钱和时间有关；

（2）钱是生活，需要质量；

（3）时间是生命，平安是福。

3.2 关键内控

内部控制地作用：

1. 有效地传达管理层的意见、目标和期望；
2. 提供所有被授权人一个准则；
3. 恰当和有效地使用公司资源，并按管理层的指示来使用；
4. 为管理层准确评估绩效和提供业务；
5. 保护资产和其他资源；
6. 遵守法律和规章。

我们不要的：

1. 翻译过来的外国书、外国理论、外国准则——晦涩难懂、不符国情；
2. 知名会计师事务所的创建评价——高大上的定位和定价；
3. 成套的企业内部控制 18 项——不实用、低效率、成本高；
4. 夸夸其谈的咨询顾问——"也许""可能""大概是"你再琢磨琢磨。

我们要的：

1. 容易懂的、容易应用的；
2. 量身定制的、轻装上阵的、适合中国内地中小企业的；
3. 别太高端、别太贵；
4. 并非一整套一整套的；
5. 给出最止痛的药片。

稳、准、狠——制度、节点、流程、表单、训练、考核

57 矩阵是什么？

所谓 57 矩阵（表 9），是指财管力概念的引申应用，为广大中小企业设计和推广的内控矩阵小魔方，是根据企业实际情况量身定制的，对企业的关键业务循环做出最精准的提炼，用五行七列呈现出一个立体的内控小魔方，五行为：业务流程、风险点、控制点、岗位与分工、稽查与检验；七列则为业务流程的关键节点。

表9　57矩阵

	①	②	③	④	⑤	⑥	⑦
A业务流程	销售政策和定价	信用政策	订单和业务员	合同	发货	收款和应收账款管理	账务处理
B风险点							
C控制点							
D岗位与分工							
E稽查与校正							

A-①销售政策和定价

B-②风险点

①销售政策不当、市场预测不准确、销售渠道管理不当导致的销售不畅、存货积压、持续经营能力存疑等风险；

②定价缺乏依据导致的脱离市场现实或者不合理的利润率等风险；

③定价授权不明导致的操纵价格、或舞弊的风险；

…………

C-①控制点

①销售和市场、生产、客户的沟通；

②定价的权限，和定价准确度的考虑；

③销售行为的舞弊防控；

…………

D-①岗位与分工

E-②稽查与校正

A-②信用政策

B-②风险点

①信用评估不足导致的超出信用额度或信用期限的赊销；

②信用政策制定缺乏合理分析导致的过度授信坏账增加的风险，以及保守授信丧失了增加销售机会的风险；

③赊销的授权和批准不明确导致的收款困难或者不及时的风险；

④未建立或者未及时更新信用档案导致的往来动态不明或者不及时，增加坏账损失的风险；

…………

C-②控制点

①信用评估；

②坏账或者销售；

③盈利质量；

④往来管理；

…………

D-②岗位与分工

E-②稽查与校正

A-③订单和业务员

B-③风险点

①订单缺乏必要的授权导致的舞弊或贪污的风险；

②未经审批的销售订单导致的发货不准确或者不能发货的风险；

③缺乏统一的格式管理导致的单价和数量或者商品名称和型号未能与整个销售业务流程匹配，核算困难或者对账困难的风险；

…………

C-③控制点

①授权和复核；

②仓库；

③精益核算；

…………

D-③岗位与分工

E-③稽查与校正

A-④合同

B-④风险点

① 未经标准化的合同，缺乏对关键条款的控制。关键条款至少包括：产品品种、产品质量、销售价格、销售数量、信用政策、交货方式、交货期限、交货地点、收款方式、违约责任等，导致的经济纠纷的风险；

② 合同谈判、合同签订和审批未能职能分离，导致的舞弊或贪污的风险；

③ 合同的会签环节设计和执行不足，导致的信用管理、存货管理、收款管理存在隐患的风险，以及未经法务会签的法律风险。

…………

C-④控制点

① 正式的合同文本；

② 合同管理；

③ 流程线索在合同中的体现；

…………

D-④岗位与分工

E-④稽查与校正

A-⑤发货

B-⑤风险点

① 未经与销售单比对的发货单导致的发货品种和规格、发货数量、发货时间、发货方式、接货地点等存在重大误解，导致的发货错误或者责任不明的风险；

② 货物和发运凭证未经核对和检查导致的发出商品可能与发运凭证上的商品种类和数量不符的风险；

③ 缺乏实物流转控制导致的未经检查或核对就放行货物的风险；

④ 缺乏货物送达后的验收控制导致的客户拒绝承认已收到商品，或对已收到商品存在细节争议的风险；

....

C-⑤控制点

① 确认发货和确认收入的关系；

② 独立的发货部门；

③ 实物管理；

④ 验货和追款的责任；

....

D-⑤岗位与分工

E-⑤稽查与校正

A-⑥应收管理

B-⑥风险点

① 缺乏应收账款账龄分析制度和应收账款催收制度导致的信用预警失效、催收不及时或催收无效未能妥善处理的风险；

② 缺乏应收账款分类管理制度，不能区分收款责任和奖惩制度导致的不能清理催收欠款，形成坏账的风险；

③ 未设置应收账款管理台账导致的客户应收账款余额的增减变动和信用额度脱节、增加坏账比例的风险；

④对现金和银行存款的管理未能与应收账款管理工作分离导致的舞弊或者贪污的风险；

....

C-⑥控制点

① 账龄管理和预警；

② 对象库；

③ 台账；

④ 信息化；

…………

D-⑥岗位与分工

E-⑥稽查与校正

A-⑦账务处理

B-⑦风险点

① 销售收入确认时点不符合风险和收益转移的实际情况导致的核算不准确、不及时、不合法的风险；

② 销售收入和应收账款的对应关系不明确导致的收款困难的风险；

③ 收款未被及时记录的风险；

④ 账务处理时未取得充分的业务轨迹证据导致的内控失效的风险；

⑤ 账务处理和收付款岗位未能分离导致的舞弊或贪污的风险；

⑥ 缺乏盘点、稽核等必要控制导致的账实不符、账面滞后的风险；

…………

C-⑦控制点

① 收入确认时点；

② 钱账物对应；

③ 业务轨迹；

④ 隔离；

…………

D-⑦岗位与分工

E-⑦稽查与校正

第1节 销售与收款循环——从销售之前，到收款之后

财管力讲关键内控的销售与收款循环，主要有以下 7 个指标：

<u>＊11｜指标1　订单环节得到明确授权，而非业务员自主谈判</u>

订单环节内控要点见表 10。

表10 订单环节内控要点

流程	关键点	措施	表单
（1）订单	①是否接受客户订单 ②未在名单内，由销售经理决定是否统一销售	①设立批准销售客户名单 ②合同项目可能不经内部评审，直接向内部下达销售计划，可能没有建立订单评审记录 ③根据销售人员项目洽谈结果，发起项目评审会议，由总经理决定是否同意接受	客户订购单 商品价目表 订单评审表 客户评审表

表10给出的是理论上的处理方法。实务中，比较少拒绝客户的，或者客户要来买东西，你说等下，我们要开个会，看看能不能卖给你。所以在订单环节，主要的风险在于，业务员有过大或者过小的谈判权限。

业务员过大的谈判权限，会有一些风险：

（1）业务回扣，以及与客户串通的风险；

（2）定价波动较大，导致产品市场混乱的风险；

（3）给核算带来困难，有可能每一单都有不同的成交价和毛利；

（4）未能考虑回款的风险。

财管力建议，业务员的谈判权限可以在制度设计时审定一个较小的范围，需要突破这个范围的时候，向上级申请。确定合同条款细节（合作内容、金额、支付时间与方式、完成时间等必要细节），不属于销售人员职权须请示领导，不可擅自决定。

✳ 12 │ 指标2 给客户的授信经过了信用等级评估

信用控制与赊销环节内控要点见表11。

关于赊销和客户的授信，我们在会计核算力第38个指标中已有涉及。不在此赘述。

表11 信用控制与赊销环节内控要点

流程	关键点	措施	表单
（2）信用控制与赊销	①可能没有事先设定客户赊销信用额度 ②信用控制程序包括复核信用申请、收入和信用状况的支持性信息，批准信用限额，授权增设新的账户，以及适当授权超过信用限额的人工控制	①目前未偿付余额加上本次销售额在信用限额范围内 ②可能向没有获得赊销授权或超出了其信用额度的客户赊销	客户赊销额度表

3 风险控制力

※ 13 | 指标3　合同签订流程明确，并得到相关部门会签

合同环节内控要点见表12。

表12　合同环节内控要点

流程	关键点	措施	表单
（3）合同	①没有签订合同 ②可能没有建立内部台账，无记录	①所有的产品交易，都要签订合同，不论金额大小 ②均须建立台账（含进度情况），定期更新	销售单 合同台账

合同管理属于一个专题内容，从选择对象、谈判、流程、签订、归档，都有相对完善的方案，可以在很多平台获取。

财管力要强调的是会签和台账。

会签，指签订合同的过程中，需要除了采购部门和被授权签合同的领导之外，还要经过一些相关的部门负责人，以及相关人员的审核。比如，涉及收付款，所以要财务部会签；涉及软件服务，所以要IT部会签；涉及业务招待费，要总经办会签等。

台账，前文多处有所提及，是非常好用的工具，这里再推荐一次。

※ 14 | 指标4　仓库根据财务部发货通知单清点并发货，反馈发货单回传

发货环节内控要点见表13。

表13　发货环节内控要点

流程	关键点	措施	表单
（4）发货	①可能在没有经批准的发运凭证的情况下发出商品 ②已发出商品可能与发运凭证上的商品种类和数量不符	①获得发货批准后，生成连续编号的发运凭证；保安人员只有当商品附有发运凭证时才能放行 ②发运前，对商品和发运凭证内容进行独立核对。在发运凭证上签字以示商品已与发运凭证核对且种类和数量相符 ③要获取客户在发货单上的签名	发货单 签收单

有客户签收的发货单，或者能证明送达的物流单或快递单，要与发货台账，或存货进销存中的发出栏对应，编号整理，月底交给财务部。

财务部收到以上资料，应复核其完整性和准确性，确认无误后，作为记账依据。

※ 15 │ 指标5　财务部根据合同和发货综合判断，确认收入（不是只根据发票）

财务部根据合同和发货单综合判断，符合收入确认条件的，确认为收入，不符合的，作为发出商品。

实务中，很多企业发出商品后，等待客户通知开发票，根据发票确认收入。则，存货和应收账款存在的时间空白，是企业账实不符的敞口，不仅存在财产安全的风险，还存在税务风险。

【举例：深圳某科技股份有限公司招股说明书】

收入确认：在已将商品所有权上的主要风险和报酬转移给买方，既没有保留通常与所有权相联系的继续管理权，也没有对已售商品实施有效控制，收入的金额能够可靠地计量，相关的经济利益很可能流入企业，相关的已发生或将发生的成本能够可靠地计量时，确认商品销售收入的实现。公司的产品运往指定场所后，对于合同中明确要求需要客户出具验收依据的产品，在客户验收合格并出具相关验收依据后确认收入；对于合同中未明确要求需要客户出具验收依据的产品，客户未在验收期内提出书面异议的视为验收合格，公司在与客户对账无误后确认收入。

※ 16 │ 指标6　有收款制度，明确责任人

账务环节的内控要点见表14。

表14　账务环节的内控要点

流程		关键点	措施	表单
（6）账务	记录赊销	入账的会计期间可能不正确	①系统根据销售发票的信息自动汇总生成当期销售入账记录 ②定期执行人工销售截止检查程序，检查发票打印件的连续编号。复核并调查所有与发票不匹配的发运凭证	折扣与折让明细表
		可能被计入不正确的应收账款二级科目	①将客户代码、商品发送地址、发运凭证、发票与应收账款主文档中的相关信息进行比对 ②将销售台账与应收账款总分类账核对，检查调节结果并确认相符 ③向客户发送月末对账单，调查并解决差异	
	记录现销	现金销售可能没有被记录	①财务部按月核对有客户签收的发货单 ②对账资料中包含发出货品数量，对方收到货品数量，以及单价和金额	销售台账

实务中，很多财务人员，用发票系统导出销售发票的信息，自动汇总生成当

期销售入账记录，这样就将销售收入的确认完全依附于发票的开具，是不科学的，也存在较多内控漏洞。财管力要强调的不仅是收入所涵盖的收益和风险，更因收入确认时点，跟我们筹划和缴纳税款有关。

另外，还有一点需要强调，对账，企业都在做，但是有很多企业仅仅是对数，对金额。财管力要强调，对账资料中，要包含发出货品数量，对方收到货品数量，以及单价和金额。这样做不仅有利于企业内部控制，更避免与往来单位的纠纷。

* 17｜指标7　退货条件和退货期等条款咨询过税务师和律师

退货的相关条款，通常在合同中会列明。跟合同有关的，律师会给出专业意见。同时也要咨询税务师。因为退货条件和退货期的约定，关系到收入确认条件，也影响到纳税义务发生时点。

> 财管力观点——环环相扣性价比最高——利润K点在于财务的记账凭证后面附件够不够

第2节　采购与付款循环

购货既包括商品、材料等存货的购进活动，也包括固定资产购进业务；购进存货与固定资产，便相应发生了付款业务。购货与付款循环是企业资金周转的关键环节，只有及时组织好资产的采购、验收业务，才能保证生产、销售业务的正常运行。采购与付款值57矩阵示例见表15。

表15　采购与付款值57矩阵示例

	①	②	③	④	⑤	⑥	⑦
A 业务流程	请购	比价	订货	付款	验收	应付	账务
B 风险点							
C 控制点							
D 岗位与分工							
E 稽查与校正							

A- ① 请购

B- ① 风险点

① 采购和实际需求脱节（生产、经营、项目建设）；

② 未经批准的采购权限，或者订单范围；

③ 缺乏采购申请制度，请购未经适当审批或超越授权审批导致采购物资过量或短缺；

……

C- ① 控制点

① 最佳库存的计算；

② 明确的授权和出口；

③ 经营预算；

……

D- ① 岗位与分工

E- ① 稽查与校正

A- ② 比价

B- ② 风险点

① 缺乏对重要物资品种价格的跟踪监控，引起采购价格不合理，造成企业资金损失；

② 企业新增供应商的市场准入、供应商新增服务关系以及调整供应商物资目录，缺乏审核和管理；

③ 采购定价机制不科学；

……

C- ② 控制点

① 成本配方和采购预算；

② 采购数据库；

③ 轮岗和隔离；

……

D-②岗位与分工

E-②稽查与校正

A-③订货

B-③风险点

① 框架协议签订不当，可能导致物资采购不顺畅，或者使用未经授权对外订立采购合同；

② 对采购合同的批准仅限于文本，未经使用部门再次确认，或例外事项的审批后行，造成损失；

③ 采购人可以比价和签合同；

············

C-③控制点

① 合同管理；

② 会签；

③ 金额和时间都重要；

············

D-③岗位与分工

E-③稽查与校正

A-④付款

B-④风险点

① 付款审核不严格，付款方式不恰当，付款金额控制不严，可能导致企业资金损失或信用受损；

② 对采购预算、合同、相关单据凭证、审批程序等内容的审核，在风险可控范围之外；

③ 缺少对预付账款和定金的管理，涉及大额或长期的预付款项，缺少追踪核查，综合分析预付账款的期限、占用款项的合理性、不可收回风险等情况，发现有疑问的预付款项，怠于追踪；

……………

C-④控制点

① 单据审核；

② 付款进度、账务进度、银行明细对应；

③ 发票；

……………

D-④岗位与分工

E-④稽查与校正

A-⑤验收

B-⑤风险点

① 运输方式选择不合理，忽视运输过程保险风险，可能导致采购物资损失或无法保证供应；

② 验收标准不明确，程序不规范，对验收中存在的异常情况不作处理，可能造成账实不符，采购物资损失；

③ 验收重点为数量、质量、规格型号等核对，脱离了采购目标和文档流转；

……………

C-⑤控制点

① 运输和存货确认时点；

② 验收和生产过程；

③ 标准和产品质量清单；

……………

D-⑤岗位与分工

E-⑤稽查与校正

A-⑥应付

B-⑥风险点

① 被动的应付管理，缺少对购买、验收、付款业务的会计系统控制，未有

详细记录供应商情况、采购申请、采购合同、采购通知、验收证明、入库凭证、退货情况、商业票据、款项支付等各环节的记录；

② 对账流于形式，关注金额，未能分析和控制内在风险；

③ 对供应商提出的异议缺乏处理能力；

…………

C-⑥控制点

① 会计控制；

② 往来管理；

③ 与利润的关联；

…………

D-⑥岗位与分工

E-⑥稽查与校正

A-⑦账务

B-⑦风险点

① 未能全面真实地记录和反映企业采购各环节的资金流和实物流情况；

② 相关会计记录与相关采购记录、仓储记录不一致；

③ 孤独的 ERP；

…………

C-⑦控制点

① 从借贷看流程；

② 分析；

③ 与纳税筹划的关联；

…………

D-⑦岗位与分工

E-⑦稽查与校正

财管力讲关键内控的采购与付款循环，主要有以下指标：

❋ 18 │ 指标1　采购申请由需求部门提出，由财务部和采购部审批

请购环节的内控要点见表 16。

表16　请购环节的内控要点

流程	关键点	措施	表单
（1）请购	请购没有经过批准，直接进入订货或采购环节	请购单需要财务部喝采购部共同审批	请购单

请购流程需要注意：

（1）编制请购单（仓库或其他需求部门）；

（2）根据请购单进行授权审批，每张请购单必须经过负预算责任的主管人员签字批准。

（3）请购与审批岗位分离。

❋ 19 │ 指标2　采购需求经过了测算或分析

采购需求经过测算或分析，是必要的。

（1）不算行不行？

如果采购需求不附上需求的依据，很多采购将被无限制的执行，而购回的物资或服务没有相应的初衷相对应，也就无法验证其贡献。

财管力里讲，所有的金钱、人力资源、时间，都要对利润有促进作用。

（2）谁来算？

需求者最能说出需要采购的理由，有什么具体的要求，多少数量，希望多久到货。在实务中，通常遇到需要计算分析的时候，就会推给财务部来做。实际上，财务管理工作应该贯穿整个企业。财管力一直在讲，财务管理不是财务部的工作，而应该建立一种财务管理机制，让整个企业变成一盘机器，一个系统，为了共同的唯一的目标而工作。

（3）算给谁看？

首先，算给财务部看，财务部会知道，这是预算内还是需要走预算外；

接着，要算给老板看，老板知道，又要花钱了，他会关注花了钱之后有什么产出。

※ 20 | 指标3 采购部询价、选型、招标，选择供应商

选择供应商环节的内控要点见表17。

表17 选择供应商环节的内控要点

流程	关键点	措施	表单
（3）选择供应商	①可能未了解供应商供货能力、产品质量情况 ②可能没有执行多家供应商进行选择的流程 ③可能向未经批准的供应商采购	①建立供应商库 ②根据采购规模，选择执行供应商的比价、选型或招标 ③复核例外报告并解决问题	供应商名录 供应商年度评审表

采购环节需要注意：

（1）编制订购单。采购部门对经过批准的请购单发出订购单，询价后确定最佳供应商，但询价与确定供应商的职能要分离；

（2）询价与确定供应商岗位分离；

（3）当未经授权的供应商，符合采购要求时，可以进入经批准的供应商库。

※ 21 | 指标4 合同经过至少需求部门、财务部、采购部会签

合同环节的内控要点见表18。

表18 合同环节的内控要点

流程	关键点	措施
（4）合同	①确定采购合同条款细节（合作内容、支付时间与方式、付款条件、供货时间等必要细节） ②严格按照《合同管理办法》执行合同签订流程	①只有被授权签订合同的人审阅和签署了合同；没有经过需求部门的确认和财务部门的会签审批 ②合同签订过程中，未能执行不相容岗位分离制度

※ 22 | 指标5 收货环节有认真的验收，验收单回传至财务部

验收环节的内控要点见表19。

表19 验收环节的内控要点

流程	关键点	措施	表单
（5）验收	收到的商品可能不符合订购单的要求或可能已被损坏	①收货人员将收到的商品的情况、实际收货数量录入采购入库通知单，将采购入库通知单与订购单上的具体信息进行比对，并就比对不符商品的情况和数量生成例外报告 ②清点从供应处收到的商品，将商品的情况、收货数量与订购单进行核对	验收单 入库通知单

验收环节应注意：

（1）验收商品，编制验收单。验收部门先比较所收商品与订购单上的要求

是否相符，然后再盘点商品并检查商品有无损坏，验收部门验收后编制一式多联、预先编号的验收单，是支持资产或费用以及与采购有关的负债的"存在或发生"认定的重要凭证；

（2）采购与验收岗位分离；

（3）储存已验收的商品存货；

（4）储存岗位与验收岗位分离。

※ 23 | 指标6　根据合同条款付款，有现金折扣的，测算后决定

发票环节的内控要点见表20。

表20　发票环节的内控要点

①可能向不正确的供应商银行账户进行电子货币转账支付	①对于为处理电子货币转账支付而从银行下载的供应商的银行账户详细信息，实施严格的控制 ②只授权高级员工出于处理电子货币转账支付的目的，在银行记录中变更或增加供应商银行信息。详细信息由供应商书面提供，并在供应商文档中保存
②可能就虚构或未经授权的采购开具支票或电子货币转账支付凭证	①由计算机比对订购单、采购入库通知单和发票，以及经批准的供应商主文档上的供应商账户代码和名称，打印例外报告 ②如果支票由人工开具，由支票开具人员检查所有支持性文件，包括支票开具前供应商的应付账款调节表和汇款通知 ③由管理层复核应付账款明细表和采购交易明细表以发现非正常的支付
③可能重复开具支票和电子货币转账支付	①由计算机将付款金额和应付账款余额进行比对，并就支付金额超过应付金额的情况生成例外报告 ②支持性凭据应该注明"已付讫"标记以防止重复支付。复核例外报并检查例外事项的处理

付款环节应注意：

①购货发票内容与验收单、订购单一致

②购货发票计算是否正确进行复核

③编制有预先编号的付款凭单，并附上订购单、验收单、购货发票

④独立检查付款凭单计算的正确性

⑤在付款凭单上填入应借记的资产或费用账户名称

⑥在凭单上签字批准照此凭单要求付款

⑦确认与记录负债

⑧付款

⑨记录现金、银行存款支出

* 24 | 指标7　根据付款进度和到货进度，如实确认会计处理

会计处理环节的内控要点见表21。

表21　会计处理环节的内控要点

关键点	措施		表单
入账采购	①采购可能由未经授权的员工执行	①只允许经授权的员工处理订购单 ②复核正式的授权级别并定期修订，采购人员有权在限额内进行采购或处理某些类型的支出	订购单
	②商品或劳务可能未被提供	①对所有发出的订购单事先编号，并与随后的采购入库通知单和供应商发票进行比对，比对不符的订购单需要单独处理 ②长期未执行的订购单被记录于未执行订购单的文件上，并采取跟进行动	
	③采购订单的项目或数量可能不准确	①将订购单上的产品摘要和存货进销存比对 ②由采购部门复核例外报告，取消订购单或经过恰当授权后处理	订购单
采购记录	①收到商品可能未被记录	订购单以及采购入库通知单要一一对应装订 ①定期查询未完成的订购单，查找原因，入因未被记录，应及时补充 ②按月制作采购清单，将采购单、验收单、入库单一一核对相符，标注不符原因，采购部留底，并交财务部一份	转账凭证
	②供应商发票可能未被分配至正确的应付账款	①将订购单和采购入库通知单与发票上的供应商比对，并将其与应付账款账户明细核对 ②由会计部门追踪应付账款清单中供应商名称和发票名称比对不符的情况	
	③购买的商品或劳务可能未被记录于正确的费用或资产账户	①将订购单、采购入库通知单和发票上的账户代码与总分类账上的账户代码进行比对 ②定期（如按周或按月）打印采购交易中费用和资产的分配	
支票与付款记录	①开具的支票和电子货币转账支付凭证可能未被记录	①在开具支票过程中，由事先顺序编号的支票。对空白支票实施接触控制，只有得到授权的员工才能接触。由支票支付系统打印所有开具的支票 ②如果支票是手工开具的，应控制尚未签发的事先顺序编号的支票和表。由高级员工开具支票，按顺序检查支票编号，调节银行存款余额	付款凭证 库存现金明细账 银行存款明细账 应付账款明细账 供应商对账单
	②开具的支票和电子货币转账支付凭证未被及时记录或分配到正确的应付账款账户	①付款可以被软件自动记入相关应付账款或费用和银行存款账户。每一次开具支票后，及时调节相关总分类账的变动 ②定期进行银行存款调节。按月根据银行存款余额调节表对应付账款账户余额进行调节	

购货与付款循环涉及的凭证：请购单、订购单、验收单、购货发票、转账凭证；付款凭证。

（1）购货预付款错位是财务报表重要错报的来源；

（2）交易量大；

（3）可能发生未授权的采购和现金支出；

（4）已购买的资产可能被侵吞、滥用；

（5）可能出现划分资本性支出和费用性支出方面的问题。

第3节 生产与存货循环

生产与费用循环是由原材料转化为产成品的有关活动组成。生产与费用循环是产品制造企业特有的环节，该循环的交易是指从领料生产到加工、销售产成品时结束。该循环的起点即生产领用材料是和购货与付款循环衔接，而该循环的终点销售产成品又与销售与收款循环衔接。

生产与存货循环的主要业务活动

该循环所涉及的主要业务活动包括：计划和安排生产，发出原材料，生产产品，核算生产成本，核算在产品，储存产成品，记录存货等。上述业务活动通常涉及以下部门：生产计划部门、仓库、生产部门、人事部门、会计部门等。

❋ 25 │ 指标1　根据销售订单，确定生产任务通知单

生产计划部门的职责是根据顾客订单或者对销售预测和存货需求的分析来决定生产授权。如决定授权生产，即签发预先编号的生产通知单。该部门通常应将发出的所有生产通知单编号并加以记录控制。

此外，还需要编制一份材料需求报告，列示所需要的材料和零件及其库存。

根据销售订单，确定生产任务通知单，就是将钱来的方向，分解为钱去的方向。

生产任务的分解，原则上应根据自己的产品和工艺流程，以及现有的生产线管理人员来执行。大致的要点如下：

（1）料——精确到个；

（2）工——按工序；

（3）折旧——机器工时；

（4）零星杂项——如，车间管理人员，低值易耗品；

……………

经过了生产任务分解之后,就能知道产品的大致成本,该怎么报价,想要多少利润,就可以结果倒向,向任务分解清单进行调整,以期达成目标利润。

✲ 26 | 指标2　有完善的领料流程,如材料发出汇总表、领料单、限额领料单、领料登记簿、退料单

仓库部门的责任是根据从生产部门收到的领料单发出原材料。领料单上必须列示所需的材料数量和种类,以及领料部门的名称。领料单可以一料一单,也可以一单多料,通常需一式三联。仓库发料后,以其中一联连同材料交还领料部门,其余两联经仓库登记材料明细账后,送会计部门进行材料收发核算和成本核算。

✲ 27 | 指标3　有精准的工时记录,记录设备和人工

生产部门在收到生产通知单及领取原材料后,便将生产任务分配到每一个生产工人,并将所领取的原材料交给生产工人,据以执行生产任务。生产工人在完成生产任务后,将完成的产品交生产部门查点,然后转交检验员验收并办理入库手续,或是将所完成的产品移交下一个部门,以进一步加工。

✲ 28 | 指标4　有产量登记制度,及时入库,确认产成品

为了正确地核算产品成本,对在产品进行有效控制,必须建立健全成本会计制度,将生产控制和成本核算有机结合在一起。一方面,生产过程中的各种记录、生产通知单、领料单、计工单、入库单等文件资料都要汇集到会计部门,由会计部门对其进行记录相应的会计账户,会同有关部门对生产过程中的成本进行核算和控制。

完善的成本会计制度应该提供原材料转为在产品,在产品转为产成品,以及按成本中心、分批生产任务通知单或生产周期所消耗的材料、人工和间接费用的分配与归集到详细资料。

✲ 29 | 指标5　人工工时与工资表钩稽相符

人工工时的统计,类似研发类支出的记录。

小时工资率的计算,依据的应发工资,应与个人所得税申报一致。

✱ 30 | 指标6 生产过程及成品环节，都有必需的质量检验

产成品入库须由仓库部门先行点验和检查，然后签收。签收后，将实际入库数量通知会计部门。据此，仓库部门确立了本身应承担的责任，并对验收部门的工作进行验证。除此之外，仓库部门还应根据产成品的品质特征分类存放，并填制标签。

✱ 31 | 指标7 车间有原材料、生产成本、产成品的进销存，且与财务部一致

财管力在反复提到台账，真是很好用，虽然有点原始。

原材料——进销存——对应往来明细——仓管

生产成本——进销存——对应原材料进销存——车间某专员

产成品——进销存——对应销售收入——生产经理

第4节 内控体系

内控体系的一些常识：

1. COSO委员会 —— 发布《企业内部控制整体框架》（图17）

2. 美国——安然事件，SOX法案

3. 中国——《企业内部控制基本规范》及其配套指引

《企业内部控制应用指引》

《企业内部控制评价指引》

《企业内部控制审计指引》

新框架内容重点解析

新框架与旧框架相比有哪些变化？

在内部控制的核心定义、立方体结构以及各个维度基本保持原貌的同时，用以评估内部控制系统有效性的准则和对判断的运用也基本维持不变。但新框架有七项重要变化，列出如下：

首先，明确列示了用以支持内部控制五大要素的原则。

其次，明确了目标设定在内部控制中的作用。

第三，反映了科技日益深入的相关性。

第四，更深入地讨论了有关治理的理念。

第五，扩大了报告目标类别（范畴）。

第六，加强了对反舞弊预期的考虑。

最后，更加关注非财务目标。

图17 COSO框架矩阵

企业的内控体系应当贯穿于企业经营活动的决策、执行和监督的各个阶段、各个层级,制定内控体系的基本准则在于职责分离、授权批准、相互制约、监督检查,企业建立与实施内控体系应当遵循的五项原则:全面性原则、重要性原则、制衡性原则、适应性原则、成本效益原则。

财管力讲关键内控的内控体系,主要有以下3个指标:

＊32｜指标1　有内部控制体系,或关键内容

中国企业内部控制体系:

《企业内部控制基本规范》

《企业内部控制应用指引》

《企业内部控制评价指引》

《企业内部控制审计指引》

1. 企业内部控制应用指引

组织框架(含治理结构、机构设置、职责分配及不相容职务分离)、发展战略、人力资源、企业文化、社会责任、资金、资产、采购、销售、研发、工程项目、担保业务、业务外包、财务报告、全面预算、合同、内部信息传递、信息系统。

注:财政部等还将出台具体的操作手册或讲解材料。

2. 企业内部控制评价指引

【管理层要提交内部控制评价报告】

(年度评价和专项评价)

评价组织与实施

(1)谁负责:企业主要负责。

(2)谁实施:董事会(或类似决策机构)或其授权机构,也可借助CPA或外部专家。

(3)遵循原则:全面性、重要性和独立性。

(4)评价方案设计及实施。

(5)评价方法(访谈、问卷、专题讨论、穿行测试、统计抽样、比较分析等)。

(6)工作底稿编制与复核。

年度评价和报告的内容

（1）评价：对整个年度、整个内部控制在某一基准日的有效性评价后，发表一个意见。

（2）报告：内控设计或执行方面的重大缺陷。

①重大缺陷。

②重要缺陷。

③一般缺陷。

内部控制缺陷的认定

（1）设计缺陷和运行缺陷。

企业在内部控制评价中，应对内部控制缺陷进行分类分析。

设计缺陷：缺少为实现控制目标所必需的控制，或现存控制设计不适当、即使正常运行也难以实现控制目标。

运行缺陷：现存设计完好的控制没有按设计意图运行，或执行者没有获得必要授权或缺乏胜任能力以有效地实施控制。

（2）重大缺陷、重要缺陷和一般缺陷。

①重大缺陷，是指一个或多个控制缺陷的组合，可能导致企业严重偏离控制目标的情形。

②重要缺陷，是指一个或多个控制缺陷的组合，其严重程度和经济后果低于重大缺陷，但仍有可能导致企业偏离控制目标的情形。

③一般缺陷，是指除重大缺陷、重要缺陷之外的其他控制缺陷。

注意：缺陷的整改责任人不同：董事会（监事会监督）、经理层、内部有关单位

内部控制评价报告

（一）组织实施内部控制评价的总体情况。

（二）内部控制责任主体的声明。

（三）内部控制评价的范围和内容。

（四）内部控制评价的标准和依据。

（五）内部控制评价的程序和方法。

（六）内部控制重大缺陷及其认定情况。

（七）内部控制重大缺陷的整改措施及责任追究情况。

（八）内部控制有效性的结论（基准日）。

注意：存在一个或多个内部控制重大缺陷的，应当做出内部控制无效的结论。

3. 企业内部控制审计

（1）企业（公司）领导层要高度重视。

（2）CPA和企业的责任在不断加大。

（3）内部控制审计结果将成为企业的重要考核指标。

（4）与财务报表审计有很大不同。

＊33│指标2　有专门的岗位或机构在负责内部控制制度的创建和维护

企业应当根据国家有关法律法规和企业章程（图18）：

（1）建立规范的公司治理结构和议事规则。

（2）明确决策、执行、监督等方面的职责权限。

（3）形成科学有效的职责分工和制衡机制。

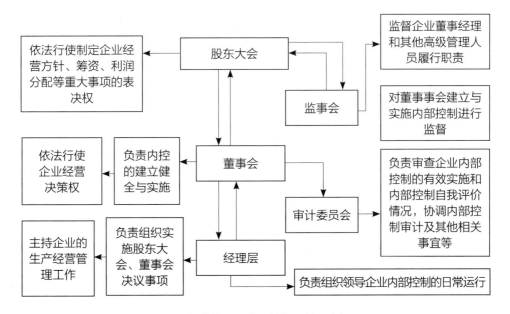

图18　规范的公司治理结构及其职责权限

企业应当：

（1）结合业务特点和内部控制要求设置内部机构。

（2）明确职责权限。

（3）将权力与责任落实到各责任单位。

通过编制内部管理手册，使全体员工掌握内部机构设置、岗位职责、业务流程等情况，明确权责分配，正确行使职权。

※ 34 | 指标3　对制度的执行有定期的验证和调整

（1）内部控制缺陷包括设计缺陷和运行缺陷。

（2）企业应当跟踪内部控制缺陷整改情况。

（3）就内部监督中发现的重大缺陷，追究相关责任单位或者责任人的责任。

（4）企业应当结合内部监督情况，定期对内部控制的有效性进行自我评价，出具内部控制自我评价报告。

（5）内部控制自我评价方式、范围、程序和频率，由企业根据经营业务调整、经营环境变化、业务发展状况、实际风险水平等自行确定。

（6）内部监督。

（7）是企业对内部控制建立与实施情况进行监督检查，评价内部控制的有效性，发现内部控制缺陷，应及时加以改正。

（8）监督主体。

①内部审计机构或经授权的其他监督机构。

②其他内部机构（各职能管理部门）。

（9）监督方式。

①日常监督。

②专项监督。

（10）企业应定期对内部控制的有效性进行自我评价。

（11）并出具内部控制自我评价报告。

3.3 投资预算

财管力讲投资预算,主要有以下 2 个指标:

※ 35 | 指标1 有重大投资或添置资产的打算,会进行投资预算

投资预算是在可行性研究的基础上对企业的固定资产的购置、扩建、改造、更新等编制的预算。投资预算具体反映在何时进行投资、投资多少、资金从何处取得、何时可获得收益、每年的现金净流量为多少、需要多少时间回收全部投资等。

投资预算的方法很多,有还本期间法、折现还本期间法、净现值法、平均会计报酬率法、内部报酬率法及获利指数法等等。

管理会计中投资预算方法包括:

(1)净现值法(NPV)。

净现值法也比较常用。实际上,所谓一项投资的净现值(NPV)就是该投资的市价与成本间的差额,这个差额如果是正的,说明该投资是赚钱的;若是负的,则该投资要亏本,投资提案通常也就要否决了。

(2)内含报酬率法(IRR)。

内含报酬率(IRR)法实际上和净现值法密切相关,甚至可以这样说,两者基本上是一种方法,但表达方式不同。内含报酬率法更明确、直接地告诉我们某项投资的预期报酬率到底是多少,是 10% 还是 15%,简单明了,容易为经营者、股东所接受。

(3)获利指数法(PI)。

获利指数法(Profitability index)是用投资方案未来现金流量的现值除以最初投资后的数值大小来表示的。实际上这个数值反映了每投资一个货币单位创造的价值,它和净现值法也密切相关,并更容易了解。

(4)回收期法(PP)。

回收期法也叫还本期间法,最为常用。但还本期间法也有缺点,因其对现金流量没有折现,从而忽视了货币的时间价值。

（5）会计收益率法（ARR）。

平均会计报酬率法（AAR）则是可以直接从会计资料里算出来的方法。一项投资方案的平均会计报酬率是平均净利除平均账面价值（或称平均投资额）。因此和还本期间法一样，忽略了货币的时间价值。另外，这个比率确实也不是具有任何经济意义的报酬率，但 AAR 的最大优点就是便于计算。

投资预算，是指企业为了今后更好的发展，获取更大的报酬而作出的资本支出计划。它是综合反映建设资金来源与运用的预算，其支出主要用于经济建设，其收入主要是债务收入。

※ 36 | 指标2　投资预算经过高层管理者开会集体决策

视具体环境而定。

3.4　风险防范

风险防范，是指企业防范在经营中所存在的潜在风险，以及为了防范该风险所采用的工具。

企业可通过预算管理、经营分析等形式对企业的长、短期风险进行识别、评估和报告，再针对各风险控制点建立相应的风险管理体系，对财务风险和经营风险进行全面的防范与控制。

风险的识别和防范，是财务管理基础内容。

实务中，财管力通常都将风险和利润贯穿在一起。什么是财管力所讲的风险？

（1）未获取可能获取的利润；

（2）未发觉减损了利润；

（3）使工作更无效而不断返工和重复的事件；

（4）直接的损失；

（5）营业周期过长。

本章节所称风险防范，是常规风险分析方法。

3 风险控制力

第1节 风险环境——知道一些无法改变的内容

财管力讲风险防范风险环境，主要包括以下2个指标：

＊37｜指标1 有对经营环境的分析，如政府、工商、税务、环保等

风险环境的外部环境：包括政府、工商、税务、环保、科技、自然等。

在实务执行中，财管力建议用：

主营业务＋综合治理

即充分利用"打杂人"，比如：行政、后勤、总经办等综合管理部门，可以通过培训喝强化练习，培养识别外部环境的危机的素质。外部风险因素见表22、内部风险因素见表23。

表22 外部风险因素

经济因素	经济形势、产业政策、融资环境、资源供给等
法律因素	法律法规、监管要求等
社会因素	安全稳定、文化传统、社会信用、教育水平、消费者行为等
科学技术因素	技术进步、工艺改进等
自然环境因素	自然灾害、环境状况等
其他有关外部风险因素	

表23 内部风险因素

人力资源因素	董事、监事、经理及其高级管理人员的职业操守、员工专业性任能力等
管理因素	组织机构、经营方式、资产管理、业务流程等
安全环保因素	
其他有关内部风险因素	

＊38｜指标2 有对公司经营理念、企业文化等的综合评估

> 财管力观点——会计职称为什么都考经济法，利润的 K 点在于对内外部环境保持敏感

第2节　应对措施——积极应对那些消极的可能

财管力讲风险防范的应对措施，主要包括以下 6 个指标：

❋ 39 ｜ 指标1　有对经营和项目的风险跟踪，对波动随时预警

关注：

（1）环境、政策；

（2）竞争对手；

（3）回款及时性、能否在预计的时间内覆盖项目；

（4）有无可能发生超出预期的收入。

❋ 40 ｜ 指标2　有撤出现有市场或区域，或者通过出售、清算、剥离某个产品组合或业务的准备

评估退出的可能性和收益：

（1）继续干会有什么益处；

（2）不干了会有什么损失。

❋ 41 ｜ 指标3　购买保险

财产险、人身险、失窃险等。

❋ 42 ｜ 指标4　通过结盟或合资，随时可以投资于新市场或新产品

（1）合作方；

（2）优质客户；

（3）结盟。

❋ 43 ｜ 指标5　引进风险投资者

当评估出风险相对较高，或者自身对风险的喜好属于厌恶型，可以尝试寻找风险投资者，适用于新项目，技术成果转化，或可拆分使用。

✻ 44 | 指标6　对期货和套期保值工具有深入的了解

3.5 法律风险

第1节　合同管理——会计职称为什么都考经济法

经济合同，从内涵上看，是指平等民事主体的法人、其他经济组织，个体工商户、农村承包经营户相互之间，为实现一定的经济目的，明确相互权利义务关系而订立的合同。从外延上看，它主要包括购销、建设工程承包、加工承揽、货物运输、供用电、仓储保管、财产租赁、借款、财产保险以及其他经济合同。

有效合同要求当事人、经办人和代理人的资格要合法；经济合同的内容必须符合国家的法律、行政法规，不得违背社会公共利益；合同当事人必须平等自愿，协商一致，意思表示真实；合同的形式和主要条款必须完备。

经济合同的内容应当符合法律、行政法规，不违背国家利益或者社会公共利益。

首先，审查合同的标的是否违法。

其次，要审查合同的其他主要条款的内容是否违法。在经济合同主要条款中，一般说来，如果合同的标的涉及合同的本质，标的违法必然导致整个合同无效。而价格、数量、质量、履行方式、违约责任等款项不涉及合同的本质，因此，其中某一项条款违法只会导致合同部分无效。

再次，对为达到非法目的而签订的经济合同效力问题。以合法形式掩盖非法目的的经济合同是指当事人通过实施合法的行为来掩盖非法的目的，这种合同又称"隐匿合同"。

企业中应设立专门的合同审查岗位，重大的，或者非常规性发生的合同，应交由专门的律师审查。

财管力讲法律风险的合同管理，主要包括以下2个指标：

✻ 45 | 指标1　对经济合同审核，对隐患做出提示

【合同审查流程与要点】

（一）对合同法律问题的审查——合同的内在质量

1. 审查合同主体资格的合格性

（1）审查合同主体资格的有效性（营业执照、组织机构代码证）；

（2）审查许可、资质的合格性（经营资质管理制度、许可证管理制度）；

（3）审查从业人员资格的合格性（从业资格管理制度）；

（4）审查对方代表是否为法定代表人，或审查对方委托代理人的资格及权限（必要时调阅工商档案确认所用公章是否备案的公章）。

2. 审查合同条款内容的合法性

（1）审查合同名称的合法性（合同名称与实际内容是否相符）；

（2）审查交易内容的合法性（是否属于禁止性的交易、标的物本身是否拥有合法的权属证明）；

（3）审查生效程序的合法性（某些合同的生效条件、审批程序，以及某些经营行为必须经过审批和登记之后方可生效）；

（4）审查合同中引用的法律是否已经失效（除非是比较生僻的、需要引起双方注意的法律，否则在合同中没有必要引用）。

3. 审查合同条款的完备性

审查合同主要条款是否包括以下内容：当事人姓名和住所、标的、数量、质量、价款、履行的期限、地点和方式、违约责任、解决争议的方法。（具体内容由相关人员根据商务谈判措辞与审核）

（二）对合同表述问题的审查——合同的外在质量

1. 审查合同整体思维的严谨度

（1）审查条款间的关联配合（对于哪些是违约、违约如何处理的约定必须严谨而且要相互对应）；

（2）审查其他的严谨性问题（往往是由于表述太随意而引起）。

2. 审查合同语言表达的精确度

（1）审查合同用句（是否单句简单罗列、动作主体不明、句间关系不顺）；

（2）审查合同用词（审查术语、措辞、指代关系、副词、数量词、文言用法的精确度）；

3. 审查合同的语体问题（书面口语、广告语体、商业信函语言、刻意模范外来合同）；

4. 审查标点符号问题（参见国家颁布的《标点符号用法》）。

* 46 | 指标2　对劳动合同和薪酬相关的处理做出专业意见

【劳动法要点】

1. 处分、解雇员工，员工拒绝签收该通知书而导致企业的处分、解雇行为被认定为无效或非法行为。企业在日常中该如何做，才避免案件败诉？

答：员工拒绝就处分签字的，可书面通知到其联系地址，保留邮政送达回执；可报工会经同意后在工厂范围内公示，并拍照记录。

2. 劳动者欺诈应聘被企业解雇，在仲裁期间，劳动者可能做出让企业措手不及的抗辩观点，企业该提前采取哪些防范策略？

答：企业须保留员工基本信息登记表（入职应聘表格），在该表格中注明如员工填写内容失实，公司有权解除劳动关系，让员工就此签字同意。保留员工作证据。

3. 对于违纪违规的恶意问题员工，他们往往拒绝提交检讨书或否认违纪违规的事实，企业该如何举证，才避免案件败诉而承担法律责任？

答：违规违纪员工，一则厂内批评教育，要求员工在处分单上签字确认，二则报工会处理或在宣传栏张贴公示，三则保留违规违纪证据，要有照片。

4. 如何进行违纪员工的事实调查、证据固定？

答：事实调查需要有证据支持，错误不断的员工，公司应给予书面处分单由员工签字确认或直接由员工本人提交检讨书，事实调查包括找员工同事及直接上司、员工本人了解情况，谈话记录由员工本人签字确认。

5. 对于违纪员工，事发后什么时间处理，如何书写违纪违规处分通知书？

答：违纪员工，建议在违纪事实发生后一周内处理，但这个时间的要求完全可以在《企业奖惩制度》或《员工手册》中固定下来，以公司的规定为准。违纪违规处分通知书需要列明员工违纪事实经过，公司相关规章制度的规定，还可以加上工会意见等。最后交由员工本人签字确认后由人力资源部保存在员工档案中。

6. 怎样理解"严重违反用人单位的规章制度的",如何在《惩罚条例》中详细明确违纪违规的"一般违反""较重违反"及"严重违反"?

答:"严重违反用人单位的规章制度的"首先是必须在公司的规章制度中明确规定严重违反公司规章制度的行为,其次规章制度的规定依据劳动法律的相关规定和公司的实际情况作出,工会讨论通过,员工公示和培训、签收后有效。

《惩罚条例》中列明违纪的大小类别,"一般违反""较重违反"及"严重违反"的界定要符合法律规定和情理。如一个月内迟到累计达 30 分钟为"一般违反",连续一个月每天迟到早退、不按公司考勤制度出勤的算"较重违反",连续旷工达 3 天的算"严重违反"。

7. 部门经理口头辞退员工,仲裁机构认定企业非法解雇员工,企业日常中该如何做才避免案件败诉?

答:在公司范围里,拥有录用和解雇员工权限的一定是人力资源部,其他任何部门不得擅自处理。公司需要辞退员工,一定交由人力资源部办理辞退手续。

8. 劳动者不辞而别、无故旷工,却主张被企业口头解雇,往往得到仲裁机构的支持,企业日常中该如何做,才避免败诉?

答:保留员工旷工证据(考勤不得以电子档记录,缩短考勤签收周期,尽可能让员工每天签收自己的考勤),达到严重违纪的,发通知至其通讯地址,规定什么时间后做自离处理,保留邮政送达回执。

9. 怎样理解与界定"严重失职,营私舞弊,给用人单位造成重大损害的"?

答:合法合理。首先是必须在公司的规章制度中明确规定严重违反公司规章制度的行为,其次规章制度的规定依据劳动法律的相关规定和公司的实际情况作出,工会讨论通过,员工公示和培训、签收后有效。员工因工作失误(本应做但未做,本应不做但做了)导致严重生产经营后果的未严重失职,与员工工作职责相匹配(保留员工签收的岗位说明书);营私舞弊则需要掌握员工在公司损失中获取个人私利的证据。

10. 如何追究"严重失职、严重违纪违规"者的法律责任?

答:保留证据,除给予解除劳动关系的处罚外,可另行向法院起诉,要求员工承担赔偿责任。

11. 采用"录音录像"方式保留的证据，法院是否采信，企业内部 OA 系统或 ERP 系统上的资料能否作为证据使用？

答：录音录像的证据是可以采用的，但事先需要获得授权。公司内部电子系统资料无法作为证据。

12. 企业没有与员工签订劳动合同也没有支付双倍工资，员工能否提出被迫解除并索赔经济补偿？对于双倍工资差额，能否追加 25% 或 100% 的赔偿金？

答：不能提出被迫解除并索赔经济补偿，因为没有法律依据。双倍工资差额是惩罚性质的处罚，没有 25%、100% 的赔偿金。

13. 未签劳动合同双倍工资的计算基数到底是基本工资还是工资总额，具体包括哪些工资结构项目？

答：双倍工资只是包括固定发放的工资，不包括提成和考核发放的奖金和绩效工资。

14. 未签订劳动合同满 1 年，第 2 年开始是否仍需继续支付双倍工资？

答：未签合同超过 1 年视为双方已经签订无固定期限劳动合同，无须支付双倍工资。

15. 补签或倒签劳动合同是否有效？是否仍需支付未签劳动合同的双倍工资？操作时要注意哪些技巧？

答：补签或倒签劳动合同是有效的。如果不能证明是补签或倒签的，无须支付双倍工资，操作时注意签约时间的书写。

16. 企业是否需要与法人代表、董事长、专职股东签订劳动合同，不签有何风险？

答：法定代表人和董事长不需要签订合同，专职股东如果在公司担任职务需要签订劳动合同。

17. 如果劳动者借故拖延或拒绝签订劳动合同的，用人单位如何应对？

答：用人单位可以固定劳动者借故拖延或拒绝签订合同的证据（有时间），这样之后未签合同的风险由劳动者承担。

18. 入职后第 25 天签订合同有无风险，什么时候为最佳时间签署劳动合同？

答：一个月之内签订合同就可以，第 25 天签订没有风险，最好是快到 1 个月时签订。

19. 用人单位与劳动者在用工前订立劳动合同的，在尚未用工期间，用人单位解除劳动合同，是否需支付经济补偿？

答：不需要支付补偿金，但是如果因为公司单方无故违约给劳动者造成损失的，要赔偿。

20. 单独签订试用期协议，到底有无效力，存在哪些风险？与新员工直接签订劳动合同，是否意味着在试用期间难以解雇新员工？

答：（1）单独签订试用期协议，没有效力。《劳动合同法》第十九条：试用期包含在劳动合同期限内。劳动合同仅约定试用期的，试用期不成立，该期限为劳动合同期限。

（2）与新员工直接签订劳动合同，在试用期间有以下情形之一的，用人单位可以解除劳动合同：

在试用期间被证明不符合录用条件的；

严重违反用人单位的规章制度的；

严重失职，营私舞弊，给用人单位造成重大损害的；

劳动者同时与其他用人单位建立劳动关系，对完成本单位的工作任务造成严重影响，或者经用人单位提出，拒不改正的；

以欺诈、胁迫手段或者乘人之危，使对方在违背真实意思的情况下订立或者变更劳动合同的；

被依法追究刑事责任的。

21. 企业高层决定延长新员工的试用期，有哪些风险？人力资源部该如何办理相关手续，才能避免法律风险？

答：（1）延长试用期的风险：违反《劳动合同法》第十九条规定，接受劳动行政部门批评并改正；已经履行的，以试用期满月工资为标准，按超过试用期期间向劳动者支付赔偿金。

（2）HR相关人员需要做的：首先要完善公司人力资源管理制度，有些难以在短时间内确认转正与否的岗位适当签订较长时间（三年及以上）的劳动合同，试用期控制在六个月以内；其次，完善新员工转正考核管理，及时跟踪新员工工作的胜任力及岗位符合性，提前与部门负责人确认转正与否；最后，告之高层违反试用期规定可能发生的风险，建议从岗位关键能力要求出发，重新考察新员工是否继续留用，如果留用办理转正手续，否则，办理辞退。

22. 劳动者离职后再次入职，企业与其约定试用期，是否构成非法约定试用期？

答：构成非法约定。《劳动合同法》第十九条：同一用人单位与同一劳动者只能约定一次试用期。

23. 试用期满后辞退员工，到底要不要赔偿？试用期最后1天辞退员工，企业赔偿的概率非常高，企业该如何完善试用期的解雇流程，才避免案件败诉？

答：（1）试用期满后辞退，如果单位无过错的，不用赔偿；如果员工无过错的，需要支付经济补偿金。

（2）完善新员工管理制度，首先在试用期开始时就应由上级领导负责新员工的工作安排、辅导、考核；其次应在试用期结束前半个月内，通过工作业绩及相关工作表现决定是否转正、辞退及延长试用，并反馈给人力资源部，相关考核表格应有员工本人和部门领导的签字；最后人力资源部相关负责人跟踪新员工的试用情况，并提前5天完成转正考核的审批流程。

24. 企业设定员工试用期间的工作目标或任务，但是试用期未满就辞退员工，由此引起的争议60%都是企业败诉，企业该如何在日常中规避风险？

答：这个问题上面的答复中有提到过。主要是工作目标考核没有量化，或没有真正做到客观评价，也没有员工签字认可的相关记录，出现纠纷时，企业没有凭据证明员工不符合岗位要求，所以会败诉。完善试用期考核流程。

25. 试用期以"不胜任工作"为由解雇劳动者是否存在风险，该如何化解？

答：一般企业都会以这个为由解雇劳动者，存在风险。一是要完善日常考核，一定要有书面记录，并有员工签字认可；二是可以与员工友好协商，安抚员工情绪，最后由员工自己提出离职，避免风险。

26. "不符合岗位条件、不符合录用条件、不合格"到底怎样表述，才能避免企业解雇员工时引发法律风险？

答：如何表述不是重点，关键是程序合法，考核专业客观，辅导及时，以人为本。

27.企业以"不符合岗位条件、不符合录用条件、不合格"解雇劳动者引发争议，该提供哪些证据才确保立于不败之地？

答：提供岗位职责、任职要求、工作业绩证明、考核结果相关凭证，及培训辅导证明，该让员工知晓的事，一定要有员工的签字。

28.试用期辞退通知书如果表述不当，很可能成为劳动者主张非法解雇的有力反证，那么企业该如何书写，才确保解除劳动合同无任何风险？

答：客观评价，不带感情抨击，只从岗位出发进行工作评价。

29.试用期满，企业给员工加工资，很可能反过来被认定试用期不足额支付工资，企业该如何抗避免败诉？

答：试用之前的录用通知书上明确试用期工资及转正工资，转正考核时上级写明表现优秀，特提高原定转正工资，并由员工本人签字。

补充一下，关键是新员工的录用、培训、考核、转正、辞退等一系列流程要根据企业的情况制订，一方面考虑企业的利益，更重要的是要从员工弱势群体出发，为员工着想，不要无故克扣、为难员工。有句话说的好：没有不好的士兵，只有带不好兵的将军。还要关注企业管理层的管理能力，不能只是"管"，更重要的是如何去"理"。

30.绩效目标不合法合理的，往往不能作为衡量劳动者是否"胜任工作"的依据，企业该怎样设定绩效目标，才能作为衡量标准？

答：绩效目标的设定应该符合 SMART 原则，Specific——具体的（有明确的任务和输出）；Measurable——可衡量的（有清晰的衡量标准）；Attainable——可达到的（通过个人努力，目标是可以达成的）；Realistic——现实的（可以证明和观察的）；Time-bound——有时间限制的（有明确的时间要求）。至于合法性，最主要是符合劳动法及劳动合同法等相关法律规定。

31.即使企业能证明劳动者"不胜任工作"，但是在之后的调岗调薪争议中还是被认定单方非法变更劳动合同，企业败诉，为什么？企业该如何规避？

答：企业败诉的主要原因是不胜任和变更劳动合同等行为，均没有员工签字认可的书面证明材料，即使员工口头认可了，到了法院，企业也拿不出证据。要想规避，就要完善企业各项人力资源工作的流程，尤其是涉及到劳动合同变更、不胜任及调薪，一定要事先拿出不胜任的理由，并与员工就不胜任进行真诚的沟通，从帮助员工的角度出发，给员工机会以提高，并安排相应的导师进行辅导，让员工诚服，然后把相关谈话记录、协商调岗结果、调薪表一并让员工签字后再执行。

32. 动者对绩效目标不确认，是否意味着该目标无效？如果必须经劳动者确认才生效，那么企业的日常管理将何去何从？

答：在制订绩效目标时，一定是上级主管和员工本人就年度/季度/月度的工作内容及岗位职责来共同沟通，最终再确定的，并且在相应的绩效目标表上进行签字确认。部门绩效目标制订的来源主要有三个方面：公司总的年度目标、部门工作所在的流程目标及部门的职责要求。个人目标来源于部门工作所在的流程目标、部门职责的要求及个人岗位职责的要求。

33. 员工认同绩效考核结果，但是企业在"基于不胜任工作而调岗调薪、解雇辞退"的案件中还是败诉，那么企业该如何抗辩或日常中怎样做，才避免败诉？

答：首先要程序合法，按照《劳动合同法》第三十五条：用人单位与劳动者协商一致，可以变更劳动合同约定的内容。变更劳动合同，应用采用书面形式。变更后的劳动合同文本由用人单位和劳动者各执一份。

《劳动合同法》第四十条：有下列情形之一的，用人单位提前三十日以书面形式通知劳动者本人或者额外支付劳动者一个月工资后，可以解除劳动合同：（二）劳动者不能胜任工作，经过培训或者调整工作岗位，仍不能胜任工作的……

以上两条说明，如果变更劳动合同可以双方协商一致，但需书面形式，如果不能胜任工作，采取培训方式一定要有培训记录，采取调整工作岗位的，一定要有双方签字的书面协议，如果培训后仍不能胜任的，支付一个月工资或提前三十日通知，可以解除劳动合同。

企业在执行过程中一定要注意：双方沟通、书面形式、培训辅导及调整工作岗位，注意调整工作岗位时就伴着调薪，就要有调薪表的双方签字认可文件。

34. 企业根据绩效考核结果扣减员工绩效奖金，很多时候被认定非法克扣工资，企业该如何抗辩或日常中怎样做，才能避免败诉？

答：首先要有明确的薪资制度、绩效管理制度，明确工资是由几部分构成的，绩效考核是如何规定的，这些制度一定要经过工会或职工代表大会参与制订，并进行公司内部公示、宣传、培训，并且培训要有员工签字认可的书面证明。其次在实施绩效考核过程中，要按照公司合法的规定执行，考核结果要有上级领导和员工签字认可的书面考核表，根据考核结果按照公司绩效管理制度核算绩效奖金。切忌工资和奖金不分，混在一起。

35. 企业通常根据经营需要而调整员工的岗位或地点，但是员工可提出被迫解除并索赔经济补偿，企业日常中该如何做，才避免案件败诉？

答：关于工作地点的，一般在劳动合同中最好不要明确写明××市××区××号，尤其是有多个分子公司遍布全国各地的，要写宽泛一些，比如：北京、上海、天津或者写总公司及分子公司所在地。关于工作地点、岗位、薪酬这些敏感话题，应该在劳动合同中明确规定，公司会根据企业经营业务的需要及员工个人的特长、工作能力及身体状况，调整员工的工作地点、岗位、薪酬，以上调整原则上应由企业和员工协商一致。

36. 劳动合同约定的岗位实际上发生变化，但没有办理相关手续，员工到新岗位一段时间后要求恢复到原岗位，往往成立，企业该如何抗辩？

答：这种情况的抗辩没有书面证明，企业一般会败诉。最好还是和员工协商，了解员工的想法，找到他的需求和企业需求重合的部分，处理此事。如果已经上升到法院，那就请证人（新岗位的同事、上级领导及当初与他沟通调整岗位的人）出庭，并拿出他在新岗位上工作过的相关证据，证明他同意去新岗位工作，并已有事实工作发生。

37. 假设女员工固定月薪为3 000元，浮动月薪为2 000元，过去12个月的平均工资为4 800元，怀孕期间究竟该按什么标准支付？公司希望按3 000元，员工希望按5 000元，仲裁结果可能是4 800元，企业该如何控制用人成本？

答：这里指的是产假期间的生育津贴支付。怀孕期间如果正常上班，按正常出勤支付工资，浮动月薪按员工正常工作来处理；如果已经生育，按产假来计算生育津贴。

企业按照其缴费总基数的0.8%缴纳生育保险费。企业缴费总基数为本企业符合条件的职工缴费基数之和。职工缴费基数按照本人上一年月平均工资计算；低于上一年本市职工月平均工资60%的，按照上一年本市职工月平均工资的60%计算；高于上一年本市职工月平均工资3倍以上的，按照上一年本市职工月平均工资的3倍计算；本人上一年月平均工资无法确定的，按照上一年本市职工月平均工资计算。仲裁结果应该是4 800元。

控制用人成本有很多方面：如果在职女员工怀孕，要正确对待女员工的生育权力，做好工作方面的安排，比如把一些工作尽量分到部门内其他员工处，符合上生育保险的人，生育津贴应该由社保基金支付，企业应该如实为员工缴纳生育保险，为企业节省成本；不符合上生育保险的人，产假期间的工资应由企业支付，产假期间应该只支付基本工资，浮动工资应该是绩效工资，没有工作就没有绩效，当然绩效工资也不予以发放，为企业节省成本。

38. 女职工休产假完毕后，有时原岗位已经安排其他同事负责，女职工往往不接受新岗位，为此发生劳动争议，企业该如何做？

答：一是与员工协商解除劳动合同；二是之前应该想到女员工产假休完回来上班的问题，要么部门内部把工作进行分担，要么从其他部门借调，能不招新人的尽量不招新人。如果发生劳动争议，建议尽量采用协商的方式，企业最好真诚接受调解，为员工多考虑一些，员工也不会为难企业。

39. 竞业限制协议应该在什么时候签署比较利于企业？内容条款要注意哪些细节，才能控制法律风险？

答：竞业限制协议最好在员工离职时签署，不是每个岗位都需要签订，要根据岗位在企业的关键性、掌握的关键信息、技术等因素决定是否与员工签署竞业限制协议。

《劳动合同法》第二十三条、二十四条和九十条都有相关的规定。需要注意：竞业限制可以约定违约金；竞业限制期限内用人单位必须按月给予劳动者经济补偿；违约金未有最高额限制，企业根据自身情况可以与员工约定；竞业限制的人员限于高级管理人员、高级技术人员和其他负有保密义务的人员；竞业限制期限不得超过二年。

40. 个别恶意劳动者白天工作效率低下，下班前申请加班，或者正常下班后在公司内逗留，离职后追讨逗留时间内的加班费，企业该如何规避风险？

答：这是管理者的问题，员工的工作安排及业绩考核应该由上级领导负责，人力资源部应该第一时间把员工加班的情况告之该员工的上级领导，以避免恶意加班。另外，加班要有明确的审批流程，逗留时间长并不能确定为加班，一定要有上级领导的签字同意，并上报人力资源部后方可按加班执行国家相关规定。还可以申请不定时/综合工时制来避免企业加班费带来的风险。

41. 未经企业安排，劳动者自行加班，离职后追讨加班费，企业该如何应对才确保胜诉机会更大？

答：定期修订企业考勤管理规定，发现问题及时调整，并进行全员培训，培训要有员工签字确认。加强加班审批流程，一切以书面为准，提前审批生效，否则不予生效。加强管理人员的管理能力，使之能合理安排员工在正常工作时间的工作内容，并对能力欠缺的人进行有效的培训和辅导，关注员工"德"在工作及生活中的表现，倡导宣传公司企业文化，正向激励员工，避免劳动纠纷。

42. 高温津贴是属于工资还是属于福利，企业未按规定支付高温津贴有什么风险？

答：高温津贴应该属于福利。最早的关于高温下作业可参照的法规是1960年7月1日颁布的《防暑降温措施暂行办法》，而此办法中并未强调如果不给高温津贴有什么风险，只说明各地区、各单位可根据本办法的精神制订实施细则，也没有处罚规定。但是各地均根据各地方的温度每年都会制订当年的高温津贴标准，劳动保障部门提醒：高温下工作中暑算工伤，治疗期间有工资。建议企业、工会能够体恤员工，在企业能够负担的情况下，让员工享受此项福利。

43. 绩效目标不合法合理的，往往不能作为衡量劳动者是否"胜任工作"的依据，企业该怎样设定绩效目标，才能作为衡量标准？

答：（1）绩效指标需与员工的工作内容相关；

（2）量化为佳；

（3）考核者与被考核者双方约定并存档；

（4）须有日常工作数据记录。

44. 即使企业能证明劳动者"不胜任工作",但是在之后的调岗调薪争议中还是被认定单方非法变更劳动合同,企业败诉,为什么?企业该如何规避?

答:劳动合同法规定,员工不胜任工作岗位,在经过培训后仍然不胜任的,用人单位可以解除劳动合同。

不过,很多单位都不太愿意用这一条,而是"人性化"地进行调岗。当然,调岗就涉及到了薪资的调整问题,很多时候就出现了问题。因为薪资和岗位是劳动合同法中独立的两个合同条款,并不是强制关联的。

45. 在调岗后调薪工作的实现,可以从哪几方面着手?

答:(1)公司透明公开的薪资体系,并经过职代会表决通过或工代会通报过,如果有集体合同作为佐证则最佳;

(2)双方调岗协议书中明确,调岗后将按照新岗位的薪资体系进行定薪;

(3)企业也需要人性化一点,调薪可以循序渐进、逐步降薪,或者调整后薪资至少不低于同岗位的最低薪酬以及该岗位薪酬范围的底限。

46. 劳动者对绩效目标不确认,是否意味着该目标无效?如果必须经劳动者确认才生效,那么企业的日常管理将何去何从?

答:理论上讲绩效目标需要考核者与被考核者双方共同约定,但确实很多时候存在员工不确认的情形。从人力资源部的角度讲,可以利用两种途径想想办法:

(1)员工入职教育过程中,明确员工所在岗位的职位界定、绩效目标;员工对培训记录签名确认。这个对新入职员工比较有效,但是对于绩效目标容易改变得很多岗位来说,不太合适;

(2)召开部门会议,以会议的形式宣读每个岗位的绩效考核指标,并经员工讨论并提意见。如果没有意见,做好会议签到及会议纪要,并发送给相关人员。当然,这种强制性的确认工作,已经与绩效管理的初衷背道而驰。

47. 企业根据绩效考核结果扣减员工绩效奖金,很多时候被认定非法克扣工资,企业该如何做,才能避免败诉?

答:(1)员工签订的劳动合同中不应包含奖金部分;

(2)完善绩效考核制度,明确绩效考核等级的分布比例及奖金发放原则。

48. 企业通常根据经营需要而调整员工的岗位或地点,但是员工可提出被迫解除并索赔经济补偿，企业该如何做才能避免败诉？

答：工作岗位、工作地点也是属于劳动合同中必备的几个条款之一，原则上发生变化，也属于变更劳动合同的范畴。

目前的企业实施较多的一种方法，就是将岗位和地点写得比较宽泛。如，工作岗位就是"管理人员"；工作地点就是："本市"等形式。然而，如果在合同约定的范畴内进行调整员工工作岗位和工作地点对于员工来讲有一定困难，即使在合同内进行了宽泛的描述，也是属于调整工作岗位和地点的一种，因为这个不合理。

49. 劳动合同约定的岗位实际上发生变化，但没有办理相关手续，员工到新岗位一段时间后，却要求恢复到原岗位往往成立，企业该如何抗辩？

答：这个没办法抗辩。除非调动工作岗位时，有相关的书面证据证明员工本人同意。

50. 竞业限制协议应该在什么时候签署，比较利于企业？内容条款要注意哪些细节，才能控制法律风险？

答：竞业限制协议一般在劳动合同签署时共同签订。签订的竞业限制协议上，需要注意以下几点：

（1）明确解除劳动合同时，公司有权启动或者放弃启动竞业限制；

（2）明确启动竞业限制时，限制的时间段最长不超过××月；

（3）明确启动竞业限制时，企业应支付的经济补偿金及支付形式；

（4）明确启动竞业限制时，企业履行义务的条件下的员工义务，如定期汇报劳动关系情况及工作情况

> 财管力观点——用终将散伙的心态看团队，利润的K点在于理性经济人

第2节 防范体系——时刻准备着

财管力讲法律风险的防范体系，主要包括以下3个指标：

✱ 47 | 指标1　有处理法律事务的机构，或法律顾问

✳ 48 │ 指标2　对合资合作、市场并购、重大技术和装备引进等项目有法务参与

✳ 49 │ 指标3　将案件处理与改进管理有机结合，重视日常证据的收集归档管理

3.6　人才忠诚度

财管力讲人才忠诚度的高端人才流失，主要有以下 1 个指标：

✳ 50 │ 指标1　对处于核心岗位的高端人才离职有预备

在面对人才忠诚度这一个方块，关键是企业的做法，包括：

薪酬；

福利；

激励措施或体系；

培训平台；

工作环境；

绩效评估和职业发展；

层级分别、人员提升；

人员调查反馈；

引进高端人才措施完善；

马斯洛五大需求。

财管力

——300个指标量化提升利润管理

4 数据分析力

数据和数据之间，数据和信息之间，
表内外之间，分析的价值巨大。

数据分析力，是指通过挖掘财务报表的各个数据之间的关系，能够带来的对管理效率和效果，乃至对利润的提升的促进作用。很多企业都在做财务分析，或者认为自己在做财务分析，然而更多的是计算结果。而分析二字，是可以无限延展的，能带来意想不到的受益。财务分析力测评就是对分析的能力进行评估，进而提示企业在资产质量、偿债能力、盈利能力、增长能力、营运能力等关键方面的优劣。

4.1 财务政策

财管力讲财务政策的财务定位，主要有以下3个指标：

✻ 1 │ 指标1　对财务政策重视，关注财务分析的价值

财务分析的价值：

（1）可分解出经营计划；

（2）可用作考核；

（3）可预测和筹划纳税；

（4）可作为改进管理的决策依据。

✻ 2 │ 指标2　管理层对财务工作的管理力度较高，基础数据可信度高

财务分析依赖的基础主要包括：

（1）财务数据。

对财务数据，要求准确，相对客观。主要来源于会计核算。这也是为什么说，想要财务管理职能，比如，预算、分析、成本控制、精益生产等，首先要保证核算工作做稳了。

（2）非财务数据。

对非财务数据，需要广泛收集信息，比如：政治环境、政策导向、经济环境、社会动态等。

（3）与高层保持沟通。

与高层保持相对畅通的沟通，从专项会谈、核心会议、新的营销方案的筹备

会等,获取可用作经营分析的关键信息。

✳ 3 | 指标3　有按月度做经营分析的任务和能力

有规律地做经营分析,可以:

(1) 形成机制,可以更顺畅的获取数据和信息;

(2) 形成循环,可以有始有终,分析的内容和应用可验证;

(3) 形成反馈,可以将分析结果应用于实践,帮助改进利润。

> 财管力观点:不要为了分析而分析——利润的K点在于分析报告应用于辅助决策

4.2　偿债能力

第1节　短期偿债能力——晴天常备引火柴

短期偿债能力,是看企业有没有可能,在短时间内出现资金周转困难而严重影响持续经营能力,甚至有破产的风险。

短期偿债能力主要考量流动性。

财管力讲偿债能力的短期偿债能力,主要有以下5个指标:

✳ 4 | 指标1　营运资本大于1

营运资本越多,说明偿债越有保障,企业的短期偿债能力越强,债权人收回债权的机率就越高。因此,营运资金的多少可以反映偿还短期债务的能力。

$$营运资本 = 流动资产 - 流动负债$$

$$营运资产 = (营运资本 + 所有者权益)/2$$

营运资本和营运资产体现了资产的流动性和负债水平。每个企业应该根据自己的销售政策和以及企业自身赊销的总体水平来调整进行调整营运资产百分比等级。

如此来看，我们可以解答常见的那个问题，企业是否负债经营才是明智的呢？根据营运资产的分析可以知道，资产状况好的，可以考虑一比一负债。没钱才去借钱的经营思路，是很危险的。

✱ 5 │ 指标2　流动比率大于2

流动比率是评价企业偿债能力较为常用的比率。它可以衡量企业短期偿债能力的大小。

对债权人来讲，此项比率越高越好，比率高说明偿还短期债务的能力就强，债权就有保障。对所有者来讲，此项比率不宜过高，比率过高说明企业的资金大量积压在持有的流动资产形态上，影响到企业生产经营过程中的高速运转，影响资金使用效率。

若比率过低，说明偿还短期债务的能力低，影响企业筹资能力，势必影响生产经营活动顺利开展。

当流动比率大于2时，说明企业的偿债能力比较强；当流动比率小于2时，说明企业的偿债能力比较弱；当流动比率等于1时，说明企业的偿债能力比较危险；当流动比率小于1时，说明企业的偿债能力非常困难。

✱ 6 │ 指标3　速动比率大于1

比流动比率更进一步的有关变现能力的比率指标。这就是速动比率。

通常认为正常的速动比率为1，低于1的速动比率被认为企业面临着很大的偿债风险。

影响速动比率可信性的重要因素是应收账款的变现能力。账面上的应收账款不一定都能变成现金，实际坏账可能比计提的准备要多，因此评价速动比率应与应收账款周转率相结合。

速动比率同流动比率一样，反映的是期末状况，不代表企业长期的债务状况。

✱ 7 │ 指标4　现金比率大于0.2

现金比率是速动资产扣除应收账款后的余额。速动资产扣除应收账款后计算出来的金额，最能反映企业直接偿付流动负债的能力。

现金比率一般认为20%以上为好。但这一比率过高，就意味着企业流动负债未能得到合理运用,而现金类资产获利能力低,这类资产金额太高会导致企业机会成本增加。

＊8｜指标5　经计算,保持现金的最佳持有量

(1)成本分析模式(表24)。

表24　现金持有成本

相关成本	机会成本	管理成本	短缺成本
与现金持有量的关系	正比例变动	无明显的比例关系 (固定成本)	反向变动
决策原则	最佳现金持有量是使上述三项成本之和最小的现金持有量。		

(2)存货模式(鲍曼模型)。

将存货经济订货批量模型用于确定目标现金持有量。

假设前提:

①现金的支出过程比较稳定,波动较小,而且每当现金余额降至零时,均通过变现部分证券得以补足(不允许短缺);

②企业预算期内现金需要总量可以预测;

(3)证券的利率或报酬率以及每次固定性交易费用可以获悉。

现金持有量的存货模式是一种简单、直观的确定最佳现金持有量的方法。

缺点:

①该模型假设现金需要量恒定;

②该模型假定现金的流出量稳定不变,假设计划期内未发生其他净现金流入,需要现金靠变现证券满足,未考虑现金安全库存。实际上这很少有。

(4)随机模式。

随机模式是在现金需求量难以预知的情况下进行现金持有量控制的方法。

企业根据历史经验和现实需要,测算出一个现金持有量的控制范围,即制定出现金持有量的上限和下限,将现金量控制在上下限之内。

现金返回线(R)的计算公式:

$$R = \sqrt[3]{\frac{3b\delta^2}{4i}} + L$$

公式中:b——每次有价证券的固定转换成本;

i——有价证券的日利息率；

δ——预期每日现金余额变化的标准差；

L——现金存量的下限。

①现金存量的上限（H）的计算公式：

$$H=3R-2L$$

②下限的确定：受到企业每日的最低现金需要量、管理人员的风险承受倾向等因素的影响。

随机模式建立在企业的未来现金需求总量和收支不可预测的前提下，因此计算出来的现金持有量比较保守。

财管力观点：开门就躲不开的债——获取利润的 K 点是增量分析

第2节　长期偿债能力——留得青山在，不怕没柴烧

财管力讲偿债能力的长期偿债能力，主要包括以下 3 个指标：

※ 9 | 指标1　资产负债率大于0.4，小于0.6

资产负债率反映企业偿还债务的综合能力，如果这个比率越高，说明企业偿还债务的能力越差；反之，偿还债务的能力较强。

一般认为，资产负债率的适宜水平是 0.4 ~ 0.6。对于经营风险比较高的企业，为减少财务风险，选择比较低的资产负债率；对于经营风险低的企业，为增加股东收益应选择比较高的资产负债率。

※ 10 | 指标2　产权比率小于1.5

产权比率不仅反映了由债务人提供的资本与所有者提供的资本的相对关系，而且反映了企业自有资金偿还全部债务的能力，因此它又是衡量企业负债经营是否安全的重要指标。

一般来说，这一比率越低，表明企业长期偿债能力越强，债权人权益保障程度越高，承担风险越小，一般认为这一比率在1，即在1以下，应该是有偿债能力的，但还应该结合企业具体情况加以分析。当企业的资产收益率大于负债成本率时，

负债经营有利于提高资金收益率,获得额外的利润,这时的产权比率可以适当高些,产权比率高,是高风险、高报酬的财务结构;产权比率低,是低风险、低报酬的财务结构。

✱ 11 │ 指标3　已获利息倍数大于1

已获利息倍数,指上市公司息税前利润相对于所需支付债务利息的倍数,可用来分析公司在一定盈利水平下支付债务利息的能力。

已获利息倍数 = 息税前利润总额 / 利息支出

息税前利润总额为 = 企业的净利润 + 企业支付的利息费用 + 企业支付的所得税

一般情况下,已获利息倍数越高,企业长期偿债能力越强。国际上通常认为,该指标为3时较为适当,从长期来看至少应大于1。

第3节　表外因素——寻找能伸过来的援助之手

财管力讲偿债能力的表外因素,主要包括以下5个指标:

✱ 12 │ 指标1　没有或有负债

或有负债是指有可能发生的债务。

这种负债,按照我国《企业会计准则》是不作为负债登记入账,也不在财务报表中反映的。只有已办贴现的商业承兑汇票,作为附注列示在资产负债表的下端。这些或有负债一经确认,将会增加公司的偿债负担。

(1)已贴现应收票据。

票据贴现是指企业通过转让票据从银行或金融公司获取借款的一种方式。就商业承兑汇票来说,承兑人为购货企业。当贴现票据到期时,如果付款人不能按时如数付款,贴现企业作为票据的背书人就负有连带清偿责任,将票据的到期价值支付给贴现银行。如果付款人能够按时如数付款,贴现企业将无须履行该连带责任。应收票据向银行贴现后,目前并无证据说明付款企业不会按期付款,将来结果如何尚难预料。这样,贴现企业就产生了一项或有负债。

(2)未决诉讼。

企业正在涉讼而尚未判决的事项，可能会使企业败诉，并承担赔偿责任。企业所涉诉讼有时因案情复杂，相关法律又无明确规定，会经历较长时间，且结果尚难预料；或虽然败诉的可能性较大，但赔偿金额很难确定。这些都是典型的或有负债。未决诉讼引起的损失及负债金额往往对企业威胁很大，甚至关系企业存亡，应特别引起关注。

（3）提供债务担保。

提供债务担保是指应其他企业的请求，对其债务进行担保，其实质是一种信用担保。担保企业最终是否应履行连带责任，签订担保协议时不能确定，由此构成担保企业的一种或有负债。该负债是否发生，取决于被担保者能否按期清偿其债务：如果被担保者到期不能清偿其债务，担保企业就要代被担保人清偿债务。此时或有负债就成了真实负债。反之，担保企业的或有负债将不会转化成实际负债。

（4）产品质量确保。

产品质量确保是指企业对已售出商品或已提供劳务的质量提供的确保。为了提高商品或劳务的售后服务质量，免除客户的后顾之忧，商家企业往往承诺在规定期限内，对已售商品或劳务实行包修、包换、包退。但商品或劳务售出时，在规定期限内它们是否需要返修或退换，返修或退换率有多大，需要开支的费用是多少等，很难确定，故为或有负债。

（5）应收账款抵借。

这是指企业以应收账款作为抵押，向有关金融机构借入现款。通常，贷款的金融机构对设定的应收账款拥有追索权。当抵借期限过后，如果无法从债务人收回账款，金融机构就有权向借款企业索回贷款，借款企业就应如数偿付。同贴现的商业承兑汇票一样，对抵借的应收账款，企业负有连带偿还责任，从而产生或有负债。

（6）追加税款。

税务机关在审核企业申报的各项税款后，根据对企业掌握的情况，认为有些项目可能要追加课征，但情况复杂，尚未查实定案，这就形成了企业的一项或有负债。因为一旦税务机关决定追加课征，企业就要承担纳税的经济责任。

✱ 13│指标2　没有签订长期应付合同，如融资租赁，或尚未获得投资收益的长期股权投资等

除了《企业会计准则》列为或有负债的若干项，如上文所示，还有一些其他的情况，也应并入此种情况，在分析企业的偿债能力时，作为表外因素考虑。例如：

（1）已签订尚未执行的长期应付合同，或正在谈判的长期应付合同。一旦签订并执行，在资产负债表上，列为长期应付款。可是尚未执行，或尚未签订但即将签订的长期应付合同，比如大型设备的分期购买、不动产购买、建筑物建造等，已经形成了潜在因素，会造成企业在未来需要偿付更多的债务。

（2）融资租赁，也是此种情况。同（1）。

（3）尚未获得投资收益的长期股权投资，比如，新设立的子公司、新增的金融资产等，都将给企业的偿债能力带来不确定性。

* 14｜指标3　有可动用的银行贷款授信额度

银行贷款的授信额度，指商业银行为客户核定的短期授信业务的存量管理指标，一般可分为单笔贷款授信额度、借款企业额度和集团借款企业额度。

要获取这个额度，需要养兵千日：

（1）自有资产，指资产净值；

（2）已有借贷的偿债信誉度；

（3）盈利稳定性，或能够带来盈利的大额、可持续订单；

（4）纳税金额；

（5）信用额度；

（6）有资源的财务总监或副总。

* 15｜指标4　不存在未决诉讼，或有可能陷入诉讼的情况

除了上文指标12提及的很可能败诉的未决诉讼，还要留意有可能陷入诉讼的情况。例如，申请了一批无形资产，其中是否存在借鉴、相似其他无形资产等情况？例如：招聘了同行的高级管理人员，是否需要代偿违约金等等。

* 16｜指标5　有获取财务投资，或者其他融资的预备方案

这一项内容，是指在需要短期内扩大规模的时候，马上可以有可靠的资金来源。现时很流行的财务投资人，天使投资人等。

目前形成了双向缺口，项目找投资人，投资人找项目。

所以，企业即使不存在偿债压力，也可以在经营分析时，按照寻找投资人的框架，编写商业计划书。可以随时准备接受验证。

案例：用财管力的偿债能力测评某上市公司，如图19～22所示。

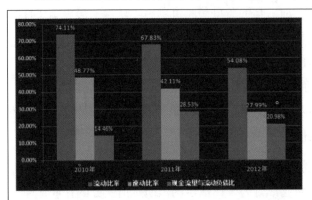

注：数字分别对应财管力体系的维度、第2级指标和第3级指标。

4-2-1　流动比率远远低于默认均值2，速动比率低于默认值1。但要考虑行业状况和经营周期。速比率也表达了变现能力的薄弱。

图19　偿责能力测评示例4-2-1

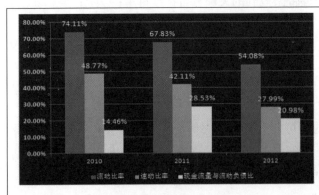

4-3-1　食品加工行业速动比率均值75.4%，较低值62.8%，较差值47.2%。现金流动负债比率平均值8.8%，良好值13.9%。

图20　偿债能力测评（某上市公司）短期偿债能力指标

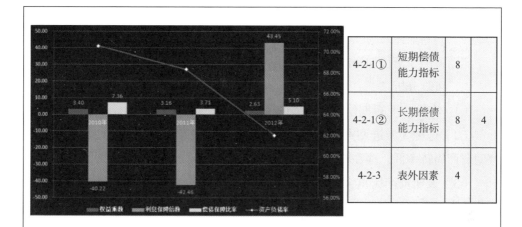

4-2-1①	短期偿债能力指标	8	
4-2-1②	长期偿债能力指标	8	4
4-2-3	表外因素	4	

4-3-2 权益乘数持续高于2，说明实际上资不抵债，这上时期该公司的偿债风险很高。

图21 偿债能力测评（某上市公司）长期偿债能力指标

长期经营租赁	经营租赁形成的负债未反映在资产负债表中，当企业的经营租赁额比较大、期限比较长或具有经常性时，就形成了一种长期性融资，这种长期融资，到期时必须支付现金，会对企业偿债能力产生影响。因此，如果企业经常发生经营自租赁业务，应考虑租赁费用对偿债能力的影响。	4-2-1	短期偿债能力指标	8	4
债务担保	担保项目的时间长短不一，有的涉及企业的长期负债，有的涉及企业的流动负债。在分析企业长期偿债能力时，应根据有关资料判断担保责任带来的潜在长期负债问题。	4-2-1	长期偿债能力指标	8	4
未决诉讼	未决诉讼一旦判决败诉，便会影响企业的偿债能力，因此在评价企业长期偿债能力时要考虑其潜在影响。	4-2-3	表外因素	4	

总分20分，得分12分

4-3-3 表外因素一般与财务报告附注相结合分析。

图22 偿债能力测评（某上市公司）表外因素

【案例：流动资产少于长期资产】

一、问题描述

流动资产少于长期资产。

二、风险分析

（1）存在企业短期偿债能力差的风险。

（2）这种为激进型资产结构，增大了企业的盈利能力，但同时增加了企业流动资产周转率低，存在资金流动困难的风险。

（3）长期资产比重大，资产结构不容易被调整，资产的弹性小，存在企业运营能力下降的风险。

三、整改措施

（1）设立识别流动资产风险的预警指标体系。

（2）控制存货投资，提高存货管理水平，运用"经济订货批量模型"确定最优存货规模使存货的持有和进货总成本保持在最低水平，确定存货资金定额，在市场波动较大的情况下按照"以销定产"来确定产成品资金分配。

（3）加强现金管理，充分利用供货方提供的信用优惠，在不影响企业信誉的前提下推迟付款。

4.3 盈利能力

第1节 盈利水平——糟糕的是，每个人心里一杆秤

以权责发生制为基础的盈利能力评价指标。

盈利能力评价主要是通过对企业一系列获利水平指标的分析、比较来进行的。反映企业获利水平的财务指标主要有以下几个。

1. 总资产报酬率

是一定时期企业利润总额与平均资产总额之间的比率。其计算公式为：

$$总资产报酬率 = \frac{息税前利润}{平均资产总额} \times 100\%$$

式中，平均资产总额=（期初资产总额+期末资产总额）/2，期初和期末资产总额均取于资产负债表；息税前利润额取于利润表。在市场经济中各行业间竞争比较激烈的情况下，企业的资产利润率越高说明总资产利用效果越好；反之越差。

2. 资产净利率

资产净利率是一定时期企业净利润与平均资产总额之间的比率。其计算公式为：

$$资产净利率 = \frac{净利润}{平均产总额} \times 100\%$$

式中，平均资产总额=（期初资产总额+期末资产总额）/2，期初和期末资产总额均取于资产负债表；净利润取于利润表中的净利润项目。资产净利率反映企业一定时期的平均资产总额创造净利润的能力，表明企业资产利用的综合效率。该比率越高，表明资产的利用效率越高，说明企业利用经济资源的能力越强。

3. 净资产收益率

净资产收益率也叫权益报酬率，是企业一定时期净利润与平均净资产的比率。其计算公式为：

$$净资产收益率 = \frac{净利润}{平均净资产} \times 100\%$$

式中，平均净资产=（期初净资产+期末净资产）/2，期初和期末净资产均取于资产负债表中的所有者权益合计项目。净资产收益率反映企业所有者权益的投资报酬率，这是一个综合性很强的评价指标。

4. 销售获利率

销售获利率的实质是反映企业实现的商品价值中获利的多少。从不同角度反映销售盈利水平的财务指标有四个。

（1）销售毛利率。

销售毛利率是毛利额与销售收入的比率。其计算公式为：

$$销售毛利率 = \frac{销售毛利}{销售收入} \times 100\%$$

销售毛利是销售收入扣除制造成本后的余额，是企业用以补偿期间费用的重要资金来源，也是企业获取利润的重要来源，在相当程度上对企业的经营绩效起着决定性作用，一个企业能否实现利润，首先要看其营业毛利的实际情况。因此，销售毛利率反映的是企业实现商品价值的获利水平。销售毛利率越大，说明销售收入中销售制造成本所占比重越小，毛利额越大，实现价值的盈利水平越高。

（2）销售利税率。

销售利税率是企业利税总额与净销售收入的比率。其计算公式为：

$$销售利税率 = \frac{利税总额}{销售净收入} \times 100\%$$

式中，利税总额包括流转税、所得税及税后利润，销售税金和利润总额均取于利润表中所列产品销售税金及附加和利润总额项目。利税总额是企业纯收入总额，是企业资产营运带来的净增值额。销售利税率反映企业纯收入与销售收入的比例。因此，该指标可以从全社会角度来评价企业资产使用的效益性。销售利税率越大，说明纯收入水平越高，企业资产使用的社会效益越好。

（3）销售净利率。

又称主营业务利润率，是指企业净利润与净销售收入的比率。其计算公式如下：

$$销售净利率 = \frac{净利润}{净销售收入} \times 100\%$$

式中，净利润是指企业的税后利润。销售净利率反映企业实现的净利润水平。销售净利率越高，说明企业获取净利能力越强。

（4）成本费用利润率。

成本费用利润率是指企业利润总额与成本费用总额的比率。其计算公式为：

$$成本费用利润率 = \frac{成本费用总额}{营业} \times 100\%$$

式中，成本费用总额=产品制造成本总额+期间费用总额。成本费用是企业生产经营发生的全部耗费。成本费用利润率是反映企业耗费获利水平的重要财务指标，成本费用利润率越高说明企业生产经营耗费获利水平越高，资产使用效益越好，企业获利能力越强。

【以收付实现制为基础的盈利能力评价】

衡量获利能力强弱的现金流量财务比率主要有以下几个。

1. 销售收现比率或利润变现比率

销售收现比率是指企业一定时期销货收现金额与销售收入的比率。

其计算公式为：

$$销售收现比率 = \frac{销售收到的现金}{销售收入} \times 100\%$$

式中，销货收现金额来自现金流量表，销售收入为本期实现的产品销售净额，来自利润表。这一指标旨在衡量销货收入在当年收现的程度，用以评价销货工作质量，这一比率越高，说明企业积压在应收账款上的资金越少，企业的经营成本越低。

利润变现比率是指企业一定时期经营活动净现金流量与营业利润的比率。其计算公式为：

$$利润变现比率 = \frac{经营活动净现金流量}{净利润} \times 100\%$$

式中，营业利润来自利润表。该指标显示了经营活动净现金流量与营业利润的差异程度，它可以有效地防范企业人为操作账面利润。

2. 资本金现金流量比率

是指企业一定时期经营活动净现金流量与资本金总额的比率。其计算公式为：

$$资本金现金流量比率 = \frac{经营活动净现金现金流量}{资本金总额} \times 100\%$$

式中，资本金总额=（期初实收资本+期末实收资本）/2。这一指标是衡量企业运用所有者投入资本进行经营、创造现金的能力，反映企业对所有者的回报能力，这一比率越高，说明所有者投入资本的回报能力越强。

3. 总资产现金报酬率

总资产现金报酬率是指企业一定时期经营净现金流量与总资产的比率。其计算公式为：

$$总资产现金报酬率 = \frac{经营活动净现金现金流量资本金总额}{总资产} \times 100\%$$

式中，总资产=（期初资产总额+期末资产总额）/2。这一指标旨在衡量企业运用全部经济资源进行经营、创造现金的能力，它是一个综合指标，反映企业资产利用的综合效果。这一比率越高，表明企业资产的利用效率越高。

盈利水平的问题在于，只在乎自己的利润率，而不看周围、看行业、看同行、股东赚到钱没有。

财管力讲盈利能力的盈利水平，主要包括以下3个指标：

※ 17 | 指标1　销售毛利率不低于，也不不合理地高于行业平均水平

$$销售毛利率 = \frac{主营业务收入 - 主营业务成本}{主营业务收入} \times 100\%$$

销售毛利是净销售收入扣除制造成本后的余额，是企业用以补偿期间费用的重要资金来源，也是企业获取利润的重要来源，在相当程度上对企业的经营绩效起着决定性作用，一个企业能否实现利润，首先要看其营业毛利的实际情况。因此，销售毛利率反映的是企业实现商品价值的获利水平。销售毛利率越大，说明净销售收入中销售制造成本所占比重越小，毛利额越大，实现价值的盈利水平越高。

※ 18 | 指标2　销售净利率不低于，也不不合理地高于行业平均水平

又称主营业务利润率，是指企业净利润与净销售收入的比率。其计算公式如下：

$$销售净利率 = \frac{净利润}{销营收入} \times 100\%$$

式中，净利润是指企业的税后利润。销售净利率反映企业实现的净利润水平。销售净利率越高，说明企业获取净利能力越强。

销售净利率在某种程度上，只与企业的纳税有关。跟真正的盈利无关。

※ 19　指标3　会通过考量净资产收益率，加以改善企业经营

在考虑使用财务数据之前，我们先来看一下企业存在的终极目标是什么。老板说，我投入多少钱，然后能赚回更多的钱，就是经营企业的目标。那么，我们得把账算清楚，算不清楚，连赚没赚也不知道，这就是会计核算力；赚回的钱，也不一定值钱，比如说，一年内回本的项目和三年回本的项目，即使回来的钱一样多，价值也不同，需要做些分析，是数据分析力；有投入就会有损

失的可能,这种可能性,就是风险,加上人们聚集在一起,有人存在的地方就必然有风险,这就需要风险控制力;只要企业生存,免不了要交税,就想着少点少点再少点,那不是赚,还是风险,但是有了筹划,让交税也变成投资,会让回本的速度变快,这就是税务得体力;涉及到钱和人,必然要有若干的制度、条款,执行得怎么样,关系到赚钱,这就是自查自校力;说这么多,里面也的确包含了很多高深的学问和算法,但是归根到底,还是要扎实地做好基础工作,这就是基础工作力。

所以,企业存在的目标,是净利润,财务管理的目标是企业价值。企业价值=净利润/风险。这就是一个最简明扼要的逻辑关系,不难看出,财务管理最能帮助企业实现目标。

我们再把上述的企业目标——投钱然后赚回更多的钱——用一个财务管理公式来表示。

权益净利率 = 净利润 / 股东权益
　　　　 =(净利润 / 总资产)×(总资产 / 股东权益)
　　　　 = 资产净利率 × 权益乘数
　　　　 =(净利润 / 销售收入)×(销售收入 / 总资产)×
　　　　 　(总资产 / 股东权益)
　　　　 = 销售净利率 × 资产周转率 × 权益乘数

可以看到,我们想要的投钱赚钱这个效果,用财务管理一个公式,分解成三个方面:利润(销售净利率)、管理(资产周转率)和风险(权益乘数)。放下公式想想,我们经营企业,无非也就是围绕这三个内容。

所以说,在日新月异的经济环境中,财务管理是必备工具。并不是由于经济变差了,所以企业"不好做"了,而是经济旧了,必须创新,必须改变,必须突破,才能得到真正的"做下去",才能谋得前途无量。那些不思变、不吸收、不挣扎的,才会"不好做",才会前途无望。

财管力观点:利润率家族的地位之争——获取利润的 K 点是先把成本算准

第2节 盈利质量——没有质量的盈利不是盈利

盈利质量即收益质量。收益质量是指会计收益所表达的与企业经济价值有关信息的可靠程度。收益既可以指企业会计报表中披露的收益数据，也可以指企业实际获得的收入和利得。高质量的收益是指报表收益对企业过去、现在的经济成果和未来经济前景的描述是可靠和可信任的。反之，如果报表收益对企业过去、现在经济成果和未来经济前景的描述具有误导性，那么该收益就被认为是低质量的。

收益既可以指企业会计报表中披露的收益数据，也可以指企业实际获得的收入和利得。

换句话说，收益可以从两个角度来理解：一方面，从信息角度看，收益主要是指会计报表上揭示的收益信息，是由企业提供并用来满足使用者需要的。因此，可以将其看作是一种信息产品，并且这种产品会随着需要的变化而变化。既然收益信息这种产品是用来满足一定需要的，那么它就存在质量问题，收益信息必须具备一定的质量特征。信息的质量特征是有用性，为了满足有用性，信息必须具备两个主要特性：相关性和可靠性，其次还有可比性。另一方面，从经济角度看，收益是指会计期间内经济利益的增加，反映了企业的盈利能力，而报表使用者利用收益信息的主要目的也是评价企业的收益状况，预测企业获得收益的前景。既然收益是指经济利益的增加，那么就有收益多少之分，相应地企业的盈利能力也有强弱之别，因此也存在质量问题。所以，收益质量也应该包含收益在经济层面上的含义，此时收益质量是反映企业收益水平和收益能力的尺度。

1. 企业的资产状况

企业资产状况的好坏与盈利质量的优劣是互为影响的。一方面，企业资产状况的好坏会直接影响到企业盈利质量的优劣，另一方面，低质量的收益也会降低因净盈利而增加的资产的质量。资产的本质是"预期会给企业带来未来的经济利益"，如果一项资产不具备这项特征，那么它便是一项劣质资产，最终会转作费用或损失，导致企业盈利减少，从而降低盈利的质量。比如，大量无法收回的应收账款最终会降低企业的未来盈利，而这些应收账款的产生可能正是以前收入虚增的结果；再比如，资产负债表中大金额的待摊及递延、准备项目，均会降低未来的盈利，同时这些项目的产生也可能正是当期盈利高估的结果。

2. 收入的质量

收入是一个公司经营现金流入与产生营业利润的主要来源，因此，收入质量的好坏将直接影响到盈利质量的好坏。如果当期收入与现金流入同步，说明盈利质量较高；如果当期的收入是建立在应收账款大量增长的基础之上，则其质量不得不令人怀疑。在进行收入分析时，可将关联收入及非常收入（如"非典"时期药品企业非正常增加的收入）剔除，防止人为调节与偶然因素的影响。

3. 主营业务的鲜明性

企业的利润一般由营业利润、投资净盈利及营业外损益构成，其中营业利润是企业在一定期间内获得利润的最主要、最稳定的来源，同时也是企业自我"造血"功能的保障。营业利润主要由企业的主营业务产生。由于企业的主营业务具有重复性、经常性的特点，因此由主营业务产生的营业利润具有相对的稳定性、持续性。而投资盈利与营业外损益具有偶发性、一次性的特点，他们对企业未来的盈利贡献具有极大的不稳定性。因此，营业利润所占利润总额的比重预示着企业盈利能力的高低与稳定程度，如果营业利润占利润总额的比重越大，说明企业的盈利能力越具有持续稳定性。而营业利润与企业的主营业务密切相关，主营业务越突出，营业利润对利润总额的贡献就越大。因此，主营业务突出的公司，其盈利质量应较高。

4. 营业杠杆与财务杠杆

营业杠杆是指由于固定成本的存在，导致利润变动率大于销售变动率的一种经济现象，它反映了企业经营风险的大小。营业杠杆系数越大，经营活动引起盈利的变化也越大；盈利波动的幅度大，说明盈利的质量低。而且经营风险大的公司在经营困难的时候，倾向于将支出资本化，而非费用化，这也会降低盈利的质量。财务杠杆则是由于负债融资引起的。较高的财务杠杆意味着企业利用债务融资的可能性降低，这可能使企业无法维持原有的增长率，从而损害了盈利的稳定性；同时较高的财务杠杆也意味着融资成本增加，盈利质量下降。故较高的财务杠杆同样会降低盈利质量。

5. 会计政策的选择

"会计政策,指企业在会计核算时所遵循的具体原则及企业所采纳的具体会计处理方法"。由于盈利是会计人员利用一系列的会计政策计算出来的,而同一类型的经济业务在进行会计处理时具有一定的选择空间,因此利用不同的会计政策计算出来的盈利就会产生差异。例如对存货可以采用先进先出法、加权平均法和移动加权平均法进行核算,在物价发生变动的时候,三种方法计算出来的盈利就不相同,有时甚至可能出现性质上的差别,因此会计政策的选择对盈利的质量会产生影响。一般认为,稳健的会计政策有助于提高盈利质量,消除潜亏。

6.《企业会计准则》的影响

《企业会计准则》对会计盈利的确定起指导作用,它对盈利的影响是直接且显而易见的。例如,我国对债务重组准则进行修订以后,将债务重组盈利计入资本公积,防止上市公司利用债务重组来蓄意操纵盈余,从而提高了我国上市公司的盈利质量;再例如,我国会计制度规定"八项资产减值准备"的计提制度,挤压了资产的水分,提高了股份公司的盈利质量。因此会计准则的完善有助于从根本上提高会计盈利的质量。

7. 公司治理结构

公司治理结构的基本含义是指一整套控制和管理公司的制度安排,它是关于公司内部各种权利的一种约束和制衡机制。公司治理结构对盈利质量的影响主要表现在:治理结构的不完善可能使经营者为了自己的利益虚构经营业务或者滥用会计政策,对盈利进行操纵;而好的治理结构能够有效地约束经营者,使其与股东的目标一致,从而抑制经营者降低盈利质量的行为。因此,完善的公司治理结构有助于企业会计盈利质量的提高。

一个良好的公司盈利应该包含预测价值、收现性、持续稳定性、变动性四个特征。

预测价值是指一项信息能帮助决策者预测过去、现在及未来事项的可能结果。决策者可根据预测的可能结果,做出最佳决策。预测价值是会计信息的一个首要的质量纬度,盈利的其他特征如持续稳定性会影响到企业盈利价值的实现。

① 存货效率指标。此指标代表销售收入的变动相对于存货的变动情形。该

指标数值越大，说明企业的盈利质量越好。若指标值小于0，表示企业存货累积的速度超过销货成长的速度，代表存货管理不当，盈利质量下降。

②应收账款效率指标。此指标代表销售收入的变动相对于应收账款的变动情形。该指标数值越大，说明企业的盈利质量越好。若指标值小于0，表示企业应收账款催收不良，或是产品销路不佳，采用赊销的方式提高业绩，则会降低盈利质量。

③销售毛利效率指标。此指标代表销售收入的变动相对于销售毛利的变动情形。该指标数值越大，说明企业的盈利质量越好。若指标值小于0，表示企业的获利能力跟不上销售收入的成长，可能是销售成本控制不当的结果，盈利质量不佳。

④销售和管理费用效率指标。此指标代表销售收入的变动相对于销售和管理费用的变动情形。该指标数值越大，说明企业的盈利质量越好。若指标值小于0，表示企业的销售和管理费用不断膨胀，盈利质量不佳。

财管力讲盈利能力的盈利质量，主要包括以下3个指标：

※ 20 ｜ 指标1　销售收现占销售收入总额比不低于50%

盈利的收现性是指盈利转化为现金的能力，即盈利的现金保障程度。该指标真实反映了企业盈利中的含金量，避免了以权责发生制为计量基础给企业带来的名盈实亏的现象。

1. 净利润现金含量（盈利现金比）

净利润现金含量是企业一定时期经营现金流量净额同净利润的比值。该指标反映公司在经营中，每一元净利润中实际收到多少现金。一般情况下，比率越高，表明当期实现的净利润越有现金保障，盈利质量越好。只有经营现金流量净额超过净利润，才有较好的盈利质量。

2. 主营业务现金含量

该指标反映企业主营业务变现能力的高低程度。若该指标小于1，说明公司本期销售商品或提供劳务的现金低于主营业务收入，利润表反映利润额有一部分是账面利润，没有现金保障。其小于1的程度越大，公司利润的现金保障越低，盈利质量越低。若该指标大于等于1，说明该公司利润的现金保障较好，盈利质量较高。

3. 净资产获现率

该指标表示公司净资产产生现金的能力，意味着公司在经营中，每一元净资产所能获得的经营现金流量。比率越高，表明投资者的权益现金保障程度越高，盈利质量越好。

4. 全部资产现金回收比率

该指标说明公司资产产生现金的能力，它表示每一元资产所能获得的经营现金流量，比率越高，公司资产的利用效率越好，资产产生现金的能力越强，盈利质量越好。

✱ 21 │ 指标2　营业外收入占销售收入总额比不高于25%

盈利的持续稳定性是影响会计盈利质量的一个重要因素。稳定而持久的收益意味着盈利质量较高。由于会计盈利是当期各种损益项目的一个综合，不同的损益项目具有不同的持续稳定性。通常，在利润表中，持续稳定性很强的项目包括主营业务收入、主营业务成本、主营业务税金及附加和主营业务利润等；持续性较强的项目包括期间费用和营业利润；持续性中等的项目包括其他业务利润、利润总额、所得税和净利润；持续性较弱的为投资收益；持续稳定性很弱的包括补贴项目、主营业务外收入和主营成本外的其他支出等。

1. 主营业务比重

主营业务利润是指主营业务收入扣除主营业务成本、主营业务税金及附加后的余额。由于营业利润、净利润涉及到费用的影响，其中可能包含盈余管理和利润操纵的水份，而主营业务利润不受费用因素的影响，而且它是企业的核心利润，持续稳定性强，因此通过分析主营业务利润占利润总额的比重能够体现盈利的持续稳定性。一般来说，该指标越大，公司的盈利的持续稳定性越强。

2. 营业利润比率

营业利润是企业主营业务利润加上其他业务利润，减去期间费用后的余额。它是企业利润的最主要来源。比起利润总额、净利润来，它更少受到盈余管理的影响。通常，营业利润率越高，营业利润在利润总额中所占比重越大，企业的盈利质量就越高。

3. 扣除非经常性损益后的净利润比率

非经常性损益是指企业发生的与生产经营无直接联系，以及虽与生产经营相关，但由于其性质、金额或发生频率，影响了真实、公允地评价企业当期经营成果和获利能力的各项收入、支出。它具有一次性、偶发性等特点。非经常性损益占利润总额的比例越低，即扣除非经常性损益后的净利润占利润总额的比例越高，企业的盈利质量就越高。

✱ 22 │ 指标3　收入的可持续性较强

盈利变动性是指对一个阶段公司收益变动趋势及其风险所做的计量。盈利缺乏变动性也是上市公司盈利质量高的一个特征。盈利的变动性往往用方差或变差系数来反映。由于变差系数能消除由于不同上市公司在行为、经营性质上的差异，在此用净利润与净资产收益率的变动系数来分析上市公司的盈利质量。

1. 净利润变差系数

该指标表明净利润三年的波动情况，其数值越小，说明盈利在各年度之间变化较小，盈利质量较好；其数值越大，说明盈利在各年度之间变化较大，盈利质量较差。

2. 净资产收益率变差系数

净资产收益率反映所有者全部投资的获利能力，也是综合性最强的财务比率。该指标同净利润变差系数一样，其数值越小，说明净资产收益率在各年度之间变化较小，则盈利质量越高。

> **财管力观点：学会目光短浅——利润的K点在于让收入流动起来**

第3节　费用管理——不是不让花钱，是要花得有规矩

日常管理费用：主要包括差旅费、电话费、交通费、办公费、低值易耗品购置费、业务招待费、培训费等。在一个预算期间内，各项费用的累计支出原则上不得超出预算。

日常管理费用报销的一般流程：

报销人整理报销单据并填写对应费用报销单→须办理申请或出入库手续的应

附批准后的申请单或出入库单→部门经理审核签字→财务部门复核→总经理审批→到出纳处报销。

报销单据的填写及原始凭证的黏贴需符合会计工作基本规范的要求：

报销单据填写应根据费用性质填写对应单据；

严格按单据要求项目认真写，注明附件张数，简述费用内容或事由，力求整洁美观，不得随意涂改；

报销单封面与封面后的托纸必须大小一致，各票据不得突出于封面和托纸之外（票据过大时应按封面大小折叠好）；

各票据应均匀贴在报销单封面后的托纸上，整份报销单各部分厚度应尽量保持一致；

若报销票据面积大小相同或相似（如车票等），需有层次序列张贴；

报销单据金额、类型相同的（如车票等），应尽量张贴在一块，并按金额大小排列；

报销票据在粘贴时，确保审核人能够完全清楚地审阅到报销金额；

报销单据一律用黑色钢笔或签字笔填写；

报销单各项目应填写完整，大小写金额一致，并经部门领导有效批准；

有实物的报销单据需列出实物明细表并由验收人验收后在发票背面签名确认，低值易耗品等需入库的实物单据还应附入库单；

出租车票据需注明业务发生时间、起至地点、人物事件等资料，每张出租车票背面需有主管领导签字确认；

招待费的报销单据需注明其招待人员及人数并附用餐费作为餐费发票的附件。

财管力讲盈利能力的费用管理，主要包括以下3个指标。

✱ 23 │ 指标1　有经营预算，最好是在全面预算的基础上

经营预算：业务预算、营业预算，经营预算是整个全面预算内容体系的编制起点，包括销售预算、生产预算、直接材料消耗预算、采购预算、直接人工预算、制造费用预算、产品成本预算、期间费用预算等。

本章节讲的期间费用预算也要建立在利润预算的基础上。

期间费用预算：企业预算期内为组织和管理生产经营活动而发生的销售费用、

管理费用及财务费用等方面支出的总体安排。

期间费用与生产成本（又称产品成本或制造成本）的区别：

1. 与产品生产的关系不同。期间费用是为了给产品生产提供正常条件和进行综合管理的需要，它与产品生产本身并不直接相关；生产成本则是与产品生产直接相关的成本，需要直接计入或分配计入有关的产品成本中去。

2. 与会计期间的关系不同。期间费用只与费用发生的当期有关，不影响或不分摊到其他会计期间；生产成本的当期完工部分转为当期产品成本，未完工部分则结转下期成本。

3. 与会计报表的关系不同。期间费用直接列入当期利润表，抵减当期损益；已售产品的生产成本作为产品销售成本列入利润表，而未售产品成本和未完工产品成本都作为存货列入资产负债表。

4. 配比原则不同。期间费用高低于期间长短成正比例变动，与经营期间相配比，在发生的当期作为当期费用转为当期损益；而生产成本则与一定的产品产量成正比例变动，与销售收入相配比，只有当产品销售出去之后，其实现的销售成本才能从当期销售收入中抵减。

期间费用预算的编制人员：除了生产部门意外，企业其他职能部门都是编制期间费用预算的主体。其中，销售部门负责编制销售预算，财务部门负责编制财务预算，除销售部门和生产部门以外其他部门都要编制本部门的管理费用预算。

关注点：

1. 销售过程中也存在为了维持销售能力，保证销售活动正常进行的各项管理费用支出，应列入销售费用还是管理费用？

设有独立销售机构（如门市部、经理部）的工业企业，其独立销售机构所发生的一切费用均列入销售费用。未设立独立销售机构且销售费用很小的工业企业，按规定可将销售费用并入管理费。

2. 财务部门的管理费用开支均列入管理费用。

【销售费用预算的编制】

销售费用也称作营业费用，是指企业在销售产品或提供劳务过程中发生的各项费用以及专设销售机构的各项经费。销售费用作为期间费用全部计入当期损益。

销售费用预算是为了实现销售收入预算所需支付的费用预算；一般情况下，销售收入与销售费用是成正比的，企业要使产品销售量或销售收入有较大幅度增长，就必须加大销售力度，增加销售费用的投入。如果盲目压缩销售费用，就会影响销售业务的开展。因此，在编制销售费用预算时，必须与销售量及销售额预算相互协调和配合。

销售费用预算的编制方法：

（1）销售百分比法：用基期销售费用与基期销售收入的百分比，结合预算期的销售收入预算来编制销售费用预算。

关注点：

销售费用中包含的固定费用一般不会随销售收入的变动而变动，因此，销售百分比法只适用于核定变动销售费用。企业编制销售费用预算时，首先应将销售费用划分为变动费用和固定费用，然后按基本计算公式核定出预算期变动费用，再加上固定费用后即为预算期的销售费用总额。

为了防止基期销售百分比存在的偶然性，可以采用将最近几年的销售费用与销售收入百分比加权平均的办法核定预算期的销售费用。

（2）弹性预算法：考虑到预算期间业务量可能发生的变动，编制出一套能适应多种业务量的销售费用预算，以便分别反映在不同销售业务量情况下所应开支的销售费用水平。

关注点：运用弹性预算法编制销售费用预算时，首先将销售费用划分为固定费用和变动费用两部分。对于固定费用，只需按项目反映全年预计费用水平；对随销售量成正比例变动的变动费用，需要反映各个项目单位业务量的费用分配额，并根据这种内在比例关系分别测算不同业务量的销售费用预算。

销售百分比法和弹性预算法的共同关注点：考虑企业在预算期有无新产品投入市场以及企业采取的营销策略、促销手段等因素，同时还必须考虑企业内部加强管理、压缩各项费用的要求等情况。因此，采用这两种方法核定销售费用时，必须将计算得来的数据经过加减校正后才能确定为销售费用预算。也就是充分考虑变动费用和固定费用中的酌量部分。

关注点：为现金预算作准备，销售费用预算总额需分解为付现成本和非付现成本。付现成本是指需要本期动用现金支付的成本；非付现成本是指前期已经支付或发生的，不需要本期支付现金的成本，如折旧成本等。

（3）零基预算法：在确定销售费用项目的开支数时，不以基期销售费用预算和实际开支水平为基础，而是一切以零为起点分析各项费用发生的必要性及其支出规模，并据以编制销售费用预算的方法。

首先，测算费用项目和开支数额。其次，区分费用性质，分析费用开支的必要性。变动性销售费用是指企业在销售产品过程中发生的与销售量成正比例变化的各项经费，例如委托代销手续费（代理商佣金）、包装费、运输费、装卸费等。固定性销售费用是指企业在销售产品的过程中不随产品销售量的变化而变化的各项费用。这些费用是相对固定的，也可以分为约束性固定销售费用和酌量性固定销售费用。约束性固定费用属于企业"经营能力"成本费用，它是和整个企业经营能力的形成及其正常维护直接相联系的，企业的经济能力一经形成，在短期内难于作重大改变。表明维持企业正常生产经营能力所需要的成本费用水平，是必须的，不能随意去改变。约束性固定销售费用具体包括租赁费、办公费、折旧费等。酌量性固定费用是属于企业"经营方针"成本。可以根据管理当局经营方针进行调整，可以根据实际情况，决策的状况来调整。酌量性固定销售费用具体包括销售促销费、销售人员的培训费等。

酌量性变动成本，是指单位产品受企业管理当局决策影响那部分变动成本。如某种原材料，在规格、质量、单耗一定的前提下，由于采购地、供货单位不同而出现不同的采购价格，则该种原材料的消耗。酌量性变动成本关键在于单位变动成本随管理当局的决策性改变。对于酌量性销售费用而言，如产品销售过程中的运输费可以通过管理当局决策采取不同的运输线路或运输方式而出现不同的单位业务量运输费，按照销售收入一定比例支付的销售佣金可以根据产品的不同区域市场销售情况确定不同的佣金计提百分数等。

将所有的变动性和固定性销售费用划分为"约束性项目"和"酌量性项目"两大类，并对各项费用按性质与轻重缓急确定开支等级和先后顺序。

管理费用预算：企业预算期内为了维持基本组织机构和经营能力，保证生产经营活动正常进行而发生的各项费用支出安排。

【管理费用构成】

（1）企业管理部门及职工方面的费用：公司经费、工会经费、职工教育经费、劳动保险费和待业保险费。

（2）用于企业间接管理的费用：董事会费、咨询费、聘请中介机构费、诉讼费、税金、矿产资源补偿费。

（3）提供生产技术条件的费用：排污费、绿化费、技术转让费、研究与开发费、无形资产摊销、长期待摊费用摊销。

（4）业务应酬费用：业务招待费。

（5）损失或准备：坏账准备、存货跌价准备、存货盘亏和盘盈。

（6）其他费用。

关注点：大部分管理费用属于固定性或半固定费用，受国家财政法规、会计政策以及企业自定政策的制约和影响。如，管理人员工资由管理人员人数和月工资标准计算确定；职工福利费、工会经费、教育经费是根据企业员工工资总额和国家规定的提取标准确定；折旧费是根据固定资产原值和年折旧率确定；各类税金是根据税法规定确定；土地使用费是根据有偿使用土地面积和规定付费标准确定，等。对于这些固定性或半固定费用，各部门在管理费用预算控制方面的主观能动性不大。因此，应把管理费用控制重点放在可控性费用上。

管理费用预算的编制方法：

（1）按管理费用是否可以人为控制划分为约束性管理费用和酌量性管理费用。

（2）将约束性管理费用归口到各相关职能管理部门编制，这部分费用受有关基数、只能观测和标准的制约，基本没有弹性，可采用固定预算法。

（3）将酌量性管理费用根据基期管理费用的预计水平和预算期内的变化因素，结合费用开支标准和企业降低费用的要求，分解到各职能部门分别编制预算草案。编制方法可以采取零基预算法或变量预算法，规定费用降低的比例。

关注点：管理费用中的固定资产折旧费、低值易耗品摊销、无形资产摊销均是不需要现金支出的项目，在预计管理费用现金支出时，作为非付现费用应予以扣除。

财务费用预算：企业为筹集生产经营所需资金等活动而发生的费用。

（1）利息支出：企业短期借款利息、长期借款利息、应付票据利息、票据贴现利息、应付债券利息、长期应付引进国外设备款利息等利息支出。注：资本化的利息除外。

（2）利息收入：企业银行存款的利息收入，用于抵减利息支出。

（3）汇兑损益：企业因向银行结汇或购入外汇、调整外汇而产生的银行买入、卖出价与记账所采用的汇率之间的差额，以及月度（季度、年度）终了，各种外币账户的外币期末余额按照期末规定汇率折合的记账人民币金额与原账面人民币金额之间的差额等。

（4）相关手续费：企业发行债券所需支付的手续费（需资本化的手续费除外）、开出汇票的银行手续费、调剂外汇手续费等，但不包括发行股票所支付的手续费。

（5）其他财务费用：如融资租赁固定资产发生的融资租赁费用等。

✻ 24 ｜指标2　有控制费用的想法和一些举措

财管力并不强调对费用开支的控制，只要有这个意识即可。

但是要注意，不要为抽象回报付出更多。比如，提升企业形象的，提升员工幸福指数等。

财管力观点——利润管理不是勒紧裤腰带——利润 K 点在于不为抽象回报付出更多

✻ 25 ｜指标3　期间费用的支出经过专业的分析和审批，不是先支后报

费用报销规则：

（1）用于报销的合法票据；

（2）报销流程审批；

（3）员工借支和差旅费审核。

第4节　宏观环境——逆水行舟未必好

1. 政治法律环境

政治法律环境是指一个国家或地区的政治制度、体制、方针政策、法律法规等方面。这些因素常常制约、影响企业的经营行为，尤其是影响企业较长期的投

资行为。具体来说，政治环境主要包括国家的政治制度与体制、政局的稳定性以及政府对外来企业的态度等因素；法律环境主要包括政府制定的对企业经营具有刚性约束力的法律、法规，如反不正当竞争法、税法、环境保护法以及外贸法规等因素。如果企业实施国际化战略，则它还需要对国际政治法律环境进行分析，例如，分析国际政治局势、国际关系、目标国的国内政治环境以及国际法所规定的国际法律环境和目标国的国内法律环境。

2. 经济环境

经济环境是指构成企业生存和发展的社会经济状况，社会经济状况包括经济要素的性质、水平、结构、变动趋势等多方面的内容，涉及国家、社会、市场及自然等多个领域。构成经济环境的关键战略因素包括：GDP 的发展趋势、利率水平的高低、财政货币政策的松紧、通货膨胀程度及其趋势、失业率水平、居民可支配收入水平、汇率升降情况、能源供给成本、市场机制的完善程度、市场需求情况等。这些因素往往直接影响着企业的经营，如利率上升很可能会使企业使用资金的成本上升；市场机制的完善对企业而言意味着更为正确的价格信号、更多的行业进入机会等。企业的经济环境分析就是要对以上因素进行分析，运用各种指标，准确地分析宏观经济环境对企业的影响，从而使其战略与经济环境的变化相匹配。

3. 社会文化环境

社会文化环境是指企业所在社会中成员的民族特征、文化传统、价值观念、宗教信仰、教育水平以及风俗习惯等因素。从影响企业战略制定的角度来看，社会文化环境可分解为人口、文化两个方面。人口因素对企业战略的制定有着重大的影响。例如，人口总数直接影响着社会生产总规模；人口的地理分布影响着企业的厂址选择；人口的性别比例和年龄结构在一定程度上决定了社会需求结构，进而影响社会供给结构和企业生产；人口的教育文化水平直接影响着企业的人力资源状况。文化环境对企业的影响是间接的、潜在的和持久的，文化的基本要素包括哲学、宗教、语言与文字、文学艺术等，它们共同构筑成文化系统，对企业文化有重大的影响。企业对文化环境分析的目的是要把社会文化内化为企业的内部文化，使企业的一切生产经营活动都符合环境文化的价值检验。另外，企业对文化的分析与关注最终要落实到对人的关注上，从而有效地激励员工，有效地为顾客服务。

4. 技术环境

技术环境指的是企业所处的社会环境中的技术要素及与该要素直接相关的各种社会现象的集合，技术不仅是指那些引起时代革命性变化的发明，而且还指与企业生产有关的新技术、新工艺、新材料的出现和发展趋势以及应用前景。变革性的技术正对企业的经营活动发生着巨大的影响，这些技术包括网络、基因、纳米、通信、智能计算机、超导、电子等方面。技术进步创造新的市场，改变企业在行业中的相对成本及竞争位置，为企业带来更为强大的竞争优势。企业要密切关注与本企业产品有关的科学技术的现有水平、发展趋势及发展速度，对于相关的新技术，如新材料、新工艺、新设备或现代管理思想、管理方法、管理技术等，企业必须随时跟踪，尤其对高科技行业来说，识别和评价关键的技术机会与威胁是宏观环境分析中最为重要的部分。

财管力讲盈利能力的宏观环境，主要包括以下3个指标（如图23～26所示）：

* 26 | 指标1　考虑国际形势、国家政策、行业发展等宏观因素
* 27 | 指标2　地理位置、资源条件、运输条件、国家产业政策
* 28 | 指标3　信贷、利息、税收政策、劳动工资制度、市场机制、科技水平

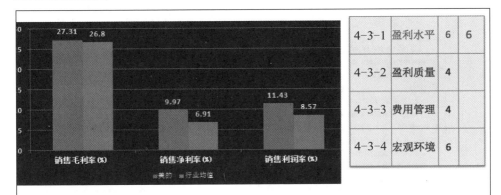

图23　盈利能力测评（某上市公司）盈利水平指标

> 2016年：营业收入为1 590亿元，其中营业外收入为18亿元。
>
> 2016年：营业收入：营业外收入=87.4:1
> 2015年：营业收入：营业外收入=81:1
>
> 4-4-2 应收账款与营业收入相对同步增长，营业外收入占比低，收入质量高；但应收账款回收慢，现金回收质量低。

4-3-1	盈利水平	6	6
4-3-2	盈利质量	4	2
4-3-3	费用管理	4	
4-3-4	宏观环境	6	

图24　盈利能力测评（某上市公司）盈利质量指标

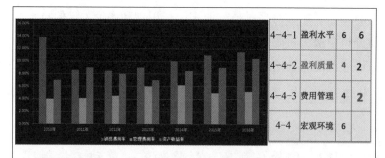

4-4-1	盈利水平	6	6
4-4-2	盈利质量	4	2
4-4-3	费用管理	4	2
4-4	宏观环境	6	

4-3-3 费用管理质量偏低，从毛利率较高，销售利润率较低的情况来看，费用占比过高。

图25　盈利能力测评（某上市公司）费用管理指标

> （1）生产要素价格波动风险。
> 原材料价格出现较大增长，或因宏观经济环境变化和政策调整使得劳动力、水、电、土地等生产要素成本出现较大波动，将会对公司的经营绩产生一定影响。
> （2）全球资产配置与海外市场拓展风险。
> 全球资产配置面临着资源整合与协同效应不达预期的风险，海外市场拓展可能面临的当地政治经济局势是否稳定、法律体系和监管制度是否发生重大变化、生产成本是否大幅上升等无法预期的风险。
> （3）汇率波动造成的产品出口与汇兑损失风险。
> 预计公司产品未来出口收入占公司整体收入将超过50%，若汇率大幅波动，不仅可能对公司产品的出口带来不利影响，同时可能造成公司汇兑损失，增加财务成本。
> （4）贸易壁垒带来的市场风险。
> 关税壁垒和非关税壁垒均加重了家电企业的成本费用负担，并对企业的市场拓展带来了新的影响。
>
> 4-3-4 受宏观因素的影响主要从4个方面。不能忽视。

4-4-1	盈利水平	6	6
4-4-2	盈利质量	4	2
4-4-3	费用管理	4	2
4-4-4	宏观环境	6	6

总分20，得分16

图26　盈利能力测评（某上市公司）宏观环境指标

4.4 营运能力

第1节 资产质量——保持资产健康度,才能有体力赚钱

资产质量,是指特定资产在企业管理的系统中发挥作用的质量,具体表现为变现质量、被利用质量、与其他资产组合增值的质量,以及为企业发展目标做出贡献的质量等方面。

资产质量的分类:

一、按照账面价值等金额实现的资产

按照账面价值等金额实现的资产,主要包括企业的货币资金。这是因为,作为充当一般等价物的特殊商品,企业的货币资金会自动地与任一时点的货币购买力相等。因此,我们可以认为,企业在任一时点的货币资产,均会按照账面等金额实现其价值。

二、按照低于账面价值的金额贬值实现的资产

按照低于账面价值的金额贬值实现的资产,是指那些账面价值量较高,而其变现价值量或被进一步利用的潜在价值量较低的资产。这类资产主要涉及:

1. 短期债权

这里的短期债权,包括应收票据、应收账款和其他应收款等。由于存在发生坏账的可能性,因此,短期债权注定要以低于账面的价值量进行回收。企业计提的坏账准备虽然在一定程度上考虑了短期债权的贬值因素。但是,由于大多数企业采用应收账款余额百分比法(较为详细的企业则采用账龄分析法)或销售收入百分比法,因此这种分析仍然难以恰当地反映债权资产的质量。这是因为,受各种因素的制约,企业对坏账准备计提的百分比的确定不一定能够反映债权的贬值程度—— 整齐划一的一个或若干个坏账计提百分比恰恰忽略了决定债权质量的首要方面:特定债务人的偿债能力。我们这样认识,并不是要否认企业对外披露债权时计提坏账准备对信息使用者判断企业债权质量的积极作用。而是要说明,对债权质量的分析,仅仅靠坏账准备披露的数字是不够的。

必须结合企业债务人的情况（如地区构成、所有制构成等）进一步分析。

2. 部分短期投资

短期投资，是指能够随时变现并且持有时间不准备超过一年的投资。企业计提的短期投资损失（即投资跌价）准备，反映了企业对其自己的短期投资跌价（贬值）的认识。在存在公开市场的情况下，企业资产负债表日有关证券的收盘价可以作为企业计提的短期投资损失（即投资跌价）准备参照资料。应该说，以此参照资料计提的短期投资损失（即投资跌价）准备，比较恰当地反映了企业短期投资的贬值或跌价的程度。

3. 部分存货

企业保有存货，主要目的是使其增值。但是，从企业管理的实践来看，由于各种原因，企业的部分存货会以低于其账面价值的金额变现。在会计上，对贬值存货的处理采取计提损失（即跌价）准备的方法。对于信息使用者而言，在对存货质量进行分析、判断时，除了考虑企业披露的存货跌价损失准备以外，还应结合对企业存货构成的分析、存货周转率的分析以及现金流量表中经营活动现金流量中"销售商品、提供劳务收到的现金"金额与利润表中"销售收入"或"营业收入"金额的对比情况进行综合分析。

4. 部分长期投资

关于长期投资的质量，我们有如下认识：

（1）企业"长期投资"项目的金额，在很大程度上代表企业长期不能直接控制的资产流出。从股权投资的情况看，对无重大影响投资，投资方仅有到期收取受资企业按其经营状况好坏而发放股利的权力；对重大影响和控股投资，虽然投资方对受资方的经营决策有重大影响力或控制权，但投资企业与受资企业毕竟是两个独立的经济实体，这两种权力的行使与直接支配有关资源仍有距离。对债权投资而言，投资者将定期收取利息、到期收回本金。由于其持有目的的长期性，因而正常情况下，在债权到期前企业不会通过转让或直接从债务人手中收回债权。

（2）企业的"长期投资"项目，代表的是企业高风险的资产区域。对股权投资而言，在企业采取有限责任制的条件下，投资方的股权投资，一般不能从被投资方撤出。投资方如果期望将手中持有的股权投资变现,就只能转让其股权。而转让投资不仅取决于转出方的意志,还取决于转入方(购买转出方的投资的企业)的意愿与双方的讨价还价。这就使得投资方在股权转让中的损益难以预料。在投资收益的取得方面,股权投资方获取股权投资收益的条件有:①被投资企业有可供分配的利润;②被投资企业有用于利润分配的现金,即企业有足够的现金支付股利。

显然,上述两个方面的因素只有同时满足,投资方才能获得投资收益。对债权投资而言,虽然投资者按照约定,将定期收取利息、到期收回本金。但是,债务方能否定期支付利息、到期偿还本金,取决于债务方在需要偿债的时点有没有足够的现金。

(3)长期投资收益的增加往往是引起企业业货币状况恶化的因素。企业的长期投资收益,就债权投资来说,其投资收益为定期收取的利息。在西方国家,当企业购买债券时,通常半年或一年收取一次利息。对其他债权投资收益的收取则决于投资协议。但一般不会迟于债权到期日,企业将收取全部利息收益。从各国的情况看,除购买国债等少数债券的利息收益为免税收益外,其他债权投资收益——利息收益均应纳税。如我国税法明确规定企业的应纳税所得额的计算采用权责发生制。按权责发生制原则确认的收益既可能对应债权增加,又可对应货币增加,还可对应债务减少。对投资收益——利息收益的确定,大多数情况是利息收益与债权首先对应,同时增加。

因此,在投资收益的确定先于利息的收取时,如果企业对此部分收益上缴所得税,将导致其财务状况恶化。就股权投资收益而言,在权益法确认投资收益时,企业所确认的投资收益,总会大于企业收回的股利。这样,企业(投资方)在利润分配与投资收益相对应的规模超过其收回的股利时,就会出现利润分配的规模所需货币大于收回货币的情况。为了揭示企业长期投资的贬值因素,企业可以在其产负债表中计提长期投资减值准备。对于信息使用者而言,在对长期投资质量进行分析、判断时,还应结合对企业长期投资与方向构成的分析、报表附注中对长期投资减值准备的计提说明、利润表中投资收益与投资规模的联系的分析、现金流量表中投资活动现金流量中"取得投资收益所收到的现金"金额与利润表中投资收益金额的对比情况进行综合分析。

5. 部分固定资产

固定资产体现了企业的技术装备水平。在企业持续经营的条件下，企业一般不会将其正在使用中的固定资产对外出售。因此，企业固定资产的质量主要体现在被企业进一步利用的质量上。但是，在历史成本原则下，持续经营企业的资产负债表通常将提供固定资产的原值、累计折旧以及固定资产净值。受企业折旧政策的制约，企业披露的固定资产净值不可能反映在资产负债表日，相应固定资产对企业的实际"价值"。实际上，企业的固定资产中，有相当一部分将在未来增值，如企业的房地产等。但企业也有相当一部分固定资产正在快速贬值，如技术含量较高、技术进步较快的高科技资产。但是，正在贬值的资产的贬值量与正在增值的资产的增值量不存在恰好相等的关系。因此，在对企业固定资产的质量进行分析时，应当结合企业固定资产的构成、已经使用年限、企业的折旧政策等进行综合分析。

6. 纯摊销性的"资产"

纯摊销性的"资产"，是指那些由于应计制原则的要求而暂作"资产"处理的有关项目，包括待摊费用、长期待摊费用等项目。除个别项目有可能包含对企业未来有利的资产性质的内容外，上述项目的主体并不能为企业未来提供实质性帮助，没有实际利用价值。因此，上述各项"资产"的实际价值趋近于零。

财管力讲营运能力的资产质量，主要有以下6个指标：

*29 | 指标1　资产的可变现净值没有低于资产的账面净值

按照高于账面价值的金额增值实现的资产，是指那些账面价值量较低，而其变现价值量或被进一步利用的潜在价值量（可以用资产的可变现净值或公允价值来计量）较高的资产。这类资产主要包括：

（1）大部分存货。对于以商品经营为主的制造业企业和商品流通企业，其主要经营与销售的商品就是企业的存货。因此，企业的大部分存货应该按照高于账面价值的金额增值实现。

（2）部分对外投资。从总体上来说，企业的对外投资应该实现增值。但是，财务会计的历史成本原则与稳健原则均要求企业对那些能够增值的对外投资以较低的历史成本来对外披露。

（3）部分固定资产。前已述及，企业的部分固定资产可以增值。同样，财务会计的历史成本原则与稳健原则均要求企业对那些能够增值的固定资产以较低的历史成本来对外披露。

（4）账面上未体现净值，但可以增值实现的"表外资产"。账面上未体现净值，但可以增值实现的"表外资产"，是指那些因会计处理原因或计量手段的限制而未能在资产负债表中体现净值，但可以为企业在未来作出贡献的资产项目。主要包括：

①已经提足折旧、但企业仍然继续使用的固定资产。已经提足折旧、但企业仍然继续使用的固定资产，在资产负债表上由于其历史成本与累计折旧相等而未能体现出净值。企业的建筑物以及设备、生产线等有可能出现这种情况。这类资产由于其对企业有未来利用价值，因而是企业实实在在的资产。

②企业正在使用，但已经作为低值易耗品一次摊销到费用中去、资产负债表上未体现价值的资产。与已经提足折旧、但企业仍然继续使用的固定资产一样，企业正在使用，但已经作为低值易耗品一次销到费用中去、资产负债表上未体现价值的资产，由于其对企业有未来利用价值，因而也是企业的资产。

③已经成功的研究和开发项目的成果。按照一般的会计处理惯例，在企业的研究和开发支出，一般作为支出当期的费用处理。这样，已经成功的研究和开发项目的成果，将游离于报表之外而存在。这种情况经常出现于重视研究和开发、历史悠久的企业。

④人力资源。企业的人力资源是企业最重要的一项无形资产。美国的会计准则业已将人力资源列入无形资产。遗憾的是，目前财务会计还难以将人力资源作为一项资产来纳入企业的资产负债表。了解、分析企业人力资源的质量应该成为对企业整体资源分析的重要内容。上述分析表明，对企业资产质量的整体把握，应当结合表内因素与表外因素综合分析。

*30 | 指标2　资产结构不存在不合理，或不符合行业特征

（1）存货流动资产率。

$$存货流动资产率 = \frac{存货}{流动资产} \times 100\%$$

存货流动资产率是存货占流动资产的比率。流动资产的主要组成部分是存货，存货直接与企业生产相关，同时存货中的库存商品直接影响企业销售情况，一般来说，存货流动资产比例越小越好，即存货越少，企业的流动资产结构越趋于合理。随着计算机自动化控制技术在企业生产经营全过程的广泛应用，现代化大企业的库存量正在逐年地减少，有的企业甚至提出零库存的管理目标。如果企业存货流动资产比率增加，就要进一步分析是因为企业扩大生产经营规模而引起存货储备量增加，还是因为产品滞销导致存货增加。

（2）两项资金占流动资产比率。

$$两项资金占流动资产比率 = \frac{存货 + 应收账款}{流动资产} \times 100\%$$

两项资金占流动资产比率是存货和应收账款占流动资产的比，流动资产中三个重要组成部分是货币资金、存货和应收账款。货币资金的存货性由于审计的公正性和独立性基本不会受到怀疑，所以货币资金的存在性可以不需要指标来衡量。分析两项的资金占流动资产的比可以很好地说明资产的存在性是否合理。

（3）资金回笼率。

$$资金回笼率 = \frac{销售商品、提供劳务收到的现金}{主营业务收入 \times 1 + 增值税税率} \times 100\%$$

应收账款的存在性主要从应收账款变现的角度来理解，主要考虑应收账款能否全部收回。关于企业的坏账问题已经部分在资产负债表应收账款余额中反映，同时也需要关注企业管理当局的坏账政策。一般来说，企业坏账政策越谨慎说明企业应收账款单项资产的质量越高。对于企业应收账款的加收程度，可以通过资产回笼率指标来衡量，资金的回笼率越高，说明企业应收账款的回收效果越好。

（4）异常资产占流动资产比率。

$$异常资产占流动资产比率 = \frac{异常资产}{流动资产} \times 100\%$$

分析流动资产的存在性，还需要关注影响企业流动资产质量的异常资产，异常的流动资产主要有以下两种：虚拟流动资产是指实际发生的费用或损失，但由于企业缺乏承受能力而暂挂在待摊费用、待处理流动资产损失等，不良流动资产是指流动资产中存在问题，难以参与正常生产经营运转的部分资产，主要包括三年以上的高龄的应收账、积压物资和不良投资、其他应收款等。

（5）流动资产率。

$$流动资产率 = \frac{流动资产}{资产总额} \times 100\%$$

流动资产代表企业短期可运用的资金，该流动资产率的比例越高，说明企业营运资金在企业全部资金中所占比重越大，企业资产的流动性和变现能力越强。根据风险与收益对等的原则，企业流动资产的收益能力相对较低。流动资产率高并一不定好，要根据企业具体情况来判断，流动资产比率高时，要注意分析企业是否超负荷运作，企业营业利润是否按同一比例增长，企业应当把流动比率控制在一个恰当的范围内，必须在加速企业流动资金周转的前提下，尽量降低资金占用量。关于流动资产率的合适范围，应考虑企业的性质，企业经营的状况，企业的管理水平，企业经营的季节性波动和市场周期等多个因素。可以对近几年的流动资产比率进行趋势分析，或与同行业的平均水平进行比较，以确定企业流动资产比率的合理性。总的来说，对于一定资产总量，在资产运用效率一定的情况下企业的流动资产率是越高越好。

（6）固定资产比率。

固定资产比率是指固定资产占总资产的比例关系。

$$固定资产比率 = \frac{固定资产}{资产总额} \times 100\%。$$

固定资产代表了企业的生产能力，固定资产比率过低，企业的生产经营规模受到限制，形不成规模经济，会对企业劳动生产率的提高和生产成本的降低产生不良的影响，从而影响总资产的获利能力。但是若固定资产比率过高，超出了企业的需要,其增长超过了销售的增长,不但会影响流动性和变现能力,而且也会对企业产生不良的影响。同时企业生产用和非生产用固定资产应保持一个恰当的比例,生产用固定资产应全部投入使用,能满负荷运行,并能完全满足生产经营的需要,非生产用固定资产应能确实担当起服务的职责。企业非生产性固定资产投资过大,会导致固定资产利用率低,从而降低总体固定资产及总资产的质量。

(7)非流动资产比率。

非流动资产是指除流动资产以外的所有资产,主要包括固定资产、长期投资、无形资产、长期待摊费用及其他资产等。

非流动资产比率是指非流动资产占总资产的比率。

$$非流动资产比率 = \frac{固定资产+长期投资+无形资产+长期待摊费用及其他资产}{资产总额} \times 100\%$$

非流动资产代表企业长期可使用的资金,需经过多次周转方能得到价值补偿。过高的非流动资产将导致一系列问题:一是产生巨额固定费用,增大亏损的风险,二是降低了资产周转速度,增大了营运不足的风险;三是降低了资产弹性,削弱了企业的相机调整能力。因此企业应将非流动资产比率控制在较低水平为好。

*31│指标3　总资产增长率符合企业规模增长

*32│指标4　固定资产成新度符合企业持续发展的能力

*33│指标5　不良资产比率低于同行业

*34│指标6　资产现金回收率高(参考行业绩效标准)

$$资产现金回收率 = \frac{经营现金净流量}{平均资产总额} \times 100\%$$

资产现金回收率是衡量某一经济行为发生损失大小的一个指标,回收率越高,说明收回的资金占付出资金的比例高,损失小,回收率低则损失较大。该指标旨在考评企业全部资产产生现金的能力,该比值越大越好。

> **财管力观点**:天下武功唯快不破——获取利润的K点是资产都能创造利润

第2节 营运效率——保持资产精神状态，才有实力赚钱

营运效率是指内部人力资源和生产资料的配置组合而对财务目标实现所产生作用的大小。资产的周转速度，通常用周转率和周转期来表示。

（1）周转率，是企业在一定时期内资产的周转额与平均余额的比率，反映企业资产在一定时期的周转次数。周转次数越多，表明周转速度越快，资产运营能力越强。

（2）周转期，是周转次数的倒数与计算期天数的乘积，反映资产周转一次所需要的天数。周转期越短，表明周转速度越快，资产运营能力越强。

财管力讲营运能力的营运效率，主要包括以下3个指标：

*35｜指标1　应收账款周转率高（参考行业绩效标准）

应收账款周转率，是企业一定时期营业收入（或销售收入，本章下同）与平均应收账款余额的比率，反映企业应收账款变现速度的快慢和管理效率的高低。其计算公式为：

$$应收账款周转率（周转次数）= \frac{营业收入}{平均应收账款余额} \times 100\%$$

其中

$$平均应收账款余额 =（应收账款余额年初数 + 应收账款余额年末数）/2$$

$$应收账款周转期（周转天数）= 平均应收账款余额 \times 360 / 营业收入$$

一般情况下，应收账款周转率越高越好，应收账示周转率高，表明收账迅速，账龄较短；资产流动性强，短期偿债能力强；可以减少坏账损失等。

*36｜指标2　存货周转率高

存货周转率，是企业一定时期营业成本（或销售成本，本章下同）与平均存货余额的比率，反映企业生产经营各环节的管理状况以及企业的偿债能力和获利能力。其计算公式为：

$$存货周转率（周转次数）= \frac{营业成本}{平均存货余额} \times 100\%$$

其中

平均存货余额＝（存货余额年初数＋存货余额年末数）/2

存货周转期（周转天数）＝平均存货余额×360/营业成本

一般情况下，存货周转率越高越好。存货周转率高，表明存货变现的速度快；周转额较大，表明资金占用水平较低。

还有其他的资产周转率，如，流动资产周转率、总资产周转率等，不做特定指标。通常，应收账款和存货占流动资产的相对大比例，对其二者做要求，流动资产就可以有很不错的效率。

另外，财管力不建议对总资产的周转率做要求，一方面，长期资产的贡献不在于流动，而是充分利用，对这种长期资产，应着重考量其产出效益，是否有产能浪费、产值未尽等。将于下一章节讲解。

而负债，尤其是经营性负债，我们也不要求其流动性，而是要关注其成本最低是否有不必要的负债，使企业在默默承担无贡献的成本，比如利息，或机会成本等。

*37 | 指标3　劳动效率高

人力资源运营能力通常采用劳动效率指标来分析。

劳动效率，是指企业营业收入或净产值与平均职工人数（可以视不同情况具体确定）的比率。其计算公式为：

$$劳动效率 = \frac{营业收入或净产值}{平均职工人数} \times 100\%$$

对企业劳动效率进行考核评价主要是采用比较的方法。例如，将实际劳动效率与企业计划水平、历史先进水平或同行业平均先进水平等指标进行对比。

第3节　营运效益——别只看结果，投入产出比更重要

财管力讲营运能力的营运效益，主要包括以下2个指标：

*38 | 指标1　全部资产产值率适中

总产值，统计学名词，是指物质生产部门的常住单位在一定时期内生产的货物和服务的价值总和，反映物质生产部门生产经营活动的价值成果。

总产值就是劳动成果的价值量表现，是生产单位、生产部门、地区或整个国民经济在一定时期内所生产的全部产品的价值。综合反映一定范围内的生产总规模的指标。

$$总资产产值率 = \frac{总产值}{平均总资产} \times 100\%$$

该指标反映了总产值与总资产之间的关系。在一般情况下，该指标值越高，说明企业资产的投入产出率越高，企业全部资产营运状况越好。反映总产值与总资产关系的还可用另一指标表示，即百元产值资金占用，其计算公式为：

$$百元产值占用资金 = \frac{平均总资产}{总产值} \times 100\%$$

该指标越低，反映全部资产营运能力越好。对该指标的分析，可以在上式基础上，从资产占用形态角度进行分解，即：

$$百元产值占用资金 = \frac{平均总资产}{总产值} \times 100\%$$

$$= 流动资产 / 总产值 + 固定资产 /$$

$$总产值 + 其他资产 / 总产值$$

依据上式，可分析全部资产产值率或百元产值占用资金变动受各项资产营运效果的影响。

*39 | 指标2　全部资产收入率适中

以自持资产生产，或提供服务换取的收入，即为除去非经常性损益，除去未经过加工直接出售换取收入的业务，会计科目大抵表现为出售原材料、出售二手资产、提供技术顾问等。

4.5　增长能力

成长性指标，是一种用来衡量公司发展速度的重要指标。成长性比率是衡量公司发展速度的重要指标，也是比率分析法中经常使用的重要比率，主要有总资产增长率、固定资产增长率、主营业务收入增长率、主营利润增长率、净利润增长率等五种指标。

1. 总资产增长率

即期末总资产减去期初总资产之差除以期初总资产的比值。公司所拥有的资产是公司赖以生存与发展的物质基础，处于扩张时期公司的基本表现就是其规模的扩大。这种扩大一般来自于两方面的原因：一是所有者权益的增加，二是公司负债规模的扩大。对于前者，如果是由于公司发行股票而导致所有者权益大幅增加，投资者需关注募集资金的使用情况，如果募集资金还处于货币形态或作为委托理财等使用，这样的总资产增长率反映出的成长性将大打折扣；对于后者，公司往往是在资金紧缺时向银行贷款或发行债券，资金闲置的情况会比较少，但它受到资本结构的限制，当公司资产负债率较高时，负债规模的扩大空间有限。

2. 固定资产增长率

即期末固定资产总额减去期初固定资产总额之差除以期初固定资产总额的比值。对于生产性企业而言，固定资产的增长反映了公司产能的扩张，特别是供给存在缺口的行业，产能的扩张直接意味着公司未来业绩的增长。在分析固定资产增长时，投资者需分析增长部分固定资产的构成，对于增长的固定资产大部分还处于在建工程状态，投资者需关注其预计竣工时间，待其竣工，必将对竣工当期利润产生重大影响；如果增长的固定资产在本年度较早月份已竣工，则其效应已基本反映在本期报表中，投资者希望其未来收益在此基础上再有大幅增长已不太现实。

3. 主营业务收入增长率

即本期的主营业务收入减去上期的主营业务收入之差再除以上期主营业务收入的比值。通常具有成长性的公司多数都是主营业务突出、经营比较单一的公司。主营业务收入增长率高，表明公司产品的市场需求大，业务扩张能力强。如果一家公司能连续几年保持30%以上的主营业务收入增长率，基本上可以认为这家公司具备成长性。

4. 主营利润增长率

即本期主营业务利润减去上期主营利润之差再除以上期主营业务利润的比值。一般来说，主营利润稳定增长且占利润总额的比例呈增长趋势的公司正处在成长期。一些公司尽管年度内利润总额有较大幅度的增加，但主营业务利润却未相应增加，甚至大幅下降，这样的公司质量不高，投资这样的公司，尤其需要警惕。这里可能蕴藏着巨大的风险，也可能存在资产管理费用居高不下等问题。

5. 净利润增长率

即本年净利润减去上年净利润之差再除以上期净利润的比值。净利润是公司经营业绩的最终结果。净利润的连续增长是公司成长性的基本特征，如其增幅较大，表明公司经营业绩突出，市场竞争能力强。反之，净利润增幅小甚至出现负增长也就谈不上具有成长性。

【可持续增长性】

可持续增长率是指不发行新股、不改变经营效率（不改变销售净利率和资产周转率）和财务政策（不改变权益乘数和利润留存率）时，其销售所能达到的增长率。可持续增长率的假设条件如下：①公司营业净利率将维持当前水平，并且可以通盖新增债务增加的利息；②公司总资产周转率将维持当前水平；③公司目前的资本结构是目标资本结构，并且打算继续维持下去；④公司目前的利润留存率是目标利润留存率，并且打算继续维持下去；⑤不愿意或者不打算增发新股（包括股份回购）。

【基本概念】

可持续增长率 = 股东权益收益率 × (1− 股利支付率) / (1− 股东权益收益率 × (1− 股利支付率))

= ROE × 自留率 / (1−ROE × 自留率)

这是上市公司使用的概念，我们更多的考虑到中小型企业对本书的应用，故我们理解可持续增长率的时候，简单地看，就是我们赚回的钱的可支配部分，占我们赚回的钱的比重。

【计算公式】

$$可持续增长率 = \frac{销售净利率 \times 总资产周转率 \times 利润留存率 \times 权益乘数}{1 - 销售净利率 \times 总资产周转率 \times 利润留存率 \times 权益乘数} \times 100\%$$

根据该公式的前提假设可以推出如下结论：

资产周转率不变→销售增长率 = 总资产增长率

销售净利率不变→销售增长率 = 净利增长率

资产负债率不变→总资产增长率 = 负债增长率 = 股东权益增长率

股利支付率不变→净利增长率＝股利增长率＝留存收益增加额的增长率

即在符合可持续增长率的假设条件下：

销售增长率＝总资产增长率＝负债增长率＝股东权益增长率＝净利增长率
　　　　＝股利增长率＝留存收益增加额的增长率

即按留存收益增长的多少安排借款，目的是维持当前的财务杠杆和风险水平。在可持续增长率假定下，财务杠杆水平不变，这样一定的财务杠杆水平反映一定水平的风险，但从外部融资与留存收益融资、销售增长率、财务结构或资金结构等对财务杠杆的影响看，进一步探讨是有必要的。

【使用评价】

西方国家一般认为最"便宜"的资金来源未必是最"经济"的资金来源，即增加某种资金成本率最低的资金，综合资金成本率不一定最低。如果可持续增长率下维持的目前财务结构（资金结构）是最佳的资金结构，追加融资也会导致资金成本率的变化。通过边际成本法分析可看出，追加筹资时资金成本在一定的筹资额度内不变，随着追加融资额增加，对应的资金成本是上升的。可见即便维持最佳的资金结构，利用较发行股票便宜的长期负债或留存收益等方式筹资，其综合资金成本也会上升。企业负债经营，不论利润多少，债务利息是不变的。于是当利润增加时，每一元利润所负担的利息就会相应地减少，从而使投资者收益更大幅度地提高。这种债务对投资者的收益影响程度通常用财务杠杆系数来表示：财务杠杆系数＝息税前利润／（息税前利润－利息费用）。就杠杆利益本身而言，并没有增加整个社会的财富，而是股东、债权人之间的既定财富分配。资金结构决定财务杠杆系数，负债资金占总资金比率的变化会对企业普通股权益产生影响。可持续增长率要求负债比率不变化，但财务杠杆系数在息税前利润与利息费用增长率一致时才不会变化，这可以在利息费用／负债总额、息税前利润／销售收入维持不变的条件下实现，而前者在长期性筹资时是增长的。按可持续增长率思路，要实现销售增长，企业一般要扩大生产经营规模，这势必扩大经营风险，也会加大财务风险。因此，只有在企业经济效益良好时，负债经营才是有利的。

显然，为了有效使用可持续增长率，应注意：

1. 目前的财务结构应是合理的或者是最佳的；

2. 销售增长率很可能或基本肯定能够实现；

3. 合理安排负债项目内部结构，结合资本供求状况、利率水平变化，灵活运用短期性融资方式，保持负债资金成本稳定；

4. 有效降低产品成本和期间费用，保持用息税前利润计算的销售利润率的稳定。

应该指出，可持续增长率并不排除企业在资产营运效率、劳动生产率、管理、技术等方面存在潜力。同时，如果财务结构不合理，销售目标一旦不能实现或融资条件与产品成本费用水平达不到要求，那么，以可持续增长率为依据融资可能是外延型扩大再生产，而不是内涵型扩大再生产，从经济学角度看，是值得思考的。

第1节 外部系统因素

财管力讲增长能力的外部系统因素，主要包括以下4个指标：

* 40 | 指标1 政府政策、政策导向等有利于企业长期发展

* 41 | 指标2 经济环境稳定

* 42 | 指标3 社会文化对企业有利

* 43 | 指标4 科技、能源、信息化等环境可以支持企业发展

第2节 内部非系统因素——能改变的想想怎么更好

财管力讲增长能力的内部非系统因素，主要包括以下7个指标：

* 44 | 指标1 经营能力良好

* 45 | 指标2 管理能力良好

* 46 | 指标3 创新发展能力良好

* 47 | 指标4 储备人才建设能力良好

* 48 | 指标5 资源获取能力良好

* 49 | 指标6 推广公关能力良好

* 50 | 指标7　战略规划能力良好

> **财管力观点：设计报表和假账的区别——利润的 K 点在于先有报表后有账**

综合应用：

以财管力解读财务报表：

货币资金——配置效率

应收应付——往来管理

存货——采购与付款循环

固定资产——投资预算

无形资产——税收筹划度

其他应付款——流程和标准

未分配利润——个税和企业所得税

营业收入——销售与收款循环

营业成本——成本控制

净利润——盈利质量

财管力

——300个指标量化提升利润管理

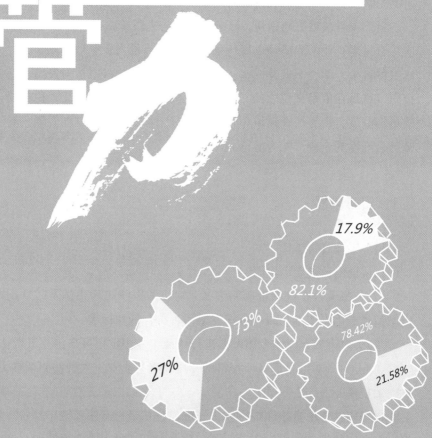

5 税务得体力

节税避税不能脱离宏观环境和企业实际情况；战略匹配度、财税契合度才是趋势。

提到税，大部分企业都在想怎么能避税，能少交税。我见过很多企业，把账面做得毫无合理性，漏洞百出，就为了少交税。财管力所讲的税，讲的是得体，讲的是纳税成本和纳税收益之间的平衡，避税和风险之间的平衡。

目前税务政策更新很快，很多筹税方法也跟着发布。财管力认为，对于纳税，应综合考虑企业的战略和发展规划，不能让节税为企业带来风险，也不能浪费交出去的税金。纳税不仅是成本，也是一种收益。所以财管力提出，税务得体力的概念，就是在值得交税之处，会通过交税获得收益，就要交，税务要得体，要有战略匹配度，也要注意财税契合度。这对于某些，由于过度筹划，导致财务数据缺乏合理性的企业，尤为值得关注。

5.1 日常申报

税务工作日常工作：

1. 认证增值税专用发票

（1）每天检查进项税额明细账，对已入账的进项税额及时从记账凭证后抽出增值税专用发票抵扣联，审核发票是否符合抵扣标准。

（2）对审核无误的专用发票进行认证，专用发票可在企业进行认证处理。

（3）月末对已全部认证相符的专用发票与企业进项税额明细账上进行核对。

2. 报税

申报期抄报税直接在报税软件完成。月初金税开票系统中抄税，然后常规申报，与增值税发票清单核实没问题，网上申报，报完清卡解锁。

报税流程：

【报税前期工作】

①在申报期内对需缴纳的各种税款进行准确计算，列出需缴纳各税种的正确税款。

②对需缴纳的税款填写用款及费用报销单或内部转款单，并经各级领导审核批准。

③批准过的报销单转交出纳转款。

④填写出应报税种的纳税申报表,并打印出纸质资料。

【领购发票】

企业日常发票的领购需要到税务局办理,具体所需资料如下:

①企业发票领购簿。

② IC 卡。

③填写完整的企业发票验旧信息表(加盖企业印盖)。

【发票开具】

第1节 时效性——底线

日常申报基本上是企业对于税务处理的大部分理解,很多企业的财务和税务工作,都是以税务申报为线索。在实务中,很多企业把报税工作交给代理记账机构完成,而企业本身并不关心相关的工作,这不仅造成了账务核算与税务数据的脱节,也失去了很多很宝贵的纳税筹划的机会。

财管力讲日常申报的时效性,主要包括以下 2 个指标:

✱ 1 | 指标1 准时申报,没有延迟报、无报表空报

每个月税务局都有报税截止日期,这个日期每个月是不同的,需要加以关注,不能逾期。在纳税申报截止日前申报完毕,不逾期申报扣缴,避免造成损失。

有先凑个报表,把税报了的,注意纠正,不能空报。

✱ 2 | 指标2 申报的数据属于申报期内,没有追溯报、提前报

(1)当期报税资料用于当期,不拖后;

(2)不以预计、预提的成本费用报税;

(3)有未入账的单据,应先补入账,不可直接插入报税数据中。

第2节 合法性——老老实实做人

财管力讲日常申报的合法性,主要包括以下 3 个指标:

✱ 3 | 指标1 申报准确,没有错误

《税收征管法》第六十四条,纳税人、扣缴义务人编造虚假计税依据的,由

税务机关责令限期改正,并处五万元以下的罚款。

纳税申报填列的数据无误,需上传的资料无遗漏。

✻ 4 | 指标2 做全年纳税规划,并考虑会计法和税法的差异

做全年的纳税规划,通常包括两大类税种:流转税和收益税。

流转税即为增值税和消费税,根据全年的经营计划,对营收额和利润额作出预测,并考虑相应的采购,计算流转税的税负。

收益税主要指企业所得税和个人所得税,跟上条流转税同步,根据全年的经营计划,对其做出预测。

企业所得税,需要考虑会计处理和税务处理之间的差异,需要纳税调整的部分,在一开始做全年规划的时候就可以利用其减少预缴金额,实现纳税筹划。

企业所得税纳税调整是指纳税人在计算应纳税所得额时其财务会计处理与税收规定不一致的,应按税法规定进行调整。包括对收入确定的原则以及具体金额的调整、各项成本费用扣除范围和标准的调整。

《企业所得税纳税调整项目表》(资料来源:《中华人民共和国企业所得税年度纳税申报表(A类,2017年版)》部分表单及填报说明)的格式,见表25。

表25 纳税调整项目明细表

行次	项目	账载金额 1	税收金额 2	调增金额 3	调减金额 4
1	一、收入类调整项目(2+3+…8+10+11)	*	*		
2	(一)视同销售收入(填写A105010)	*			*
3	(二)未按权责发生制原则确认的收入(填写A105020)				
4	(三)投资收益(填写A105030)				
5	(四)按权益法核算长期股权投资对初始投资成本调整确认收益	*	*	*	
6	(五)交易性金融资产初始投资调整	*	*		*
7	(六)公允价值变动净损益		*		
8	(七)不征税收入	*	*		
9	其中:专项用途财政性资金(填写A105040)	*	*		
10	(八)销售折扣、折让和退回				

续表25

行次	项目	账载金额 1	税收金额 2	调增金额 3	调减金额 4
11	（九）其他				
12	二、扣除类调整项目（13+14+…24+26+27+28+29+30）	*	*		
13	（一）视同销售成本（填写A105010）	*		*	
14	（二）职工薪酬（填写A105050）				
15	（三）业务招待费支出				*
16	（四）广告费和业务宣传费支出（填写A105060）	*	*		
17	（五）捐赠支出（填写A105070）				
18	（六）利息支出				
19	（七）罚金、罚款和被没收财物的损失		*		*
20	（八）税收滞纳金、加收利息		*		*
21	（九）赞助支出		*		*
22	（十）与未实现融资收益相关在当期确认的财务费用				
23	（十一）佣金和手续费支出（保险企业填写A105060）				
24	（十二）不征税收入用于支出所形成的费用	*	*		*
25	其中：专项用途财政性资金用于支出所形成的费用（填写A105040）	*	*		*
26	（十三）跨期扣除项目				
27	（十四）与取得收入无关的支出		*		*
28	（十五）境外所得分摊的共同支出	*	*		*
29	（十六）党组织工作经费				
30	（十七）其他				
31	三、资产类调整项目（32+33+34+35）	*	*		
32	（一）资产折旧、摊销（填写A105080）				
33	（二）资产减值准备金		*		
34	（三）资产损失（填写A105090）	*	*		

续表25

行次	项目	账载金额 1	税收金额 2	调增金额 3	调减金额 4
35	（四）其他				
36	四、特殊事项调整项目（37+38+…+43）	*	*		
37	（一）企业重组及递延纳税事项（填写A105100）				
38	（二）政策性搬迁（填写A105110）	*	*		
39	（三）特殊行业准备金（39.1+39.2+39.4+39.5+39.6+39.7）	*	*		
39.1	1.保险公司保险保障基金				
39.2	2.保险公司准备金				
39.3	其中：已发生未报案未决赔款准备金				
39.4	3.证券行业准备金				
39.5	4.期货行业准备金				
39.6	5.中小企业融资（信用）担保机构准备金				
39.7	6.金融企业、小额贷款公司准备金（填写A105120）	*	*		
40	（四）房地产开发企业特定业务计算的纳税调整额（填写A105010）	*			
41	（五）合伙企业法人合伙人应分得的应纳税所得额				
42	（六）发行永续债利息支出				
43	（七）其他	*	*		
44	五、特别纳税调整应税所得	*	*		
45	六、其他	*	*		
46	合计（1+12+31+36+44+45）	*	*		

《纳税调整项目明细表》填报说明（节选）：

本表由纳税人根据税法、相关税收规定以及国家统一会计制度的规定，填报企业所得税涉税事项的会计处理、税务处理以及纳税调整情况。

一、有关项目填报说明

纳税人按照"收入类调整项目""扣除类调整项目""资产类调整项目""特

殊事项调整项目""特别纳税调整应税所得""其他"六类分项填报，汇总计算出纳税"调增金额"和"调减金额"的合计金额。

数据栏分别设置"账载金额""税收金额""调增金额""调减金额"四个栏次。

"账载金额"是指纳税人按照国家统一会计制度规定核算的项目金额。"税收金额"是指纳税人按照税收规定计算的项目金额。

对需填报下级明细表的纳税调整项目，其"账载金额""税收金额""调增金额""调减金额"根据相应附表进行计算填报。

（一）收入类调整项目

1. 第 1 行"一、收入类调整项目"：根据第 2 行至第 11 行（不含第 9 行）进行填报。

2. 第 2 行"（一）视同销售收入"：根据《视同销售和房地产开发企业特定业务纳税调整明细表》(A105010) 填报。第 2 列"税收金额"填报表 A105010 第 1 行第 1 列金额。第 3 列"调增金额"填报表 A105010 第 1 行第 2 列金额。

3. 第 3 行"（二）未按权责发生制原则确认的收入"：根据《未按权责发生制确认收入纳税调整明细表》(A105020) 填报。第 1 列"账载金额"填报表 A105020 第 14 行第 2 列金额。第 2 列"税收金额"填报表 A105020 第 14 行第 4 列金额。若表 A105020 第 14 行第 6 列 ≥ 0，第 3 列"调增金额"填报表 A105020 第 14 行第 6 列金额。若表 A105020 第 14 行第 6 列 < 0，第 4 列"调减金额"填报表 A105020 第 14 行第 6 列金额的绝对值。

4. 第 4 行"（三）投资收益"：根据《投资收益纳税调整明细表》(A105030) 填报。第 1 列"账载金额"填报表 A105030 第 10 行第 1+8 列的合计金额。第 2 列"税收金额"填报表 A105030 第 10 行第 2+9 列的合计金额。若表 A105030 第 10 行第 11 列 ≥ 0，第 3 列"调增金额"填报表 A105030 第 10 行第 11 列金额。若表 A105030 第 10 行第 11 列 < 0，第 4 列"调减金额"填报表 A105030 第 10 行第 11 列金额的绝对值。

5. 第 5 行"（四）按权益法核算长期股权投资对初始投资成本调整确认收益"：

第 4 列"调减金额"填报纳税人采取权益法核算，初始投资成本小于取得投资时应享有被投资单位可辨认净资产公允价值份额的差额计入取得投资当期营业外收入的金额。

6. 第 6 行"（五）交易性金融资产初始投资调整"：第 3 列"调增金额"填报纳税人根据税收规定确认交易性金融资产初始投资金额与会计核算的交易性金融资产初始投资账面价值的差额。

7. 第 7 行"（六）公允价值变动净损益"：第 1 列"账载金额"填报纳税人会计核算的以公允价值计量的金融资产、金融负债以及投资性房地产类项目，计入当期损益的公允价值变动金额。若第 1 列 ≤ 0，第 3 列"调增金额"填报第 1 列金额的绝对值。

若第 1 列 > 0，第 4 列"调减金额"填报第 1 列金额。

8. 第 8 行"（七）不征税收入"：填报纳税人计入收入总额但属于税收规定不征税的财政拨款、依法收取并纳入财政管理的行政事业性收费以及政府性基金和国务院规定的其他不征税收入。第 3 列"调增金额"填报纳税人以前年度取得财政性资金且已作为不征税收入处理，在 5 年（60 个月）内未发生支出且未缴回财政部门或其他拨付资金的政府部门，应计入应税收入额的金额。第 4 列"调减金额"填报符合税收规定不征税收入条件并作为不征税收入处理，且已计入当期损益的金额。

9. 第 9 行"专项用途财政性资金"：根据《专项用途财政性资金纳税调整明细表》(A105040) 填报。第 3 列"调增金额"填报表 A105040 第 7 行第 14 列金额。第 4 列"调减金额"填报表 A105040 第 7 行第 4 列金额。

10. 第 10 行"（八）销售折扣、折让和退回"：填报不符合税收规定的销售折扣、折让应进行纳税调整的金额和发生的销售退回因会计处理与税收规定有差异需纳税调整的金额。第 1 列"账载金额"填报纳税人会计核算的销售折扣、折让金额和销货退回的追溯处理的净调整额。第 2 列"税收金额"填报根据税收规定可以税前扣除的折扣、折让的金额和销货退回业务影响当期损益的金额。若第 1 列 ≥ 第 2 列，第 3 列"调增金额"填报第 1−2 列金额。若第 1 列 < 第 2 列，第 4 列"调减金额"填报第 1−2 列金额的绝对值，第 4 列仅为销货退回影响损益的跨期时间性差异。

11. 第11行"（九）其他"：填报其他因会计处理与税收规定有差异需纳税调整的收入类项目金额。若第2列≥第1列，第3列"调增金额"填报第2-1列金额。若第2列＜第1列，第4列"调减金额"填报第2-1列金额的绝对值。

（二）扣除类调整项目

12. 第12行"二、扣除类调整项目"：根据第13行至第30行(不含第25行)填报。

13. 第13行"（一）视同销售成本"：根据《视同销售和房地产开发企业特定业务纳税调整明细表》(A105010)填报。第2列"税收金额"填报表A105010第11行第1列金额。第4列"调减金额"填报表A105010第11行第2列的绝对值。

14. 第14行"（二）职工薪酬"：根据《职工薪酬支出及纳税调整明细表》(A105050)填报。第1列"账载金额"填报表A105050第13行第1列金额。第2列"税收金额"填报表A105050第13行第5列金额。若表A105050第13行第6列≥0，第3列"调增金额"填报表A105050第13行第6列金额。若表A105050第13行第6列＜0，第4列"调减金额"填报表A105050第13行第6列金额的绝对值。 15. 第15行"（三）业务招待费支出"：第1列"账载金额"填报纳税人会计核算计入当期损益的业务招待费金额。第2列"税收金额"填报按照税收规定允许税前扣除的业务招待费支出的金额。第3列"调增金额"填报第1-2列金额。

16. 第16行"（四）广告费和业务宣传费支出"：根据《广告费和业务宣传费等跨年度纳税调整明细表》(A105060)填报。若表A105060第12行第1列≥0，第3列"调增金额"填报表A105060第12行第1列金额。若表A105060第12行第1列＜0，第4列"调减金额"填报表A105060第12行第1列金额的绝对值。

17. 第17行"（五）捐赠支出"：根据《捐赠支出及纳税调整明细表》(A105070)填报。第1列"账载金额"填报表A105070合计行第1列金额。第2列"税收金额"填报表A105070合计行第4列金额。第3列"调增金额"填报表A105070合计行第5列金额。第4列"调减金额"填报表A105070合计行第6列金额。

18. 第 18 行"（六）利息支出"：第 1 列"账载金额"填报纳税人向非金融企业借款，会计核算计入当期损益的利息支出的金额。发行永续债的利息支出不在本行填报。第 2 列"税收金额"填报按照税收规定允许税前扣除的利息支出的金额。若第 1 列≥第 2 列，第 3 列"调增金额"填报第 1-2 列金额。若第 1 列＜第 2 列，第 4 列"调减金额"填报第 1-2 列金额的绝对值。

19. 第 19 行"（七）罚金、罚款和被没收财物的损失"：第 1 列"账载金额"填报纳税人会计核算计入当期损益的罚金、罚款和被没收财物的损失，不包括纳税人按照经济合同规定支付的违约金（包括银行罚息）、罚款和诉讼费。第 3 列"调增金额"填报第 1 列金额。

20. 第 20 行"（八）税收滞纳金、加收利息"：第 1 列"账载金额"填报纳税人会计核算计入当期损益的税收滞纳金、加收利息。第 3 列"调增金额"填报第 1 列金额。

21. 第 21 行"（九）赞助支出"：第 1 列"账载金额"填报纳税人会计核算计入当期损益的不符合税收规定的公益性捐赠的赞助支出的金额，包括直接向受赠人的捐赠、赞助支出等（不含广告性的赞助支出，广告性的赞助支出在表 A105060 中填报）。第 3 列"调增金额"填报第 1 列金额。

22. 第 22 行"（十）与未实现融资收益相关在当期确认的财务费用"：第 1 列"账载金额"填报纳税人会计核算的与未实现融资收益相关并在当期确认的财务费用的金额。第 2 列"税收金额"填报按照税收规定允许税前扣除的金额。若第 1 列≥第 2 列，第 3 列"调增金额"填报第 1-2 列金额。若第 1 列＜第 2 列，第 4 列"调减金额"填报第 1-2 列金额的绝对值。

23. 第 23 行"（十一）佣金和手续费支出"：除保险企业之外的其他企业直接填报本行，第 1 列"账载金额"填报纳税人会计核算计入当期损益的佣金和手续费金额，第 2 列"税收金额"填报按照税收规定允许税前扣除的佣金和手续费支出金额，第 3 列"调增金额"填报第 1-2 列金额，第 4 列"调减金额"不可填报。保险企业根据《广告费和业务宣传费等跨年度纳税调整明细表》(A105060) 填报，第 1 列"账载金额"填报表 A105060 第 1 行第 2 列。若表 A105060 第 3 行第 2 列≥第 6 行第 2 列，第 2 列"税收金额"填报 A105060 第 6 行第 2 列的金额；

若表 A105060 第 3 行第 2 列＜第 6 行第 2 列，第 2 列"税收金额"填报 A105060 第 3 行第 2 列＋第 9 行第 2 列的金额。若表 A105060 第 12 行第 2 列≥0，第 3 列"调增金额"填报表 A105060 第 12 行第 2 列金额。若表 A105060 第 12 行第 2 列＜0，第 4 列"调减金额"填报表 A105060 第 12 行第 2 列金额的绝对值。

24. 第 24 行"（十二）不征税收入用于支出所形成的费用"：第 3 列"调增金额"填报符合条件的不征税收入用于支出所形成的计入当期损益的费用化支出金额。

25. 第 25 行"专项用途财政性资金用于支出所形成的费用"：根据《专项用途财政性资金纳税调整明细表》（A105040）填报。第 3 列"调增金额"填报表 A105040 第 7 行第 11 列金额。

26. 第 26 行"（十三）跨期扣除项目"：填报维简费、安全生产费用、预提费用、预计负债等跨期扣除项目调整情况。第 1 列"账载金额"填报纳税人会计核算计入当期损益的跨期扣除项目金额。第 2 列"税收金额"填报按照税收规定允许税前扣除的金额。若第 1 列≥第 2 列，第 3 列"调增金额"填报第 1～2 列金额。若第 1 列＜第 2 列，第 4 列"调减金额"填报第 1～2 列金额的绝对值。

27. 第 27 行"（十四）与取得收入无关的支出"：第 1 列"账载金额"填报纳税人会计核算计入当期损益的与取得收入无关的支出的金额。第 3 列"调增金额"填报第 1 列金额。

28. 第 28 行"（十五）境外所得分摊的共同支出"：根据《境外所得纳税调整后所得明细表》（A108010）填报。第 3 列"调增金额"填报表 A108010 合计行第 16+17 列金额。

29. 第 29 行"（十六）党组织工作经费"：填报纳税人根据有关文件规定，为创新基层党建工作、建立稳定的经费保障制度发生的党组织工作经费及纳税调整情况。

30. 第 30 行"（十七）其他"：填报其他因会计处理与税收规定有差异需纳税调整的扣除类项目金额，企业将货物、资产、劳务用于捐赠、广告等用途时，进行视同销售纳税调整后，对应支出的会计处理与税收规定有差异需纳税调整的金额填报在本行。若第 1 列≥第 2 列，第 3 列"调增金额"填报第 1～2 列金额。若第 1 列＜第 2 列，第 4 列"调减金额"填报第 1～2 列金额的绝对值。

（三）资产类调整项目

31. 第 31 行"三、资产类调整项目"：填报资产类调整项目第 32 行至第 35 行的合计金额。

32. 第 32 行"（一）资产折旧、摊销"：根据《资产折旧、摊销及纳税调整明细表》(A105080) 填报。第 1 列"账载金额"填报表 A105080 第 41 行第 2 列金额。第 2 列"税收金额"填报表 A105080 第 41 行第 5 列金额。若表 A105080 第 41 行第 9 列 ≥ 0，第 3 列"调增金额"填报表 A105080 第 41 行第 9 列金额。若表 A105080 第 41 行第 9 列 < 0，第 4 列"调减金额"填报表 A105080 第 41 行第 9 列金额的绝对值。

33. 第 33 行"（二）资产减值准备金"：填报坏账准备、存货跌价准备、理赔费用准备金等不允许税前扣除的各类资产减值准备金纳税调整情况。第 1 列"账载金额"填报纳税人会计核算计入当期损益的资产减值准备金金额（因价值恢复等原因转回的资产减值准备金应予以冲回）。若第 1 列 ≥ 0，第 3 列"调增金额"填报第 1 列金额。

若第 1 列 < 0，第 4 列"调减金额"填报第 1 列金额的绝对值。

34. 第 34 行"（三）资产损失"：根据《资产损失税前扣除及纳税调整明细表》(A105090) 填报。若表 A105090 第 29 行第 7 列 ≥ 0，第 3 列"调增金额"填报表 A105090 第 29 行第 7 列金额。若表 A105090 第 29 行第 7 列 < 0，第 4 列"调减金额"填报表 A105090 第 29 行第 7 列金额的绝对值。

35. 第 35 行"（四）其他"：填报其他因会计处理与税收规定有差异需纳税调整的资产类项目金额。若第 1 列 ≥ 第 2 列，第 3 列"调增金额"填报第 1～2 列金额。若第 1 列 < 第 2 列，第 4 列"调减金额"填报第 1～2 列金额的绝对值。

（四）特殊事项调整项目

36. 第 36 行"四、特殊事项调整项目"：填报特殊事项调整项目第 37 行至第 43 行的合计金额。

37. 第 37 行"（一）企业重组及递延纳税事项"：根据《企业重组及递延纳税事项纳税调整明细表》(A105100) 填报。第 1 列"账载金额"填报表 A105100 第 16 行第 1+4 列金额。第 2 列"税收金额"填报表 A105100 第 16 行第 2+5 列金额。若表 A105100 第 16 行第 7 列≥0，第 3 列"调增金额"填报表 A105100 第 16 行第 7 列金额。若表 A105100 第 16 行第 7 列＜0，第 4 列"调减金额"填报表 A105100 第 16 行第 7 列金额的绝对值。

38. 第 38 行"（二）政策性搬迁"：根据《政策性搬迁纳税调整明细表》(A105110) 填报。若表 A105110 第 24 行≥0，第 3 列"调增金额"填报表 A105110 第 24 行金额。若表 A105110 第 24 行＜0，第 4 列"调减金额"填报表 A105110 第 24 行金额的绝对值。

39. 第 39 行"（三）特殊行业准备金"：填报特殊行业准备金调整项目第 39.1 行至第 39.7 行（不包含第 39.3 行）的合计金额。

40. 第 39.1 行"1. 保险公司保险保障基金"：第 1 列"账载金额"填报纳税人会计核算的保险公司保险保障基金的金额。第 2 列"税收金额"填报按照税收规定允许税前扣除的金额。若第 1 列≥第 2 列，第 3 列"调增金额"填报第 1～2 列金额。若第 1 列＜第 2 列，第 4 列"调减金额"填报第 1～2 列金额的绝对值。

41. 第 39.2 行"2. 保险公司准备金"：第 1 列"账载金额"填报纳税人会计核算的保险公司准备金的金额。第 2 列"税收金额"填报按照税收规定允许税前扣除的金额。若第 1 列≥第 2 列，第 3 列"调增金额"填报第 1～2 列金额。若第 1 列＜第 2 列，第 4 列"调减金额"填报第 1～2 列金额的绝对值。

42. 第 39.3 行"其中：已发生未报案未决赔款准备金"：第 1 列"账载金额"填报纳税人会计核算的保险公司未决赔款准备金中已发生未报案准备金的金额。第 2 列"税收金额"填报按照税收规定允许税前扣除的金额。若第 1 列≥第 2 列，第 3 列"调增金额"填报第 1～2 列金额。若第 1 列＜第 2 列，第 4 列"调减金额"填报第 1–2 列金额的绝对值。

43. 第 39.4 行"3. 证券行业准备金"：第 1 列"账载金额"填报纳税人会计核算的证券行业准备金的金额。第 2 列"税收金额"填报按照税收规定允许税前扣除的金额。若第 1 列≥第 2 列，第 3 列"调增金额"填报第 1～2 列金额。若第 1 列＜第 2 列，第 4 列"调减金额"填报第 1～2 列金额的绝对值。

44. 第 39.5 行"4. 期货行业准备金"：第 1 列"账载金额"填报纳税人会计核算的期货行业准备金的金额。第 2 列"税收金额"填报按照税收规定允许税前扣除的金额。若第1列≥第2列，第3列"调增金额"填报第1～2列金额。若第1列＜第2列，第4列"调减金额"填报第1～2列金额的绝对值。

45. 第39.6行"5. 中小企业融资（信用）担保机构准备金"：第1列"账载金额"填报纳税人会计核算的中小企业融资（信用）担保机构准备金的金额。第2列"税收金额"填报按照税收规定允许税前扣除的金额。若第1列≥第2列，第3列"调增金额"填报第1～2列金额。若第1列＜第2列，第4列"调减金额"填报第1-2列金额的绝对值。

46. 第39.7行"6. 金融企业、小额贷款公司准备金"：根据《贷款损失准备金及纳税调整明细表》（A105120）填报。若表A105120第10行第11列≥0，第3列"调增金额"填报表A105120第10行第11列金额。若表A105120第10行第11列＜0，第4列"调减金额"填报表A105120第10行第11列金额的绝对值。

47. 第40行"（四）房地产开发企业特定业务计算的纳税调整额"：根据《视同销售和房地产开发企业特定业务纳税调整明细表》（A105010）填报。第2列"税收金额"填报表A105010第21行第1列金额。若表A105010第21行第2列≥0，第3列"调增金额"填报表A105010第21行第2列金额。若表A105010第21行第2列＜0，第4列"调减金额"填报表A105010第21行第2列金额的绝对值。

48. 第41行"（五）合伙企业法人合伙人分得的应纳税所得额"：第1列"账载金额"填报合伙企业法人合伙人本年会计核算上确认的对合伙企业的投资所得。第2列"税收金额"填报纳税人按照"先分后税"原则和《财政部 国家税务总局关于合伙企业合伙人所得税问题的通知》（财税【2008】159号）文件第四条规定计算的从合伙企业分得的法人合伙人应纳税所得额。若第1列≤第2列，第3列"调增金额"填报第2～1列金额。若第1列＞第2列，第4列"调减金额"填报第2～1列金额的绝对值。

49. 第42行"（六）发行永续债利息支出"：本行填报企业发行永续债采取的税收处理办法与会计核算方式不一致时的纳税调整情况。当永续债发行方会计上按照债务核算，税收上适用股息、红利企业所得税政策时，第1列"账载金额"填报支付的永续债利息支出计入当期损益的金额；第2列"税收金额"填报0。永续债发行方会计上按照权益核算，税收上按照债券利息适用企业所得税政策时，第1列"账载金额"填报0；第2列"税收金额"填报永续债发行方支付的永续债利息支出准予在企业所得税税前扣除的金额。若第2列≤第1列，第3列"调增金额"填报第1~2列金额。若第2列＞第1列，第4列"调减金额"填报第1~2列金额的绝对值。

50. 第43行"（七）其他"：填报其他因会计处理与税收规定有差异需纳税调整的特殊事项金额。

（五）特殊纳税调整所得项目

51. 第44行"五、特别纳税调整应税所得"：第3列"调增金额"填报纳税人按特别纳税调整规定自行调增的当年应税所得。第4列"调减金额"填报纳税人依据双边预约定价安排或者转让定价相应调整磋商结果的通知，需要调减的当年应税所得。

（六）其他

52. 第45行"六、其他"：填报其他会计处理与税收规定存在差异需纳税调整的项目金额，包括企业执行《企业会计准则第14号——收入》（财会【2017】22号发布）产生的税会差异纳税调整金额。

53. 第46行"合计"：填报第1+12+31+36+44+45行的合计金额。

…………

＊5｜指标3　发票使用合法合理，严格谨慎

5.2　政策和筹划

第1节　政策跟随度——政府的好处是给知道这个好处的人

目前政府各部门对于企业的发展扶持力度很大，有很多补贴政策，对于企业是非常实用的。但是这些补贴，通常与财务报表有关，提交审计报告和纳税申报表作为申报的基础资料之一，所以，企业里的财务工作者，不仅要关注到实时的政策，还要保持敏感性，及时分析出哪些政策对于自身企业的引领作用在哪里，

并且提供分析报告给决策者作为决策依据,最大限度的提升企业价值。

财管力讲政策和筹划的政策跟随度,主要包括以下4个指标:

* 6 | 指标1　有专人,或者聘请了专门的机构,对适用的税收政策跟进和分析

税务有关的政策,发布密度较高,碎片化,常态化,很多税务征收法规和规范及税收优惠、税务补贴的发布,都不是一个基本法,或者后法覆盖前法的。

因此,设置专门的工作职责,及时、全面地收集这些政策文件,并按时间顺序编排成册,是能够有机会获得税务筹划的第一步。

相信一句话,政府的福利是发给谁的?

——发给知道这个福利的人!

* 7 | 指标2　对适用的税收政策都申请了

政策是导向,是企业可以放心跟随的风向标,所以,政策给了惠企条款,就一定要申请。这就是方向。哪怕申请不到,也要向这个方向努力。努力的过程一定是对企业对发展有好处对。

不敢申请,多半就是账面有瑕疵。

因为没做好账,而浪费获取利润的机会,就太可惜了。

* 8 | 指标3　对有望适用的税收政策可以向政策努力

如指标7所言,政府发布了政府补贴、税收优惠,一定要努力去拿。拿不到就向这个鼓励政策想要的方向去努力。有很多条件其实还是很容易实现的。政府的政策,一定是普惠政策,不会针对先天性障碍做要求。比如:

1. 微利企业

根据《国家税务总局关于实施小型微利企业普惠性所得税减免政策有关问题的公告》(国家税务总局公告2019年第2号)规定:"一、自2019年1月1日至2021年12月31日,对小型微利企业年应纳税所得额不超过100万元的部分,减按25%计入应纳税所得额,按20%的税率缴纳企业所得税;对年应纳税所得额超过100万元但不超过300万元的部分,减按50%计入应纳税所得额,按20%的税率缴纳企业所得税。

小型微利企业无论按查账征收方式或核定征收方式缴纳企业所得税，均可享受上述优惠政策。

所称小型微利企业是指从事国家非限制和禁止行业，且同时符合年度应纳税所得额不超过300万元、从业人数不超过300人、资产总额不超过5 000万元等三个条件的企业。"

我就见过一些企业，实实在在地用着25%的税率，因为我们不是微利企业呀。按照这项公告，其实大多数企业都可以算是小型微利企业。

应纳税所得额，是经过了纳税调整之后的会计利润，注意，不可用会计利润来做是否小型微利企业的指标。从业人数按照纳税年度内与企业形成劳动关系的职工全年平均人数确定；资产总额，注意加强往来管理，给资产瘦身，不仅可以享受税收优惠，更是轻装上阵，提高利润获取效率的必修之路。

2. 总部经济

总部经济在各城市的具体定义和税收优惠政策不同，大同小异，比如：对企业有限公司（一般纳税人）的增值税按照地方财政收入的50%～70%给予财政支持和奖励；大型企业将按照当地财政收入的50%～70%（增值税税额的一半和企业所得税税额的40%）获得企业所得税的财政支持和奖励。如此大的力度，可以仔细筹划。重点考虑：股权架构、集团公司、事业部等方式。简单来讲，就是考虑可以出现在合并报表中的财务项。

3. 研发费加计扣除和研发费投后补贴

* 9｜指标4　经常参加税法或税收政策的培训和讲座

1. 多方获取信息，听权威人士，专业人士的解读；

2. 听别人的经验，经典的案例——总有一款适合你。

第2节　税收筹划度

税收筹划：在法律规定许可的范围内，通过对经营、投资、理财活动的事先筹划和安排，尽可能取得节税的经济利益。

以中国内地的税制和执行细则来看，实际的避税空间是很小的，税收筹划，往往就是在钻政策的空子。我们在咨询实务中，也常常遇到需要冒险去做税额减少的案例。

真正的税收筹划，只有两种：一种是贴近政策发展企业，获取税收优惠；另一种是改变交易的性质，换一种方式缴税。

财管力讲政策和筹划的纳税筹划度，主要包括以下14个指标：

※ 10 | 指标1　与销售配套的服务采用了不同的增值税率

1. 一个销售拆分成两个销售

把销售加服务的销售，改成销售销售，销售服务。销售的增值税率是13%，服务的增值税率是6%，如果做成安装、配套能够独立的，小规模纳税人，则税率3%，疫情期间1%，且月度15万以内免企业所得税。

例如：

销售机器设备一台，销售价100万元，包安装，则不含税销售收入88.50万元，增值税销项税额11.50万元，附加税额1.15万元，企业所得税22.13万元，合计应交税费34.78万元。

假设将配送和安装单独销售，则机器销售价98万元，配送和安装的销售价2万元，则机器不含税销售收入86.73万元，增值税销项税额11.27万元，附加税1.13万元，企业所得税21.68万元；服务不含税销售收入1.98，增值税销项税额0.2万元，附加税0.02万元，所得税额为0。合计应交税费34.30万元。

销售一台机器，节约税金0.48万元。

2. 一个销售拆分成一个销售和一个采购

把销售加服务的销售，改成销售销售，购买服务。销售的增值税率是13%，服务的增值税率是6%，将安装、配套做成独立的服务供应商，小规模纳税人，则税率3%，疫情期间1%，可以用来抵增值税进项税额；且月度15万以内免企业所得税。

接上例：

假设将配送和安装单独采购，则机器销售价100万元，配送和安装的采购价2万元，则机器不含税销售收入88.50万元，增值税销项税额11.50万元，附加税

1.15万元，企业所得税22.13万元；服务不含税销售收入1.98，增值税进项税额0.2万元，增值税销项税额0.2万元，附加税0.02万元，所得税额为0。合计应交税费34.58万元。

销售一台机器，节约税金0.2万元。

第二种情况，有增值税进项税额可以抵扣，如果附加的服务会有较高的进项税额可以抵扣，则可以有更多的节税空间。

✱ 11 │ 指标2　支付劳务报酬，采用了综合方式

劳务报酬所得，是指个人独立从事各种非雇佣的各种劳务所取得的所得。预扣率见表26。

表26　劳务报酬所得率

级数	预扣预缴应纳税所得额	预扣率（%）	速算扣除数
1	不超过20 000元部分	20	0
2	20 000至50 000元	30	2 000
3	超过50 000元	40	7 000

劳务报酬所得以收入减除费用后的余额为收入额。减除费用：劳务报酬所得每次收入不超过4 000元的减除费用按800元计算；每次收入4 000元以上的，减除费用按20%计算。

劳务报酬是个人独立从事设计、安装、制图、医疗、会计、法律、咨询、讲学、投稿、翻译、书画、雕刻、电影、戏剧、音乐、舞蹈、杂技、曲艺、体育、技术服务等项劳务的所得。

这些报酬如果是一次性获得，金额较高，则税负较高。可以转换收入形式，比如，个人劳务报酬、公司之间交易，个体工商户采购等结合。测算出税负最低的模式。

✱ 12 │ 指标3　预缴时，账务处理计提了坏账准备

坏账准备属于备抵类科目，根据《企业所得税法》《企业所得税税前扣除办法》等相关规定，坏账准备不允许税前扣除，需要在汇算清缴做纳税调增。

因此，很多财务人员会干脆不计提坏账准备。

而目前我国的税法规定，在预缴时，不得使用加计扣除等税收优惠政策，汇算清缴的时候，按年度使用。

如果不计提坏账准备，这就会造成季度预缴，不断的预缴，到了汇算清缴就会有应纳税额为负数的情况，形成异常。

所以，建议平时预缴就按计提了坏账准备的会计利润来做，汇算清缴时做纳税调增，跟加计扣除等税收优惠对冲，则可如常纳税。

同时，这样也可以使得企业的资金不会过多的浪费在预缴税费中，进一步地提高周转率，提高流动性。

✳ 13 | 指标4　多层次经营，大公司转集团

多层次经营，大公司转集团，大船变舰队，也是在近期得到众多企业家认可的操作模式。随着企业的发展壮大，部门的规模越来越大，职责越来越丰富，可以将其独立出来单独注册公司，独立纳税，内部采购。

不仅管理清晰，还可以节税。

✳ 14 | 指标5　能准确划分正常损耗和非正常损耗

存货的非正常损失，大致包括：

（1）已霉烂变质的存货；

（2）已过期且无转让价值的存货；

（3）经营中已不再需要，并且已无使用价值和转让价值的存货；

（4）其他足以证明已无使用价值和转让价值的存货。

很多企业在汇算清缴之前申请资产的非正常损失，希望可以在企业所得税前扣除。

让存货的非正常损失在企业所得税前扣除，还需要考虑：

（1）进项税额转出——不能抵扣的增值税额（-）；

（2）资产非正常损失——可以抵扣的企业所得税额（+）；

（3）鉴证报告——第三方的鉴证报告费用（-）；

（4）如果认定为非正常损失，生产成本减少，毛利提升，企业所得税增加额（-）；

以上考虑内容，（—）代表税的减少，（+）代表税的增加。综合考虑，计算，验证，看看是否需要申请资产的非正常损失的企业所得税税前扣除。

※ 15 | 指标6　在销售合同的范本中，考虑销售收入确认时点

在"会计核算力—收入"和"风险控制力—销售和收款循环"都提及了销售收入确认时点对企业所得税的影响。

比如：

（1）中转仓。

运送物品到达对方验收地，还是到达某地，等待收取验收通过的通知，销售收入确认的时点不同。要看风险和收益是否达到了转移。

（2）质保期。

合同规定了质保期的，在质保期满之前，风险和收益未达到转移。

（3）退货期。

合同规定了退货期的，在退货期满之前，风险和收益未达到转移。

（4）验收标准或条件。

符合验收标准或条件之前，风险和收益未达到转移。

风险和收益未达到转移，则不符合销售收入的确认条件，即为纳税义务未发生。

※ 16 | 指标7　用发票或者摊销的形式，可以将无形资产计入成本

研发支出的核算，已经是一个系统问题了，还是比较多的财务人员对其核算缺乏完整性和业财融合度。

实务中，有些财务人员会对我说，采购回来的料工费，做进成本，也一样能抵税啊。

我们来看：

①进生产成本——销售成本——抵税 100%

②进研发支出　┌——无形资产——摊销——抵税 175%

　——研发费　└——加计扣除——抵税 175%

可见，将研发支出核算完整，抵税效应是高于将料工费作为产品成本核算的。

再看，如果将自主研发自主申报的无形资产独立运营，公司单独采购，那么，

对于增值税的进项税额，又多了一层抵税效应。另外，复核软件企业的还有更多的税收优惠。

＊17｜指标8　餐费做了详细的记录，分类计入不同科目

餐费计入不同的科目，对企业所得税的抵税效应也不同：

（1）如果属于外部接待，计入"管理费用–业务招待费"科目核算，《中华人民共和国企业所得税法实施条例》第四十三条规定，企业发生的与生产经营活动有关的业务招待费支出，按照发生额的60%扣除，但最高不得超过当年销售（营业）收入的5‰。即业务招待费的税前扣除应同时满足以上规定。

（2）如果属于内部员工用餐的餐费，计入"管理费用–职工福利"科目核算。企业发生的职工福利费支出，不超过工资薪金总额14%的部分，准予扣除。

（3）如果属于员工外出发生的差旅费，计入"管理费用—差旅费"科目核算。根据《中华人民共和国企业所得税法》及其实施条例的规定，企业发生的与取得收入直接相关的、符合生产经营常规的必要和正常的支出，准予在计算应纳税所得额时扣除。

食堂没发票如何尽量抵税？

①食堂外包出去，获取发票；

②选择农产品生产企业购买食堂物资；

③选择农产品贸易公司的农产品；

④农业个体户生产农产品免税开票；

⑤发放伙食补贴。

＊18｜指标9　支出和采购收增值税专用发票时，尽量转换交易形式，使得抵扣率更大

采购的形式，简要分为以下几种：

（1）采购原材料，回来加工，原材料可抵扣进项税13%，加工属于生产成本，增加的人工支出不能抵税，制造费用的抵税效应不变。

举例：原材料100元，加工费100元，则进项税额13元；

（2）采购加工完成的半成品，把加工费含在原材料中，可抵扣进项税13%，加工所需的人工不在生产成本—直接人工中，制造费用抵税效应不变。

接上例：原材料和加工费一共200元，作为半成品采购进来，可抵扣进项税26元。

※ 19 ｜ 指标10　预计营业状况不太稳定的投资，不做分公司，做子公司

预计营业状况不太稳定的投资，不做分公司，做子公司，为了将其独立核算，利用其亏损在企业所得税前扣除，又不会在其他方面影响母公司。

※ 20 ｜ 指标11　制定营销方法，会计算税负

方案1：7折销售，价值100元的商品的售价为70元。

增值税：$70÷（1+13\%）×13\% － 60/（1+13\%）×13\%=1.15$（元）

企业所得税：

利润额 $=70÷（1+13\%） － 60/（1+13\%）=8.85$（元）

应缴所得税：$8.85×25\%=2.21$（元）

税后净利润：$8.85 － 2.21=6.64$（元）

方案2：购物满100元，赠送价值30元的商品（成本18元）。

增值税：

销售100元商品应纳增值税：$100/（1+13\%）×13\% － 60/（1+13\%）×13\%=4.60$（元）；

赠送30元商品视同销售，应纳增值税：$30/（1+13\%）×13\% － 18/（1+13\%）×13\%=1.38$（元）；

合计应纳增值税：$4.60+1.38=5.98$（元）

个人所得税：$30/（1-20\%）×20\%=7.5$（元）

企业所得税：

利润额$=100/（1+13\%） － 60/（1+13\%） － 18/（1+13\%） － 7.5 =11.97$（元）；

由于代顾客缴纳的个人所得税款不允许税前扣除，因此应纳企业所得税：

[100/（1+13%）－60/（1+13%）－18/（1+13%）]×25%=4.86（元）；根据新规定，卖一赠一，赠送不再视同销售收入计征企业所得税。

税后利润：11.97－4.86=7.11（元）

方案3：购物满100元返回现金30元。

增值税：

应缴增值税税额=100/（1+13%）×13%－60/（1+13%）×13%=4.60（元）；

个人所得税：7.5元（计算同上）

企业所得税：

利润额=100/（1+13%）－60/（1+13%）－30－7.5=－2.10（元）；

应纳所得税额=[100/（1+13%）－60/（1+13%）]×25%=8.85（元）；

税后净利润：－2.10－8.85=－10.95元。

方案1：7折销售，价值100元的商品的售价为70元。税后净利润：6.64元。

方案2：购物满100元，赠送价值30元的商品（成本18元）。税后利润：7.11元。

方案3：购物满100元返回现金30元。税后净利润：－10.95（元）。

视同销售也要纳税。

为客户承担的个税不能税前扣除。

*21 | 指标12　开发支出用了专账采用三级科目核算

Q1: 企业没有设立专门的研发部门，是否就没有研发支出？

A1: 企业用于提升产品性能、提高工艺流程、改进生产过程等所花费的人力、物力财力等，实际上都是研发支出。企业需要清晰区分生产和研发，准确归集研发支出，并拟定项目周期和预算。

Q2: 研发支出核算有什么要求？

A2: 企业应当建立规范的研究开发费用核算体系，编制研究开发项目计划书，对研究开发费用进行专账管理，采用科学合理的方法将有关费用在各个受益项目之间分摊。对发生的研发支出按照项目结果分别进行资本化和费用化。

Q3: 规范核算研发费有什么受益？

A3：所有企业研发费175%加计扣除，高新技术企业可用15%低税率。

Q4：没有专账就不能加计扣除吗？

A4：不能。

Q5：没有专账能不能申报高新技术企业？

A5：能。申报时可采用研发费辅助账。但即使申报成功也不能享受加计扣除。同时，由于未能清晰核算成本和研发费，存在税务处罚风险。

Q6：研发费科目设置包括哪些？

A6：研发费专账根据企业研发支出实际情况设置三级科目核算。第三级科目包括（但不限于）：研发领用原材料、研发人员工资、非研发人员的辅助人员的工时工资、研发占用的设备工时、研发占用的仪器仪表费、样品样机制作费、委托开发费、外协加工费、测试费、项目评审费等。

Q7：管理费用很少，所以区分不出研发费怎么办？

A7：研发费是费用化的研发支出，不一定全部都从管理费用中细分。企业要清晰核算生产成本和研发支出，研发支出中费用化的部分，才是管理费用中的研发费。

Q8：之前没有规范核算，还有机会更正吗？

A8：有。规范核算任何时候都不晚，切记不可临时抱佛脚做假账、糊涂账。

*22 ｜ 指标13　股东更名前会考虑个人所得税

1. 股权原值的确认

现金

非货币资金（不能太随意）

无偿——继承

2. 完整、准确的股权原值凭证

第二十一条 纳税人、扣缴义务人向主管税务机关办理股权转让纳税（扣缴）申报时，还应当报送以下资料：

（1）股权转让合同（协议）；

（2）股权转让双方身份证明；

（3）按规定需要进行资产评估的，需提供具有法定资质的中介机构出具的净资产或土地房产等资产价值评估报告；

（4）计税依据明显偏低但有正当理由的证明材料；

（5）主管税务机关要求报送的其他材料。

3. 股权转让收入的确认

第十一条 符合下列情形之一的，主管税务机关可以核定股权转让收入：

（1）申报的股权转让收入明显偏低且无正当理由的；

（2）未按照规定期限办理纳税申报，经税务机关责令限期申报，逾期仍不申报的；

（3）转让方无法提供或拒不提供股权转让收入的有关资料；

（4）其他应核定股权转让收入的情形。

4. 明显偏低但有正当理由

第十二条 符合下列情形之一，视为股权转让收入明显偏低：

（1）申报的股权转让收入低于股权对应的净资产份额的。其中，被投资企业拥有土地使用权、房屋、房地产企业未销售房产、知识产权、探矿权、采矿权、股权等资产的，申报的股权转让收入低于股权对应的净资产公允价值份额的；

（2）申报的股权转让收入低于初始投资成本或低于取得该股权所支付的价款及相关税费的；

（3）申报的股权转让收入低于相同或类似条件下同一企业同一股东或其他股东股权转让收入的；

（4）申报的股权转让收入低于相同或类似条件下同类行业的企业股权转让收入的；

（5）不具合理性的无偿让渡股权或股份；

（6）主管税务机关认定的其他情形。

*23 | 指标14 其他常规税收筹划的考虑

财管力观点：不放弃任何收入的机会——利润的K点在于放弃的收益即为损失

5.3 财税契合度

第1节 数字合理性——别让人一眼就看出问题

假设财务数据能够百分之百的反应企业经营实际，那么所有的数字都必须是具有合理性的。然而在实务中，由于多种原因，财务数字受到各种折射，如果账面连基本合理性都不具备，无疑企业的税务风险相当大。

所以财务工作者要学会洞悉财务报表，在税务稽查之前，发现报表中欲盖弥彰之处。

资产负债表的涉税风险问题是来自于报表的具体项目余额，不同项目的期末余额、不同的变化所揭秘的企业涉税问题是不同的，不同的科目、不同的金额带来的涉税问题也是不一样的。

1. 资产负债表"固定资产"期末原值减少

如果企业"固定资产"期末原值减少，说明该企业当期很有可能发生了"固定资产"处置，无论是"利得"还是"损失"，一旦有发生资产处置，就需要缴纳资产处置的流转税。

如处置 2009 年度以前取得的固定资产，纳税人应按简易办法（3% 征收率减按 2% 征收增值税）纳税，如要开具专业发票，则需放弃 2% 税率，选择 3% 税率缴纳增值税。

如处置 2009 年度以后取得的固定资产，由于纳税人已抵扣进行，所以应按增值税一般税率缴纳增值税，并可开具增值税发票。

因此，企业固定资产原值减少，是不是有对应的纳税行为发生，税务部门从报表一看便知。

2. "预收账款"期末余额很大

企业如果"预收账款"余额长期很大，说明企业货款或服务费已收，货物有可能已经发送或劳务已经提供；也有可能是因为企业收到提供建筑服务或租赁服务的预收款等现象，但没有开具对应业务的发票或确认对应业务的纳税收入，可能会涉及增值税及所得税。

因此，企业"预收账款"余额长期很大，所对应的税收是否都已经缴纳，税务部门从报表一看便知。

3."实收资本"期末余额增加

企业如果"实收资本"期末余额增加了，说明企业有可能追加了投资，实收资本的增加很有可能应补缴印花税。根据规定，"实收资本"和"资本公积"两项的合计金额大于原已贴花资金的，就增加的部分应补贴印花。

因此，"实收资本"期末余额的增加，是否有对应的纳税行为发生，税务部门从报表一看便知。

4."货币资金"期末余额长期很大

该科目为税务局重点监视科目，对于很多中小企业而言，"货币资金"期末余额长期很大，很有可能是因为"白条抵库""收到货款挂往来未确认收入"等现象，这样一来，很有可能说明企业有推迟纳税的嫌疑。

因此，企业货币资金余额的变动，也是税务部门重点关注的纳税稽查点之一。

5."在建工程"余额长期存在

企业"在建工程"余额长期存在，很有可能企业所建工程早已经达到预定可使用状态或已经完工使用，但没有结转为固定资产，如：推迟房屋、建筑物的在建工程的结转，推迟结转很有可能是为了推迟缴纳"房产税""土地增值税"等的嫌疑。

因此，企业在建工程是否都按时结转，税务部门从报表一看便知。

6."盈余公积"期末余额减少

企业"盈余公积"期末余额减少，很有可能是因为企业用盈余公积转增了资本，如果企业发生盈余公积转增资本，实际上是该公司将盈余公积金向股东分配了股息、红利，股东再以分得的股息、红利增加注册资本。对于个人投资者而言，应由公司代扣代缴个人股东所增加部分的个人所得税。

因此，企业"盈余公积"的减少，是否有对应纳税行为的发生，税务部门从报表一看便知。

7."其他应收款"余额非常大

企业"其他应收款"余额非常大，很有可能是因为企业股东个人借款长期未归还，也有可能是因为关联企业间的借款，也有可能是企业高管借支绩效等现象。企业如果是因为这些原因，那么说明企业很有可能推迟或漏缴了个人所得税或增值税。

因此，企业"其他应收款"余额非常大，是否有漏缴税款的行业，税务部门从报表一看便知。

8. 利润表"其他业务收入"当期有发生额，纳税行为何在

企业"其他业务收入"当期一旦有发生额，很显然就应该会有：

（1）发生"废旧物资出售收入"，是否有货物销售增值税？

（2）发生"固定资产出租、包装物出租"，是否有动产或不动产租赁增值税？

因此，企业有其他业务收入，是否有对应的税收缴纳，税务部门从报表一看便知。

9. 利润表"营业外收入"当期有发生额

企业"营业外收入"当期一旦有发生额，很显然就应该会有：

（1）发生"非流动资产处置利得"，是否有旧货销售增值税？

（2）发生"非货币性资产交换利得"，是否有销售增值税？

因此，企业有营业外收入，是否有对应的税收缴纳行为，税务部门从报表一看便知。

10. 利润表"营业外支出"当期有发生额

通过以上科目核算内容我们清楚，企业"营业外支出"当期一旦有发生额，很显然就应该会有：

（1）发生"非正常损失"，是否有进项税额转出？

（2）发生"非流动资产处置损失"，是否有旧货销售增值税？

（3）发生"非货币性资产交换损失"，是否有销售增值税？

因此，企业有营业外支出，是否有对应的税收缴纳行为，税务部门从报表一看便知。

财管力讲财税契合度的数字合理性，主要包括以下12个指标：

※ 24 ｜ 指标1　存货余额不大于之前三个月收入之和

税务风险提示：

（1）假的采购，虚增的成本和费用；

（2）购买了增值税进项发票；

（3）隐瞒了部分收入。

❋ 25 ｜ 指标2　有投资收益，则有相应的资产科目，反之亦然

当有投资收益，则会有相应的资产科目，比如：长期股权投资、短期投资、金融资产等。

税务风险提示：

（1）钱被挪用了，或者用了其他渠道购买了个人理财；

（2）存在不应核算损益的投资；

（3）未利用的抵税效应。

❋ 26 ｜ 指标3　应收账款的增幅，不会低于同期销售收入的增幅

应收账款的增长，理论上应与销售收入的同比增长，特殊情况下，也会有比平时收款提前的销售。

但是这样的情况会引起税务异常：

（1）不合理的商业逻辑，可能用预收账款推迟了销售收入的确认，延迟纳税；

（2）可能冲销了部分应收账款，需要更多更充分的证据，证明其作为坏账损失的合理性和合法性；

（3）可能冲销了部分应收账款，虚构了销售收入和应收账款。

❋ 27 ｜ 指标4　不存在非主要原材料的预付款大幅增长

非主要原材料，比如：配件、五金件、包装物、泡沫等。

非主要原材料一般在采购额中占比较小，采购的批量不会很多，通常不会预付款，更多的情况是要求供应商做了赊销，形成应付账款。如果存在预付账款，则需要留意其会计处理的合理性。

尤其是，当非主要原材料的预付款突然大幅增长，则需要考虑：

（1）是否存在虚构的采购，或未取得采购发票的交易；

（2）是否购买了发票；

（3）是否准备使用虚开的或提前开的增值税发票；

（4）是否准备股东或关联方转移资金，或其他非法行为。

❋ 28 ｜ 指标5　不存在与生产经营规模不相适应的在建工程的突然增长

在建工程是指企业固定资产的新建、改建、扩建，或技术改造、设备更新和大修理工程等尚未完工的工程支出。

在建工程通常有"自营"和"出包"两种方式。自营在建工程指企业自行购买工程用料、自行施工并进行管理的工程；出包在建工程是指企业通过签订合同，由其他工程队或单位承包建造的工程。

如果发生了与生产经营规模不相适应的在建工程的突然增长，则需要考虑：

（1）是否存在将资金用于特殊对象，或者夸大了金额；

（2）是否准备调控未分配利润和实收资本科目，达到避税目的；

（3）是否存在虚构的，或者被夸大的资产，以用于未来避税。

※ 29｜指标6　不存在与当前经营关联度不高的无形资产采购

研发费投入有多层次的抵税效应，比如：低的税率、加计扣除、政府直接补贴等。

税务风险提示：

（1）虚构研发费用于加计扣除；

（2）在不符合条件的情况下申报高企资质，伪造了部分资料；

（3）从 RD 到 PS 的逻辑关联不够充足，未能清晰核算开发支出（多见于已获取了高新技术企业资质的企业）。

※ 30｜指标7　不存在应付职工薪酬的异常波动

应付职工薪酬的核算，包括职工工资、奖金、津贴和补贴；职工福利费；医疗保险费、养老保险费、失业保险费、工伤保险费和生育保险费等社会保险费；住房公积金；工会经费和职工教育经费；非货币性福利；因解除与职工的劳动关系给予的补偿等。

应付职工薪酬的核算，按照相关规定，用贷方计提，计入相关成本和费用；用借方实际发放，同时减少银行存款或现金。

这就使得应付职工薪酬存在一定的特殊性，即，发生成本和费用时，不需要实际支付。所以，在用应付职工薪酬筹划纳税时，需要考虑：

（1）是否为了虚增成本或费用；

（2）是否向股东支付了过高的工资，以逃避了利润分配所应缴纳的个税；

（3）是否向关联方、或其他人员支付了没有实际获取的职工薪酬。

✳ 31 | 指标8　不存在偶发的交易模式、偶发的产品、偶发的客户

偶发的交易模式、偶发的产品、偶发的客户，会带来的税务风险：

（1）虚构的交易；

（2）不正当的交易；

（3）伪造的完整的交易；

（4）其他不合法的资金流转。

✳ 32 | 指标9　不存在交易价格明显偏离正常市场价格，且无合理原因

交易价格明显偏离正常市场价格，且无合理原因，会带来的税务风险：

（1）不合理的高，如为采购，可能虚增了采购成本和产品成本；

（2）不合理的低，如为采购，可能帮客户虚增收入；

（3）不合理的高，如为销售，可能业绩作假，或帮别人虚增采购成本；

（4）不合理的低，如为销售，可能两套合同，或无发票销售。

✳ 33 | 指标10　不存在销售结构异常、单位售价异常、原料单位成本异常和原料单耗水平异常导致的毛利率异常

异常的毛利，基本上都是人为操纵了报表。

✳ 34 | 指标11　运费、佣金、报关费用等，与销售收入保持相对稳定的比例关系

如运费、佣金、报关费用等销售费用，与销售收入没有稳定的比例关系，需要考虑的税务风险：

（1）是否隐匿了收入；

（2）是否虚增了成本；

（3）是否有违法使用的发票。

✳ 35 | 指标12　不存在投资性现金流量持续为大额负数的情况

如存在投资性现金流量持续为大额负数的情况，需要考虑的税务风险：

（1）是否虚构投资；

（2）是否虚构亏损。

> 财管力观点：纳税也能增加净利润——利润的 K 点在于使应纳税所得额小于会计利润

第2节　内外衔接度——只有一套账才是利益最大化

财管力讲财税契合度的内外衔接度，主要包括以下 4 个指标：

✱ 36 ｜ 指标1　各税种纳税申报表与财务报表钩稽

钩稽，是指逻辑相符，不是数字一致。如：建筑行业的收入确认，跟发票不同步，建筑行业的增值税纳税申报表上的收入，与企业所得税纳税申报表上的收入不同步。那是否说明错了，或者存在问题呢？不是的。只要符合相应的逻辑，能够提供充分的依据，都是达成了钩稽。

要保持各税种纳税申报表与财务报表钩稽，执行稳定且合理的核算模式是必要的。包括但不限于：成本核算模式、收入确认条件等。

✱ 37 ｜ 指标2　有稳定且合理的成本核算模式

企业的成本核算模式现状：

（1）无逻辑的，或收付实现制的；

（2）夹杂一些不属于产品成本的开支；

（3）全进全出，将投入的料工费全部结转，不计算生产线上的半成品，导致产品单位成本忽高忽低的；

（4）随意核算，大致加几项内容即可的。

很多企业做几套账的，但是无论是管理账，还是税务账，都不能真实反正企业的财务状况和经营成果。尤其是成本核算，造成了——管理账的成本只是流水账，税务账的成本是个空壳的状况。

既然做账、检验物料等，都花费了人力、物力、财力，就要使其成为成本，为我们的利润做出贡献。否则就是浪费。

所以，在财税契合度里，我们倡导企业认认真真做成本核算，只有企业的产品的核算符合了其生产的过程，核算框架才能为我们经营和盈利服务。

※ 38 ｜ 指标3　所有的支出，有没有发票都应入账

没有发票，没有办法入账——我见过很多有经验的老会计，都有这样的执念。这实际上混淆了会计利润和应纳税所得额。我们做账，不是为税务局做的，我们是为企业的经营目标来做账。所以，我们做账的目标不是如何应付税务局，而是怎么做，能让企业可以获益。发票处理与财管力6维度的关联如图27所示。

图27　发票处理与财管力6维度的关联

※ 39 ｜ 指标4　管理账完整可靠，在此基础上纳税调整

参考指标4。

5.4　战略契合度

第1节　融资障碍——燕雀安知鸿鹄之志

主要有以下6个财务问题需要企业提前关注并解决。

1. 会计基础问题

运行规范，是企业挂牌新三板的一项基本要求，当然也包括财务规范。建议严格执行相关会计准则，充分认识到规范不是成本，而是收益，养成将所有经济业务事项纳入统一的一套报账体系内的意识和习惯。

回顾一下财管力的框架，这部分相当于基础工作力。

2. 会计政策适用问题

拟挂牌企业在适用会计政策方面常见问题主要体现在：一方面是错误和不当适用，譬如收入确认方法模糊；资产减值准备计提不合规；长短期投资收益确认方法不合规；在建工程结转固定资产时点滞后；借款费用资本化；无形资产长期待摊费用年限；合并会计报表中特殊事项处理不当等。另一方面是适用会计政策和会计估计没有保持一贯性，譬如随意变更固定资产折旧年限；随意变更坏账准备计提比例；随意变更收入确认方法；随意变更存货成本结转方法等。对于第一类问题务必纠正和调整，第二类问题则要注重选择和坚持。

回顾一下财管力的框架，这部分相当于会计核算力。

3. 内部控制问题

企业内部控制是主办券商尽职调查和内核时关注的重点，也是证券业协会等主管备案审查的机构评价的核心。从内部控制的范围来看，包括融资控制、投资控制、费用控制、盈利控制、资金控制、分配控制、风险控制等；从内部控制的途径来看，包括公司治理机制、职责授权控制、预算控制制度、业务程序控制、道德风险控制、不相容职务分离控制等。一般来说，内部控制的类型分为约束型控制（或集权型控制）和激励型控制（或分权型控制）。通常情况下，中小型企业以前者为主，规模型企业可采取后者。另外，内部控制不仅要有制度，而且要有执行和监督，并且有记录和反馈，否则仍然会流于形式，影响挂牌。

回顾一下财管力的框架，这部分相当于风险控制力。

4. 企业盈利规划问题

虽然新三板挂牌条件中并无明确的财务指标要求，对企业是否盈利也无硬性规定，但对于企业进入资本市场的客观需要来说，企业盈利的持续性、合理性和成长性都显得至关重要。因此,要对企业盈利提前规划,并从政策适用、市场配套、费用分配、成本核算各方面提供系统保障。盈利规划主要包含盈利规模、盈利能力、盈利增长速度三个方面,必须考虑与资产负债、资金周转等各项财务比率和指标形成联动和统一。从真正有利于企业发展和挂牌备案的角度来看,盈利规划切忌人为"包装",而是要注重其内在合理性和后续发展潜力的保持。

回顾一下财管力的框架,这部分相当于数据分析力中的盈利能力。

5. 资本负债结构问题

资本负债的结构主要涉及的问题有:权益资本与债务资本构成;股权结构的集中与分散;负债比例控制与期限的选择;负债风险与负债收益的控制等。以最为典型的资产负债率为例,过高将被视为企业偿债能力低、抗风险能力弱,很难满足挂牌条件,但过低也不一定能顺利通过挂牌审核,因为审批部门可能会认为企业融资需求不大,挂牌的必要性不足。因此,适度负债有利于约束代理人道德风险和减少代理成本,债权人可对当前企业所有者保持适度控制权,也更有利于企业挂牌或IPO融资。因此,基于这样的考虑,对企业的资产、负债在挂牌前进行合理重组就显得格外重要。

回顾一下财管力的框架,这部分相当于数据分析力中的偿债能力。

6. 税收方案筹划

税收问题是困扰拟挂牌企业的一个大问题。对于大多数中小企业来说,采用内外账方式,利润并未完全显现,挂牌前则需要面对税务处罚和调账的影响。主要涉及的有土地增值税、固定资产购置税、营业收入增值税、企业所得税、股东个人所得税等项目。如果能够通过税务处罚和调账的处理解决,还算未构成实质性障碍,更多的情况是,一方面因为修补历史的处理导致税收成本增加,另一方面却因为调整幅度过大被认定为企业内控不力、持续盈利无保障、公司经营缺诚信等,可谓"得不偿失"。因此,税收规划一定要提前考虑,并且要与盈利规划避免结合起来。另外,在筹划中还要考虑地方性税收政策和政府补贴对企业赢利能力的影响问题。关联交易的正面影响反映在可提高企业竞争力和降低交易成本,负面影响在于内幕交易、利润转移、税负回避、市场垄断等。因此,无论是IPO还是新三板挂牌,对于关联交易的审查都非常严格。从理想状况讲,有条件的企业最好能够完全避免关联交易的发生或尽量减少发生，但是，绝对的避免关联交易背后可能是经营受阻、成本增加、竞争力下降。因此，要辩证的看待关联交易，特别要处理好三个方面的问题，一是清楚认识关联交易的性质和范围；二是尽可能减少不重要的关联交易，拒绝不必要和不正常的关联交易；三是对关联交易的决策程序和财务处理务必要做到合法、规范、严格。

回顾一下财管力的框架，这部分相当于税务得体力。

财管力讲战略契合度的融资障碍，主要包括3个指标：

* 40 │ 指标1　不会因为过度筹税导致融资障碍

过度筹税会造成一些逻辑失调，如上文所述，破坏数字合理性和财税契合度。这些失调实质上构成了股权融资障碍，以构成上市障碍为例：

（1）两套账，典型的报表逻辑失调；

（2）发票不合规。主要是灰色支出、部分原材料采购；

（3）研发支出的处理，套用税务优惠；

（4）成本核算，产品的毛利率波动大，倒推成本导致核算不真实；

（5）利润负增长；

（6）返利、赠品，很多公司作为销售费用处理，有少缴税嫌疑。

* 41 │ 指标2　不会因为多个账套导致财务混乱，融资困难

主要存在于银行或其他金融机构贷款。由于过度筹税，导致银行的贷款条件不符合，影响资金周转，甚至更严重的后果。

向银行贷款企业要把握好的财务指标：

（1）财务结构。

①净资产与年末贷款余额比率必须大于100%（房地产企业可大于80%）。

$$净资产与年末贷款余额比率 = \frac{年末贷款余额}{净资产} \times 100\%$$

净资产与年末贷款余额比率也称净资产负债率。

②资产负债率必须小于70%，最好低于55%。

$$资产负债率 = \frac{负债总额}{资产总额} \times 100\%$$

（2）偿债能力。

①流动比率在 150% ~ 200% 较好。

$$流动比率 = \frac{流动资产额}{流动负债} \times 100\%$$

②速动比率在 100% 左右较好，对中小企业适当放宽，也应大于 80%。

$$速动比率 = \frac{速动资产额}{流动负债} \times 100\%$$

速动资产 = 货币资金 + 交易性金融资产 + 应收账款 + 应收票据

= 流动资产—存货—预付账款—一年内到期的非流动资产—其他流动资产

③担保比例小于 0.5 为好。

④现金比率大于 30%。

$$现金比率 = \frac{现金 + 现金等价物}{流动负债} \times 100\%$$

（3）现金流量。

①企业经营活动产生的净现金流应为正值，其销售收入现金回笼应在 85% ~ 95% 以上。

②企业在经营活动中支付采购商品、劳务的现金支付率应在 85% ~ 95% 以上。

（4）经营能力。

①主营业务收入增长率不小于 8%，说明该企业的主业正处于成长期，如果该比率低于 5%，说明该产品将进入生命末期了。

$$主营业务收入增长率 = \frac{本期主营业务收入—上期主营业务收入}{上期主营业务收入} \times 100\%$$

②应收账款周转速度应大于六次。一般讲企业应收账款周转速度越高，企业应收账款平均收款期越短，资金回笼的速度也就越快。

应收账款周转速度

（应收账款周转次数）= 营业收入 / 平均应收账款余额

= 营业收入 /（应收账款年初余额 + 应收账款年末初余额）

= 营业收入 ×2/（应收账款年初余额 + 应收账款年末初余额）

③存货周转速度中小企业应大于五次。存货周转速度越快，存货占用水平越低，流动性越强。

存货周转速度（次数）= 营业成本 / 平均存货余额，其中

存货平均余额 =（期初存货 + 期末存货）/ 2

（5）经营效益。

①营业利润率应大于 8%，当然指标值越大，表明企业综合获利能力越强。

$$营业利润率 = \frac{营业利润}{营业收入（商品销售额）} \times 100\%$$

$$= \frac{销售收入 - 销货成本 - 管理费 - 销售费}{销售收入} \times 100\%$$

②净资产收益率中小企业应大于 5%。一般情况下，该指标值越高说明投资带来的回报越高，股东们收益水平也就越高。

净资产收益率 = 总资产净利率 × 权益乘数 = 营业净利率 × 总资产周转率 × 权益乘数

其中

$$营业净利率 = \frac{净利润}{营业收入} \times 100\%$$

总资产周转率（次）= 营业收入/平均资产总额

权益乘数 = 资产总额/所有者权益总额

= 1/（1 − 资产负债率）

③利息保障倍数应大于 400%

利息保障倍数 = 息税前利润 / 利息费用
         = （利润总额 + 财务费用）/（财务费用中的利息支出 + 资本化利息）

✳ 42 │ 指标3　不会因为纳税不规范导致上市受阻

税收问题是中小企业挂牌前必须面对的一个大问题。大多数中小企业，在发展过程中由于各方面的原因，完全体现出利润的企业并不多见。一般企业都有两套账：内账和外账。内账是记录企业真实情况的账务；外账则是应对税务的账务。挂牌前企业，如果把真实的利润释放出来，必须面对补税的成本和政策性风险。

比如销售收入确认环节、股改过程中未分配利润量化转为股本的环节、房地产变更过户、固定资产重新入账等环节，都涉及税务问题，需要系统地筹划、周密地安排和计算成本的大小，以确保既满足审计要求又满足税务的合法性和合规性要求，这是一个很重要的隐性的"拦路虎"。所以对想进入新三板的企业，必须对挂牌前的税收，结合盈利规划提前进行筹划。此外，对税收不够重视，未依法纳税，特别是一些小税种，如印花税、个人所得税，存在不规范计税的情况。

> **财管力观点**：为了节税重组，以及为了重组节税——获取利润的 K 点是股东的变化

第2节　资质障碍

财管力讲战略契合度的资质障碍，主要包括以下 2 个指标：

✳ 43 │ 指标1　不会因为过度筹税导致申报高新技术企业受阻

申报高新技术企业的得分评估表（表27）如下：

表27　高新技术企业认定评分标准（2021年）

1. 知识产权（≤30分）		得分：
技术的先进程度（≤8分） □A. 高（7~8分） □C. 一般（3~4分） □E. 无（0分）	□B. 较高（5~6分） □D. 较低（1~2分）	得分：

续表27

对主要产品（服务）在技术上发挥核心支持作用（≤8分） □A. 强（7~8分）　　　　　　□B. 较强（5~6分） □C. 一般（3~4分）　　　　　□D. 较弱（1~2分） □E. 无（0分）	得分：
知识产权数量（≤8分） □A. 1项及以上（Ⅰ类）（7~8分）　　□B. 5项及以上（Ⅱ类）（5~6分） □C. 3~4项（2类）（3~4分）　　　□D. 1~2项（2类）（1~2分） □E. 0项（0分）	得分：
知识产权获得方式（≤6分） □A. 有自主研发（1~6分）　　　□B. 仅有受让、受赠和并购等（1~3分）	得分：
（加分项，≤2分）企业是否参与编制国家标准、行业标准、检测方法、技术规范的情况 □A. 是（1~2分）　　　　　　□B. 否（0分）	得分：
2. 科技成果转化能力（≤30分）	得分：
□A. 转化能力强，　≥5项（25~30分）　　□B. 转化能力较强，≥4项（19~24分） □C. 转化能力一般，≥3项（13~18分）　　□D. 转化能力较弱，≥2项（7~12分） □E. 转化能力弱，　≥1项（1~6分）　　　□F. 转化能力无，　0项（0分）	得分：
3. 研究开发组织管理水平（≤20分）	得分：15
制定了企业研究开发的组织管理制度，建立了研发投入核算体系，编制了研发费用辅助账（≤6分）	得分：
设立了内部科学技术研究开发机构并具备相应的科研条件，与国内外研究开发机构开展多种形式的产学研合作（≤6分）	得分：
建立了科技成果转化的组织实施与激励奖励制度，建立开放式的创新创业平台（≤4分）	得分：
建立了科技人员的培养进修、职工技能培训、优秀人才引进，以及人才绩效评价奖励制度（≤4分）	得分：
企业成长性（≤20分）	合计：
净资产增长率（≤10分） □A. ≥35%（9~10分）　　　　□B. ≥25%（7~8分） □C. ≥15%（5~6分）　　　　　□D. >5%（3~4分） □E. >0（1~2分）　　　　　　□F. ≤0　（0分）	得分：
销售收入增长率（≤10分） □A. ≥35%（9~10分）　　　　□B. ≥25%（7~8分） □C. ≥15%（5~6分）　　　　　□D. >5%（3~4分） □E. >0（1~2分）　　　　　　□F. ≤0　（0分）	得分：
企业实际经营期不满三年的按实际经营时间计算。计算方法如下： （1）净资产增长率 净资产增长率=1/2（第二年末净资产÷第一年末净资产+第三年末净资产÷第二年末净资产）−1 净资产 = 资产总额 − 负债总额 资产总额、负债总额应以具有资质的中介机构鉴证的企业会计报表期末数为准。 （2）销售收入增长率 销售收入增长率=1/2（第二年销售收入÷第一年销售收入+第三年销售收入÷第二年销售收入）−1 企业净资产增长率或销售收入增长率为负的，按0分计算。第一年末净资产或销售收入为0的，按后两年计算；第二年末净资产或销售收入为0的，按0分计算。	

此处形成的障碍，有三种类型：

（1）直接障碍。由于过度筹税，导致的利润负增长，收入增长性不够等；

（2）间接障碍。由于过度筹税，导致的资产核算、研发费核算、成本核算等逻辑不钩稽，影响了增长性以外的 80 分。

（3）提交的研发支出辅助账不合规。主要是账务处理和发票问题。

* 44 ｜指标2　不会因为纳税不规范导致其他资质障碍

> 财管力观念：高新技术企业是获利资质——利润的 K 点在于研发费专账核算

【案例：伪高企，做材料申报高新技术企业，研发费核算混乱】

一、问题描述

伪高企，做材料申报高新技术企业，研发费核算混乱。

二、风险分析

1. 存在失去高新企业资质，企业补缴巨额税款和滞纳金，五年内不得申请高新企业的风险。

2. 研发费用低于规定标准的，不能享受企业所得税优惠政策。

3. 研发费用辅助账未设置或设置不规范的，不得享受加计扣除。

三、整改措施

1. 企业应按照规定归集研发费，包括①会计科目设置、归集、分配准确；②不能擅自将非研发费用支出列入研发费；③非专门用于研发的设备和房屋的折旧要分摊合理；④不能将对外支付的技术使用费列入研发费用；⑤企业申报跨年度研究开发费用的确认和计量准确，不能故意将部分费用集中计入某一年度。

2. 按照实际发生与研发活动有关的人员人工、直接投入、设备折旧、期间费用准确核算研发费用，准确区分成本和研发费用的核算。

5.5　涉税风险防范

合理避税要走出三个误区。

误区之一：合理避税就是少缴税或不缴税

提到合理避税，不少人想到的就是纳税人运用各种手段，想方设法地少缴税甚至不缴税，以达到直接减轻自身税收负担的目的。实际上合理避税仅仅是纳税人进行经营的一种手段，是一种生产经营活动方式，其根本目的应当与纳税人的生产经营目的一致，即追求利益的最大化。对纳税人来说，如果从某一经营方案中可以获得最大化的利润，即使该经营方案会增加纳税人的税收负担，该经营方案仍然是纳税人的最佳经营方案。

误区之二：合理避税只与税款的多少有关

目前，我们在探讨合理避税时，基本上都是税款方面的筹划，即将合理避税简单地看成是税款的多与少的选择，而很少去考虑税款之外的其他事情。这是一种不正确、不全面的合理避税观。合理避税并不是单纯为了节税，而是履行纳税人的权利和义务。全面履行纳税义务，最大的利益是可以使纳税风险降到最低限度，从而避免因为纳税义务的不履行而被税务机关处罚，进而减少和避免纳税人在纳税方面的损失。在纳税人履行纳税义务的同时，也应当依法享受法定的权利。因此，依法维护纳税人权利是合理避税的一个重要内容。事实上，由于多方面的原因，我国的纳税人在纳税权利方面的筹划还很少。不仅如此，有的甚至连最起码的纳税人权利都不知道如何维护，对税收法律法规赋予的权利也常常是轻易放弃。从某种意义上讲，放弃自己应有的权利就会使自己的经济利益受到损失。

误区之三：合理避税无风险

从当前我国合理避税的实践情况看，纳税人在进行合理避税过程中都普遍地认为，只要进行合理避税就可以减轻税收负担，增加自身收益，而很少甚至根本不考虑合理避税的风险。其实合理避税作为一种计划决策方法，本身也是有风险的。首先，合理避税具有主观性。纳税人选择什么样的合理避税方案，又如何实施，这完全取决于纳税人的主观判断，包括对税收政策的认识与判断，对合理避税条件的认识与判断等等。主观性判断的正确与错误就必然导致合理避税方案的选择与实施的成功与失败，失败的合理避税对于纳税人来说就意味着风险。其次，合理避税具有条件性。一切合理避税方案都是在一定条件下选择与确定的，并且也是在一定条件下组织实施的。合理避税的条件至少包括两个方面的内容：其一是纳税人自身的条件,主要是纳税人的经济活动;其二是外部条件,主要是财务与税收政策。合理避税的过程实际上就是纳税人根据自身生产经营情况,对税收政策的差别进行选择的过程。

第1节 内部防范环境——取材有道,不为食之

财管力讲税务风险防范的内部防范环境,主要包括以下4个指标:

✱ 45│指标1 管理者对税务风险重视,积极组织学习各项税务政策

(1)重视,是尊重专业度,不提无理要求,也不盲听某一人;

(2)组织学习,是组织全员学习,包括中层管理人员,和相关岗位人员。不是只有财务部的才学。如此才能将基础制度落实下去。不至于出现发票不合规、报销单填写不规范等低级错误;

(3)定期学习、研究,前提是指标1,收集和整理政策。很多企业觉得税务局的诸多要求是阻碍,换个角度想,我们的企业要想持续的经营和盈利,需要一个稳定、安全、正常运转的社会,我们需要秩序,所以也要为此支付一定的成本;

(4)内部研究、外部学习都需要。外部听知识,内部研究机密。

✱ 46│指标2 有税务风险的日常监控措施和责任人

(1)首先完成上文风险防范的指标;

(2)关注税务处罚通告;

(3)关注证监会处罚中与税有关的内容。

✱ 47│指标3 对税收开展合理预测

✱ 48│指标4 设置税务风险财务预警指标

企业常见的进项不够、发票不够、都是一种预警,但我们应有经过设计的、系统化的预警指标,能够分出层级。预警指标包括但不限于:

(1)系统指标;

(2)按级别划分;

(3)谁负责;

(4)汇报机制。

> 财管力观点：一日三省吾身——利润的 K 点在于杜绝惩罚成本

第2节　外部防范支持——兼听则明

财管力讲税务风险防范的外部防范支持，主要包括以下 2 个指标：

✱ 49｜指标1　聘请专业机构或税务顾问

✱ 50｜指标2　政府各个部门的政策和信息，对涉税风险综合评估

财管力

——300个指标量化提升利润管理

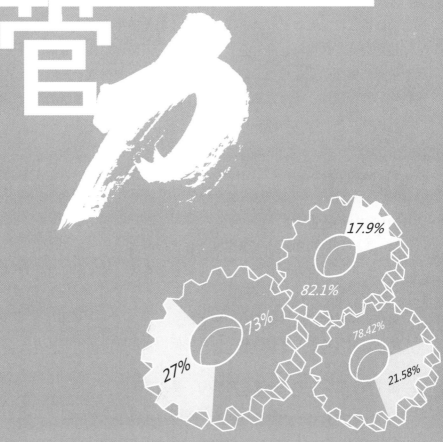

6 自查自校力

自我省察和纠偏，从岗位设定开始提升效率，到绩效考核，不仅是验证，更是自我康复能力。

自查自校力。企业要健康发展，就要有一套防御机制，这套机制必须自强自立，能够实时检测出企业的"行差踏错"，防止跑偏。只有这样，企业才有内生力，才能得出可持续发展的保证。自查自校力是对企业的免疫力进行评分，在生病之前体检，提前保养保健，这样的企业才更具备健康持续发展的能力。

建立健全防御机制，提升企业内生力，是可持续发展的保证。自查和内审，已经被越来越多的企业重视。而绩效评价，也是一项很重要的内容，不仅可以获得量化的管理数据，还可以通过前面关于组织机构、内部控制的设定，形成完整的绩效循环，从而提升利润管理能力。

6.1 机构和职能

内部审计的特点

第一，审计机构和审计人员都设在各单位内部。

第二，审计的内容更侧重于经营过程是否有效、各项制度是否得到遵守与执行。

第三，服务的内向性和相对的独立性。

第四，审计结果的客观性和公正性较低，并且以建议性意见为主。

第1节 独立机构——要么有机构，要么有职能

财管力讲机构和职能的独立机构，主要包括以下 2 个指标：

✳ 1 | 指标1 设立独立的机构，作为内审部门

企业应通过设置独立的内部审计机构，配备独立的内审人员来加强内部审计工作，保证其工作的独立性。

1. 内部审计机构的职能之一

（1）结合内部审计监督，对内部控制的有效性进行监督评价；

（2）监督检查中发现的内部控制缺陷，应当按照企业内部审计工作程序进行报告；

（3）监督检查中发现的内部控制重大缺陷，有权直接向董事会及其审计委员会、监事会报告。

目前，内部审计部门存在着三种隶属关系，也可以说是三种组织结构的设置方式或控制方式。

（1）内部审计部门直接受本公司董事会下设的审计委员会或监事会的领导，内部审计人员不受企业经营业务部门和有关职能管理部门的约束而独立性最高；

（2）内部审计部门受企业总经理的领导，独立性有所减弱但操作中更为有效。

（3）内部审计部门受本企业财务总监的领导，独立性为三者之中最弱；

通常情况下，内部审计部门直属领导的层次越高，内部审计的独立性就越强，权威性也会越大。

✱ 2 │ 指标2　内审部门职能清晰界定，并公布

内部审计，是建立于组织内部、服务于管理部门的一种独立的检查、监督和评价活动，它既可用于对内部牵制制度的充分性和有效性进行检查、监督和评价，又可用于对会计及相关信息的真实、合法、完整，对资产的安全、完整，对企业自身经营业绩、经营合规性进行检查、监督和评价。

内部审计是一种独立、客观的确认和咨询活动，旨在增加价值和改善组织的运营。它通过应用系统的、规范的方法，评价并改善风险管理、控制和治理程序的效果，帮助组织实现其目标。

内部审计是外部审计的对称。由本部门、本单位内部的独立机构和人员对本部门、本单位的财政财务收支和其他经济活动进行的事前和事后的审查和评价。这是为加强管理而进行的一项内部经济监督工作。

内部审计机构在部门、单位内部专门执行审计监督的职能，不承担其他经营管理工作。它直接隶属于部门、单位最高管理当局，并在部门、单位内部保持组织上的独立地位，在行使审计监督职责和权限时，内部各级组织不得干预。但是，内部审计机构终属部门、单位领导，其独立性不及外部审计；它所提出的审计报告只供部门、单位内部使用，在社会上不起公证作用。

第2节 汇报对象——我不对你的工作负责

财管力讲机构和职能的汇报对象，主要包括以下3个指标：

✱ 3 │ 指标1　内审部门对公司最高领导人汇报工作

明确内审部门的汇报对象很重要，内审部门应具有高度的独立性，所以汇报对象的层级应该尽可能的高。

（1）向最高领导人汇报工作，有利于保持机构独立性，不受平级部门的干扰；

（2）向最高领导人汇报工作，因为内审的审计范围，涉及到制度的制定、人的绩效、标准的执行、公司的业绩、财务处理的准确性和公允性等各个方面，向某位分管领导汇报公司，对不足以全面；

（3）向最高领导人汇报工作，便于后续跟进，可以获得足够的权威去落实审计发现的问题，以及提出的管理建议。

✱ 4 │ 指标2　内审不对财务总监汇报工作

内审部不对财务总监汇报工作，比较容易理解。很多企业安排内审部门向财务总监汇报，这里需要明确的是：内审验证的内容是制度的执行状况、财务处理的准确度、绩效的水平等，其中一部分是财务总监所负责的内容，向财务总监汇报，缺乏独立性，而且财务总监对其他的内容无所涉猎，会使听取汇报的效果大打折扣。

✱ 5 │ 指标3　内审部门成员不兼任其他部门的工作

内审部人员兼任其他部门的工作，会干扰到内审工作的独立性。

（1）所兼任的部门有多头上级；

（2）会出现自己审计自己的工作的可能。

内部审计人员应当识别下列可能影响客观性的因素：

（1）审计本人曾经参与过的业务活动；

（2）与被审计单位存在直接利益关系；

（3）与被审计单位存在长期合作关系；

（4）与被审计单位管理层有密切的私人关系。

第3节　管理层态度——狐假虎威

财管力讲机构和职能的管理层态度，主要包括以下2个指标：

＊6｜指标1　管理层高度重视内审工作，并积极协调配合

只有得到管理层的高度重视，才能自上而下的将内部审计工作实质性的落实到位。

＊7｜指标2　维护审计人员内部公信力，会安排后续跟进

做内部审计，所披露的问题和需要改进的管理不当，需要被赋予内部公信力，才能使得后续跟进成为可能。

6.2　流程和标准

第1节　文档完备度——写让人看得懂的制度

每个企业都有一系列的流程和标准，根据自身的实际情况和目标，制定了制度文档，再将其作为日常工作准则，及行为标准，明确奖惩，进而改进工作效率和企业氛围。

而实务中我们也见过文档本身已经具有各种各样的问题，所以本章节，我们首先明确关于标准的标准。

先有标准的标准，才有标准的执行。

财管力讲流程和标准的文档完备度，主要包括以下4个指标：

＊8｜指标1　流程和标准清晰，能作为各个岗位的工作指引

要流程和标准清晰，能作为各个岗位的工作指引，要将流程标准成文简洁，没有语法错误，要点清晰，便于理解和应用。常见的问题如下：

1.句子太长了，或者中心思想不明确，不突出

工作人员，尤其是车间人员，没有耐心研究很多的文字，也没有水平做复杂

的阅读理解。他们希望迅速了解应该做什么，怎么做是对的，怎么做是错的。

2. 在一个层级面面俱到，抓不到重点

常见制度和行为准则都在一篇文档中写完，没有突出重点。实际上，理念性的要求和行为性的操作守则，是需要不同的表述和传播效果的。

（1）制度——明确职责和分工，做原则性的要求；

（2）流程——概括制度的骨架，一眼看完；

（3）节点图——标注关键信息，如：执行人、操作要点、成果等；

（4）清单——行为的留痕，按照节点图编号留底；

（5）验证——检查和证明，需要下一环节签字。

3. 有重复，有叠发，或自相矛盾

常见于频繁发送制度和文档，或不同部门之间缺乏协调性的发送制度和文档。

※ 9 ｜ 指标2　流程和标准全面，涵盖了公司所有部门和业务循环

本条强调全面：

（1）全面的横向空间，每个部门都有；

（2）全面的纵向空间，整个业务流程每个节点都应被提及；

（3）全面的范畴，涵盖各个业务循环（至少涵盖关键业务循环——风险控制力—关键内控）；

（4）全面的档案：

①做了什么；

②谁做的；

③什么时间做的；

④做的怎么样；

⑤谁能证明。

※ 10 ｜ 指标3　流程和标准精细，能解释工作细节的操作

本条强调精细：

（1）写清楚工作的执行动作；

（2）用此尽量现象化、量化，少用概念词和形容词；

（3）多用关键词。

❋ 11 | 指标4　流程和标准可行，对照文字或图表即可实操作业

本条强调可行：

（1）多用表格、流程图；

（2）多点名，点岗位；

（3）用最小的时间单位验证；

（4）定期公布。

一般来说，对企业内部控制制度健全性的评审，主要包括以下内容：

（1）生产、经营、管理部门是否健全，责、权、利是否明确，不相容职务是否分离，分工能否起到应有的相互制约作用；

（2）会计信息及相关的经济信息的报告制度是否健全，会计信息及相关经济信息的记录，传递程序是否都有明确规定；

（3）用来证明经济业务的凭证制度是否健全，凭证的填制、传递和保管是否有严格的程序，凭证是否做到了顺序编号；

（4）企业的员工是否具备了必要的知识水平和业务技能，有无定期的职务轮换制度，企业员工是否经常接受必要的培训；

（5）对财产物资是否建立了定期盘点制度，对重要的业务活动是否建立了事后核对制度，有无将盘点和核对后的信息及时反馈给相关部门；

（6）企业是否建立了严格的经济责任制和岗位责任制，责任是否落实，是否严格执行了奖惩制度；

（7）企业是否对各项业务活动的程序作出了明确规定，有无清晰的流程图交由有关人员严格执行；

（8）企业各个业务循环中的各关键控制点是否都设有控制措施，各项控制措施是否经济，是否切实可行；

（9）企业是否建立了内部审计制度，对查错揭弊、改进管理、提高效益是否发挥了作用；

财管力观点：序号和量化的妙用——利润的 K 点在于全流程连续编号

【案例：生产线运作效率低，且未经分析】

一、问题描述

生产线运作效率低，且未经分析。

二、风险分析

1. 生产效率低，消耗不必要的材料，增加企业成本负担。

2. 生产线工序或者流程繁琐使生产周期变长。

3. 生产管理观念不清晰，管理执行的不到位，管理制度存在缺陷。

三、整改措施

1. 最低生产线运作，改善生产工序，减少不必要的流程。

2. 制定贴切企业经营规模的生产计划。

3. 贯彻落实生产管理制度。

四、标准交付

无。

【案例：生产计划不能按时完成，料工费未得分析】

一、问题描述

生产计划不能按时完成，料工费未得分析。

二、风险分析

1. 生产计划实施落实监督不到位。

2. 未能清晰核算生产产品的料工费，无法确定产品成本。

3. 料工费没有合理管控，导致资源浪费的风险。

三、整改措施

1. 加强执行力度，严格实施生产计划，分析生产计划延误原因。

2. 清晰核算生产产品的料工费。

四、标准交付

附件一：《生产计划完成统计表》

【案例：整个流程的大部分节点缺乏生产需求和计划目标的关键信息】

一、问题描述

整个流程的大部分节点缺乏生产需求和计划目标的关键信息

二、风险分析

1. 生产需求和计划信息未能流转至整个生产环节，采购不能满足生产，生产流程受阻。

2. 关键信息的缺失，生产用料耗损无计划，形成材料的浪费。

3. 生产计划目标缺乏，生产实际和计划出现偏离，生产产品不符合销售。

三、整改措施

1. 明确生产需求和计划整个生产环节，生产衔接至采购与销售流程，完成供应链的信息贯彻，便于企业制定发展计划。

2. 控制生产流程的关键节点，对于关键信息把控，按计划采购和领用材料，节约成本。

四、标准交付

无。

【案例：缺少原材料检验工作标准或环节】

一、问题描述

缺少原材料检验工作标准或环节。

二、风险分析

1. 存在原材料质量不高的风险，导致产品质量下降。

2. 存在原材料数量、规格不符合实际生产需求的风险，影响生产进度。

三、整改措施

1. 仓库管理员负责原材料的验收入库工作，原材料到公司后管理员需检查材料的品名、规格型号、生产厂家、生产日期或批号、保质期、数量、包装状况和合格证明等，检验合格的材料方可入库。

2. 完善原材料检验操作流程，加强原材料的管理控制。

四、标准交付

附件一：《原材料检验操作流程》

附件二：《原材料检验通知单》

第2节　验证和修订——留一个余地

每个业务循环的内部控制制度中应有多少关键控制点，如何判断，有无标准，这是审查评价内部控制制度健全性时一个很重要的问题。过去主要由审计人员凭经验来判断，由于经验不同，看法难免有差异，缺乏一致的判断标准。目前，很多国家的民间审计组织开始探索制定若干个主要业务循环的内部控制模型，作为评价其内部控制制度是否健全的依据。为使内部控制模型符合实际，应按企业不同的生产类型、主要业务循环来分别确定控制环节，指出关键控制点。

【财务循环的有效性】

既然投资者的投资决策的成功与否最终取决于经营者所操纵的内循环的质量特征，因此，组织财务活动处理财务关系的物质前提在于提高财务内循环的效率。通常情况下，经营者需要认真考虑以下问题：

1. 资金投放的合理性

资金投放的合理与否不仅取决于企业资产配置的合理性，还应当兼顾资金取得来源与资产形态之间的协调。以下问题尤其值得企业经营者特别关注：

（1）资本支出应当主要依赖固定财源；
（2）固定资产与长期负债必须保持合理比率；
（3）流动资产与流动负债应当维系适当比率；
（4）资金的投放对市场占有份额须保持一定弹性的可调整余地。

2. 资金耗费的必要性

资金的耗费最终形成成本费用，因此现代企业制度要求讲究企业资金耗费的必要性。1947年创始于美国通用电气公司的"价值分析"在世界范围内得到推广。"价值分析"的本质在于追求以价值为目标的最佳实现方式，"价值分析"的技术方法，使不必要功能所引发的不必要成本在产品设计上和工序制定上就得以排除。使资金耗费的必要性得以体现。

其基本操作过程为：

（1）分析和确定生产产品的必要功能；
（2）规划产品必要功能的实现的途径；

（3）计算各个实现途径的成本；

（4）计算各个实现途径的价值。

3. 资金回收的及时性

财务内循环的关键环节在于销售实现与货款回收的比率是否可以接受。在当前激烈的市场竞争面前，销售企业纷纷为客户提供力所能及的商业信用，而运用商业信用给销售企业所带来的最大隐患就是收账风险。如果企业赊销出去的产品，其货款得不到足额的回收，按照权责发生制所确定的销售收入与按照收付实现制所确定的销售收入就会存在永久性差额，使销售企业遭受损失如果这种差额只存在时间上的不同，企业将为垫付的资金付出相应的代价。所以，强调资金回收的及时性既可以有效减少收账风险，又可以减少企业的资金成本。

4. 资金分配的有理性

资金分配是处理财务关系的焦点，搞不好则人心散。国内外都有困资金分配不满意所引发的法律纠纷。在现代企业制度下，企业分配关系的基本框架是由国家法律所确定的；但几乎每一个企业都存在其本身的灵活性。毫无疑义，争议往往产生于这种灵活性的掌握对不同利益集团的影响效果不同。另外，利润分配的透明度也是争议的核心问题之一。提高透明度固然可以保证资金分配信息的平衡，但商业秘密的保护则难以维系。实践中，企业管理当局也只能遵循资金分配的有理性原则，而承担透明度不高所带来的负面影响。

总的来说，财务循环的有效性既涉及财务活动的全过程，也涉及财务关系的处理，其中任何一个环节的问题都可能引发企业全局性的问题。

总结：

1. 标准清晰并公布，对于内部审计和自查自校的标准确立标准和范畴确定。

2. 执行度，对企业经营、管理、风险、等方面执行内部审计，确保执行度及执行内容。

3. 循环修正，对于企业内部的业务循环，进行控制措施，确保循环的可行。

财管力讲流程和标准的验证和修订，主要包括以下3个指标：

※ <u>12</u> | 指标1　有征集修改意见的途径，有固定形式的研讨会议

（1）有专员，或兼职的岗位专员，专门征集修改意见，负责整理和上报；

（2）例会安排固定的流程，对流程和标准提出意见和建议；

（3）放送专用邮箱，或设置 OA 模块。

✲ 13 ｜ 指标2　对文档不合理处，有专人负责调整和修订

（1）有专人负责，指专门的人，或者专门的岗位职责，可以由文员兼任，也可由执行的岗位来记录和提出文档的不合理之处，或者不实用之处。来自应用层面的声音是非常有价值的。

（2）不要认为对文档的不停的关注和修订是无必要的。民怨的出口，有时可以成为平天下的鞍马。

✲ 14 ｜ 指标3　修订会经过合理的审批和征求意见稿公示

（1）一个权威；

（2）不需要盒子；

（3）发挥文化动力；

（4）让每个人都享受权力。

【案例：采购系统与生产流程缺乏协调和对接】

一、风险分析

1. 仓库连续出现原材料无货、断货现象；不能为生产计划提供原材料。

2. 采购与生产流程不完善，导致企业生产停滞或资源浪费。

二、整改措施

1. 建立与生产相互牵制、相互制约的采购流程制度。

2. 建立健全的生产及流程管理制度。

三、标准交付

1. 附件一：《采购管理制度及采购流程》

2. 附件二：《生产及流程管理制度》

3. 附件三：《物料采购计划表》

4. 附件四：《生产任务单》

第3节 可执行度——"教授式"理论,"傻瓜式"实践

财管力讲流程和标准的可执行度,主要包括以下2个指标:

✻ 15 | 指标1 对流程和标准有宣讲和试行的动作

宣讲和试行,是把流程和标准发布,尝试让大众接受的过程。
（1）教育和驯化;
（2）试行期内留有修改的余地。

✻ 16 | 指标2 有纸质版张贴在企业内,或者用画报、广播等方式宣传

张贴制度和作业标准,不仅是增加制度执行度的需要,更是降低人力资源风险的必要措施。
（1）广而告之,形成执行参考;
（2）强势建立规则。

第4节 奖惩制度——"胡萝卜加大棒"

财管力讲流程和标准的奖惩制度,主要包括以下2个指标:

✻ 17 | 指标1 对流程和标准的执行,设立了奖惩制度

制定奖惩制度,有以下几个要点:
（1）明确列出,什么情况会奖励,什么情况会惩罚,具体的列明。奖励什么,惩罚什么,也要明确列明。不能事后随意定;
（2）奖惩要跟工资薪金挂钩,但是不能出现扣工资、降低基本工资等字样,或类似的字眼;
（3）留一条通道,什么情况下,需要最高级别的审批决定。

✻ 18 | 指标2 奖惩制度得到了实际执行

所有的制度都应该被百分之百的执行。此处注意3个要点:
（1）执行落实到行为结果清单,起码是岗位考核的打分中;
（2）奖惩都要公示;

（3）各个层级的人员都必须执行同样的守则。除非守则一开始就将各个层级的人员分别制定奖惩制度进行考核。

6.3 工作质量评估

第1节 绩效评估——聚焦最核心的投入产出比

财管力讲工作质量评估的绩效评估，主要包括以下4个指标：

❋ 19 ｜ 指标1 评估顾客盈利能力，考虑生存可否

顾客盈利能力，是指通过识别所有与顾客直接相关的作业和成本动因，以此来报告和分析从顾客那里赚取的收入和为了创收所发生的成本。

（1）识别盈利最强的客户；

（2）管理每位客户的服务成本；

（3）推广能盈利的新产品和服务；

（4）停止无法盈利的产品、服务或客户；

（5）将客户的采购组合转向利润更高的产品和服务线；

（6）向采购量大服务成本低的客户提供折扣；

（7）选择售后服务的类型。

我们要区分不同层级的客户，并为不同层级的客户设置不同类别的成本。

（1）顾客产出数量级成本。

顾客产出数量级成本，是指消耗在卖给顾客的买一单位产品上的资源，包括：

①基于销售量或者销售额的销售佣金；

②每一单位产品的处理成本；

③根据变量来计算的运输费；

④单位退货产品的再存储成本。

（2）顾客批次级成本。

顾客批次级成本，是指消耗在每一单销售交易上的资源，包括：

①订单处理成本；

②运货成本；

③开票成本；

④与退货或折让相关的成本。

（3）顾客维持成本。

顾客维持成本，是指消耗在顾客服务上的，且与销售数量或批次无关的资源，包括：

①销售人员拜访顾客的差旅费；

②在顾客那里展示的成本；

③超期货款的收账成本。

（4）分销渠道成本。

分销渠道成本，是指消耗在企业针对顾客的每条分销渠道上的资源，包括：

①某一个地区开发市场的成本；

②服务于主要客户的区域仓库和服务于零售网点的集散中心的运营成本；

③某一零售分销渠道管理层的工资。

（5）销售维持成本。

销售维持成本，是指消耗在销售和服务维持活动上的资源。这些活动无法追溯至单个产品、批次或分销渠道上，包括：

①企业用于销售活动的一般支出；

②总部销售管理人员的工资、福利和奖金。

※ 20 | 指标2　评估投资回报率，考虑盈利可否

投资回报率，是指等于利润指标除以投入经营单位的投资金额指标。百分比值越大，投资回报率越大。

$$ROI = EBIT / A$$

$$EBIT = 息税前利润$$

$$A = 资产总额$$

（1）作为一项基于会计数据的财务指标，投资回报率的数值取决于管理层

所选择的会计原则。

不同的会计政策，会产生不同的收益。比如：先进先出法和加权平均法，在成本上升期间，核算的利润就不同。

投资回报率所使用的资产金额，也受会计原则影响。

这种影响不可消除，只能将整个过程保持采用统一的会计原则。

※ 21 │ 指标3　尝试平衡计分卡，考虑更多利润可否

平衡计分卡（图28），是指包含了企业4种关键成本因素的会计报告，包括：财务业绩、客户满意度、内部流程和学习成长。

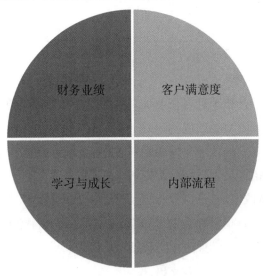

图28　平衡计分卡

平衡计分卡通过强调4个关键因素，根据企业长期战略目标来协调业务活动。具体指标：

（1）财务业绩——衡量盈利能力和市场价值。

①销售收入：销售预测准确度、销售回报率、销售增长趋势。

②流动性：资产、存货、应收账款周转率、现金流量。

③获利能力：收益增长率、投资回报率、剩余收益、经济附加值。

④市值：市场增值、股价、债券评级。

（2）客户满意度——衡量品质、服务和低成本。

①市场份额：整体市场份额、市场份额增长率、品牌美誉度、认知度。

②客户获得：新顾客数量、面向新客户的总销售额。

③客户满意度：客户退货、客户投诉、客户调查。

④客户保留：客户保留率、客户增长率。

⑤质量：质保费用。

⑥及时性：订货至交货所需的时间、及时送货次数。

（3）内部流程——衡量企业生产产品或服务的效率和效用。

①生产率：生产周期时间、效用、效率、差异、废料。

②质量：次品、退货、废料、返工、质保、质检。

③安全性：事故、保险索赔、事故后果。

④加工时间：安装调试时间、周转时间、订货交付时间。

⑤品牌管理：广告数量、调查、最新报道。

（4）学习和成长——衡量企业开发喝利用人力资源来满足期当前和未来战略目标的能力。

①技能发展：员工培训时间、技能提升、管理者的胜任能力。

②员工激励和授权：员工平均建议数量、已采纳的建议。

③新产品：新专利新产品的数量、设计变更次数、研发技能。

④竞争力：员工流动率、经验、客户满意度。

⑤团队合作：调查、与其他团队共享成果的次数、多组合作项目的次数、激励共享所占的比例、员工士气和企业文化。

* 22｜指标4　绩效评估得分与岗位设定和薪酬体系口径一致

> 财管力观点——为了共同的利益，利润 K 点在于根据利润分解的末端设计薪酬体系

第2节　管理效率——精神层面的一些工具

管理水平的高低，取决于管理效率，这是根据中国企业家系统调查得出的结

论。较高的管理效率，能使企业获得较好的效益。

财管力讲工作质量评估的管理效率，主要包括以下 4 个指标：

✳ 23 | 指标1　创建企业文化、经营理念，强调沟通

在企业中，涉及管理效率，不出左右，是人的效率，使企业发展和员工成长高度一致，企业才能以内生力驱动，源源不断的创造收益。所以企业文化的建立，强调理念，强调沟通，是提高管理效率的首要内容。

✳ 24 | 指标2　关注时间管理

时间管理是指通过事先规划和运用一定的技巧、方法与工具实现对时间的灵活以及有效运用，从而实现个人或组织的既定目标的过程。

（1）每天安排出时间计划日程和优先事项。

（2）能利用经手的文件进行工作。

（3）确保工作速度能与目标或最后期限步调一致。

（4）保持良好情绪，即使面对意料之外的需求时也能如此。

（5）如果不是接待未预约谈话者的适宜时间，能迅速而坚定地要求非正式拜访者以后再来。

（6）每天留出一定时间给"顺便拜访"的人。

时间管理是管理学的概念，要点是：收集、整理、组织、回顾、行动。

✳ 25 | 指标3　关注目标管理

目标管理是是以目标的设置和分解、目标的实施及完成情况的检查、奖惩为手段，通过员工的自我管理来实现企业的经营目的一种管理方法。

由美国管理学家德鲁克于 20 世纪 50 年代提出，被称为"管理中的管理"。一方面强调完成目标，实现工作成果；另一方面重视人的作用，强调员工自主参与目标的制定、实施、控制、检查和评价。

目标管理的目的是通过目标的激励来调动广大员工的积极性，从而保证实现总目标。其核心就是明确和重视成果的评定，提倡个人能力的自我提高，其特征就是以目标作为各项管理活动的指南，并以实现目标的成果来评定其贡献大小。

1. 重视人的因素

目标管理是一种参与的、民主的、自我控制的管理制度，也是一种把个人需求与组织目标结合起来的管理制度。在这一制度下，上级与下级的关系是平等、尊重、依赖、支持，下级在承诺目标和被授权之后是自觉、自主和自治的。

2. 建立目标锁链与目标体系。

目标管理通过专门设计的过程，将组织的整体目标逐级分解，转换为各单位、各员工的分目标。从组织目标到经营单位目标，再到部门目标，最后到个人目标。在目标分解过程中，权、责、利三者已经明确，而且相互对称。这些目标方向一致，环环相扣，相互配合，形成协调统一的目标体系。只有每个人员完成了自己的分目标，整个企业的总目标才有完成的希望。

3. 重视成果。

目标管理以制定目标为起点，以目标完成情况的考核为终结。工作成果是评定目标完成程度的标准，也是人事考核和奖评的依据，成为评价管理工作绩效的唯一标志。至于完成目标的具体过程、途径和方法，上级并不过多干预。所以，在目标管理制度下，监督的成分很少，而控制目标实现的能力却很强。

* 26 | 指标4　通晓并推广使用管理效率工具

十种常见的管理工具：

1.SWOT 分析

SWOT 分析（表28）是制定战略的一种工具。可以帮助我们清晰地把握全局，分析自己在资源方面的优势与劣势，把握环境提供的机会，防范可能存在的风险与威胁。

例如：

表28　SWOT

	优势	劣势
机会	SO战略（增长性战略）	WO战略（扭转型战略）
威胁	ST战略（多种经营战略）	WT战略（防御型战略）

SO 战略就是依靠内部优势去抓住外部机会的战略。

WO 战略是利用外部机会来改进内部弱点的战略。

ST 战略就是利用企业的优势，去避免或减轻外部威胁的打击。

WT 战略就是直接服内部弱点和避免外部威胁的战略。

2. 头脑风暴会

头脑风暴会是一种收集创意，开发团队智慧的技术。

（1）非结构化的头脑风暴会。

为团队成员提供了自由的提出见解和意见的机会。这种方式鼓励成员任意地贡献出尽可能多的主意，直至没有人再有新东西可增加了。

（2）结构化的头脑风暴会。

对于团队负责人或会议主持人提出的问题，团队成员一个接一个地提出自己的见解。每人每次只能提一个。当某个成员再也没有新的主意时，可以跳过。所有的主意都应记录在白纸板上。

强调主意的数量而不是质量。

鼓励荒谬的和牵强的主意。

避免对所出主意的批评、评价和判断。

应鼓励对别人的主意搭顺风车和加以发挥。

3. 5W2H 方法

5W2H 方法是一种思考问题的方法，也是一种检查工作的办法。

5W

Why：为什么干要做这项工作，对工作目标是否有支持。

What：干什么任务的内容和达成的时间是什么。

When：时间在什么时间段进行。

Where：地点任务发生的地点。

Who：责任人哪些人员参加此任务，由谁负责。

2H

How to：怎么干用什么方法进行。

How much：费用需要多少成本。

4. SMART 原则

SMART 原则是一种分配任务的原则，是一种提高任务完成率的办法。

具体的（Specific）：

任务要有层次，各层任务要具体，要分解到不能再分解为止；

可衡量的（Measurable）：

任务的结果要能够测量，比如效果、数量。

可达到的（Attainable）：

计划要有合理性，要考虑：进度、质量及所需的资源能否及时到位；

相关的（Relevant）：

有关联的任务一定要体现相关性

基于时间的（Time-based）：

要有起始时间和结束时间。

5. 责任划分法（AMPES）

责任划分法（AMPES）是一种使每个人都成为责任者的工具。

Approve 批准

Monitor 监督

Plan 计划

Execute 执行

Assist 协助

6. 任务分解法（WBS）

任务分解法（WBS）是一种把任务细分并逐步落实的方法。

要点：

与任务承担者充分沟通。

任务分解到不能再分。

分解的任务要符合 SMART 原则。

7. 鱼骨图（也称因果图，图 29）

是一种寻找各因素之间因果关系的方法，是一种寻找各项工作之间逻辑关系的方法。

第一步
在图的右侧将结果或问题画在框中。

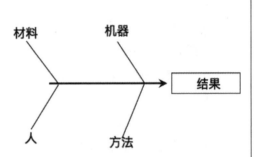

第二步
定义原因的分类，即"鱼骨"。
（1）决定要画出哪些分类。常用的分类有：

　　机器　　　方法
　　材料　　　人
　　评估　　　环境

（2）将分析的原因与主箭头平行写下来。

第三步
建立一系列可能的原因。
（1）作为一个团队，要决定使用哪一种产生决定的方法。很多团队用头脑风暴法。
（2）作为一个团队，要决定找出问题所有的原因还是在讨论下一个"鱼骨"前集中在当前的"鱼骨"上。
（3）提醒团队成员他们正在分析产生问题的原因而不是解决问题的答案。通常要在图的上面直接写出头脑风暴的问题，如右图。
（4）回顾使用方法的规则。
（5）画出小"鱼骨"。

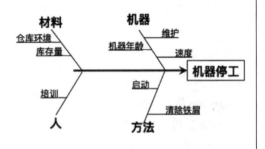

图29　鱼骨图

8. 柏拉图（图30）

柏拉图是一种从众多因素中找出最关键因素的方法。

第一步　定义数据表格式

定义你的小组收集感兴趣资料的数据表格式。

第二步　收集资料

第三步　计算总数

从记录表计算总数。有时经计算后，有些项的出现频率很小或重要性很低。这些项可以合起来归入"其他"项。

第四步　画柏拉图坐标轴

（1）在图纸上画出左垂直轴和底部的水平轴。
（2）将左垂直轴根据你检测到的最大数值进行等分。
（3）将底部水平轴按测试的项目进行等分。
（4）将频率最高的项目画在最左边，然后是第二高频率，直至所有项都画出来。这样，最重要的项出现在最左面，而"其他"项则出现在最右面。

第五步　画出柏拉图柱子

柱子的高度应该等于各项目的数值。相邻的柱子应紧靠一起。

第六步　连接累计曲线

（1）画出右边的垂直轴。
（2）在右垂直轴与左垂直轴上的最高数值点的对应位置上标出100%，并将其均分，标出百分数。
（3）从最左边柱子的左下角开始画该柱子的对角线。
（4）再将第二项的数值与第一项相加，从第一项柱子的右上角画到相加所得的数值位置，水平方向等于延伸的宽度应等于第二项的宽度。
（5）重复上述步骤直至画到图的右上角。最终的高度应等于所有项之和的数值并画到100%的地方。

第七步　加上图例

日期、资料来源、责任人以及图名等均应标出。

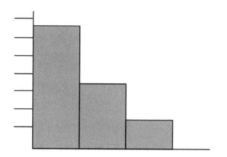

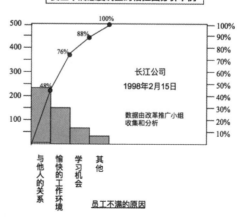

图30　柏拉图

9. PDCA 循环

PDCA 循环是一种把任务变成办法的工具,是一种使工作不断改进的方法。

Plan 计划

Do 执行

Check 检查

Action 行动(改正,再执行)

10. 5S 管理。

5S 管理是一种能够改善工作环境的方法。

内容:

Seiri 整理,将有用的东西和没有用的东西分开,将没有用的东西清理掉。

Seition 整顿,将有用的东西放在应该放的地方,并做好标识。

Seiso 清扫,清除场内的脏污,并防止污染的发生。

Seiketsu 清洁,将前 3S 成果维持住。

Shitsuke 素养

第 3 节 绩效评价——多维考核才有意义

财管力讲工作质量评估的绩效评价,主要包括以下 5 个指标:

✽ 27 | 指标1 经济效益:销售净利率、总资产报酬率达成

✽ 28 | 指标2 资本经营:资本收益率、资本保值增值率达成

✽ 29 | 指标3 偿债能力:资产负债率、流动比率达成

✽ 30 | 指标4 营运能力:应收账款周转率、存货周转率达成

✽ 31 | 指标5 社会效益:社会贡献率、社会积累率达成

财管力观点:别给自己挖陷阱——利润的 K 点在于多维考核

6.4 舞弊风险

第1节 基本审查手段——用技术抵抗人性系列

财管力讲工作质量评估的绩效评价，主要包括以下9个指标：

✻ 32 | 指标1 检查真伪发票

1.用红外激光专用鉴别笔辨别

发票上方的"全国统一发票监制章"在红外激光专用鉴别笔激发下，能够显示黄绿色亮点，发票联的背面划痕也会呈现紫红色。

2.电话查询法

发票中间都有"发票代码"和"发票号码"，有的发标还有"密码"。可以拨打当地税务机关查询发票真伪的电话，输入"发票代码""发票号码"和"校验码"进行查询。

3.网上查询法

可以在网上找到当地税务机关的官方网站，找到"发票查询"一项，在其中输入"发票代码"和"发票号码"，能很容易的看到这是什么时间，什么单位使用的发票，方便快捷。如果是假发票，自然在网上是查不到的。

4.到当地税务机关查询

✻ 33 | 指标2 报账时要报账人列明详细内容和理由

摒弃旧有的——拿张收据来要钱的模式。企业制定报账流程时，应根据自身的实际分工和结果导向，要求报账人不仅按要求规范填写报销单，还应后附报销单内的费用发生项目的有关单据，包括但不限于：发票、合同、会议通知、机票行程单、车票、结算书、请款通知书、工作量验收资料等。

✻ 34 | 指标3 生产物料及办公用品要求先入库后领用

实务中不乏少数企业，需求部门申请采购的生产物料，或者办公用品，到货之后，直接分配到需求部门。

这种做法弊端很多：
（1）不入库再领用，缺乏实物管理；
（2）成本和费用的核算不准确；
（3）会对往来管理造成困扰；
（4）万一分配错误，收回重发相当困难，纠错成本较高。

✱ 35 | 指标4　要求报账人提出开支事由，且有证明人签字

开支事由，也就是花钱了的原因，要有证明人签字，一方面，证明人可以是其直接上司，对其工作进行了直接分配，花钱的原因，就是其对报账人分配的工作任务；另一方面，证明人可以是其同事，同时执行了这项工作，应共担此次花费。

实务中，较多企业是请证明人在发票背后签名字和日期。也可以在报销单页面签字并简单提示证明的立场。

✱ 36 | 指标5　制定明确、详细的费用开支标准和开支规定

详细的费用开支标准和开支规定，是一种事先讲明的规则，越详尽越好。国家公务员旅费标准示例如图31所示。

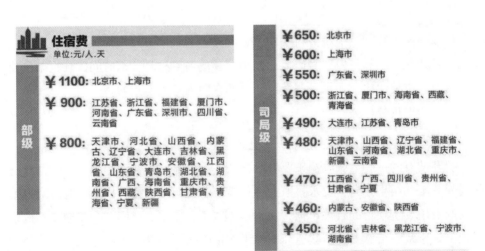

图31　国家公务员旅费标准示例

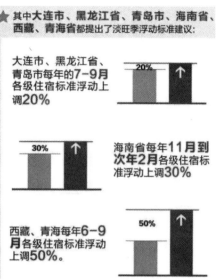

续图31

* 37 | 指标6 建立审计稽核制度，派专门人员定期检查账目资料，盘点现金，检查银行对账单，核实营业流水账、往来账、盘点库存账，并将会计总分类账、出纳流水账、业务营业账、仓库实物账等一一核对

* 38 | 指标7 对应收账款进行预警管理，会计人员定期与客户对账，收款员及时催收货款。会计部门应每月对应收账款进行分析检查。稽核人员定期检查应收账款明细资料及欠款原因，必要时向客户函证欠款情况或实地对账

* 39 | 指标8 对下属单位进行定期审计

如有公司的股权架构和组织架构不止一个层级的，需要对下属单位，如子公司、分公司、事业部、加工厂、合作部等，进行定期审计。审计内容包括但不限于内审常规的工作范围，也可以是不定期的交流和访问，以保证其工作效率和安全。

* 40 | 指标9 有办法核实销售合同或其他考核指标完成的真实性

第2节 财产安全——钱和权都要做到防人之心不可无

✳ 41 ｜ 指标1　银行章印和支票要求会计和出纳分开保管

✳ 42 ｜ 指标2　票据交给会计保管，出纳不得兼管会计账目和会计资料

✳ 43 ｜ 指标3　会计监督出纳定期盘点，做到日清月结

✳ 44 ｜ 指标4　建立库存明细账，定期盘点

6.5 审查档案

第1节 完整性——从形式到内容

✳ 45 ｜ 指标1　内审和工作质量评估的工作全程留档，按日期排序

✳ 46 ｜ 指标2　档案形式有纸质版、电子版、声音文件、影像文件等

✳ 47 ｜ 指标3　对档案的查阅和修订也要并入档案登记留底

第2节 安全性

✳ 48 ｜ 指标1　有专门的区域存放和保管档案

✳ 49 ｜ 指标2　翻阅需要经过最高领导人的审批同意，并有保管人陪同

✳ 50 ｜ 指标3　除非公检法调用，档案不会借出

财管力

——300个指标量化提升利润管理

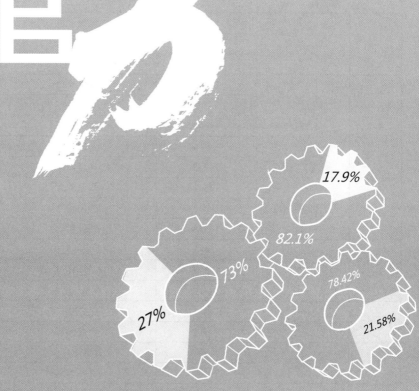

附录

附录1 财管力指标体系表

附表1　财管力指标体系表

一级指标		二级指标		50个
1-1	资金管理	1-1-1	配置效率	4
		1-1-2	使用效率	5
		1-1-3	安全性	4
1-2	资产管理	1-2-1	过程预设	4
		1-2-2	安全性	3
		1-2-3	文档痕迹	2
		1-2-4	使用效率	3
		1-2-5	缺陷预警	2
1-3	会计人员素质	1-3-1	职业道德	2
		1-3-2	胜任能力	5
		1-3-3	综合素质	3
1-4	组织机构	1-4-1	完整度	2
		1-4-2	不相容岗位分离	3
		1-4-3	参与度	3
1-5	会计档案	1-5-1	完整度	3
		1-5-2	保存保管	2
2-1	基本原则	2-1-1	会计准则符合度	1
		2-1-2	会计基本原则	1
2-2	会计处理	2-2-1	资产	4
		2-2-2	负债	4
		2-2-3	所有者权益	3
		2-2-4	收入	5
		2-2-5	成本	5
		2-2-6	费用	3
2-3	会计监督	2-3-1	授权和牵制	2
		2-3-2	职责设定	4
		2-3-3	独立性	3

续附表1

一级指标		二级指标		50个
2-4	往来管理	2-4-1	对象库	3
		2-4-2	账龄管理	4
		2-4-3	实时质量	3
5-1	日常申报	5-1-1	时效性	2
		5-1-2	效益性	3
5-2	政策和筹划	5-2-1	政策跟随度	4
		5-2-2	税收筹划度	14
5-3	财税契合度	5-3-1	数字合理性	12
		5-3-2	内外衔接度	4
5-4	战略契合度	5-4-1	融资障碍	3
		5-4-2	资质障碍	2
5-5	涉税风险防范	5-5-1	内部防范环境	4
		5-5-2	外部防范支持	2
6-1	机构和职能	6-1-1	独立机构	2
		6-1-2	汇报对象	3
		6-1-3	管理层态度	2
6-2	流程和标准	6-2-1	文档完备度	4
		6-2-2	验证和修订	3
		6-2-3	可执行度	2
		6-2-4	奖惩制度	2
6-3	工作质量评估	6-3-1	绩效评估	4
		6-3-2	管理效率	4
		6-3-3	效益评价	5
6-4	舞弊风险	6-4-1	基本审查手段	9
		6-4-2	财产安全	4
6-5	审查档案	6-5-1	完整性	3
		6-5-2	安全性	3

附录2 财管力诊断常见问题

1. 在持续盈利的情况下资金周转困难
2. 收入确认时间不准确
3. 大额应付账款无法支付
4. 账面分录不正确，附件有瑕疵
5. 政府补贴处理不当
6. 两套账，甚至更多
7. 成本核算不清晰
8. 合同的签订未经授权，执行与条款脱节，收付款与执行脱节
9. 往来款核算不准，收不回，付不出
10. 应收账款未建立系统管理，回款慢
11. 购置资产或投资未经资本预算
12. 账面股东借款，潜在利润分配
13. 原材料的领用没有及时登记，收发存滞后，仓库无实数
14. 提前开发票，提前确认收入和应收账款
15. 成本管控不力，浪费严重
16. 定价缺少科学计算，尤其缺少财务参与
17. 固定资产动态采购流程不完整
18. 固定资产保管未建制度，未有更新
19. 报销周期长，员工借款超过实际所需
20. 业务员考核缺乏科学的绩效标准，且与工资脱节
21. 账上其他应付款过大，体外循环有风险
22. 财务部不健全，缺乏明确分工，或者关键岗位未分离
23. 没有完整实用的财务管理制度，或者虽有，执行不力，或虽有执行，未见轨迹
24. 会计人员不足，胜任能力不够

25. 原始凭证缺失，不在财务部，或者未整理，或者在代账机构处
26. 入账不及时，等发票
27. 成本核算不准确
28. 现金过剩，资金闲置，没有有效投资获取回报
29. 企业无能力提前支付货款以享受现金折扣的待遇
30. 企业支票管理不严，内部个别人未经许可私自开具发票
31. 企业现金丢失
32. 企业实际固定资产超过账上数量，部分没有入账
33. 生产能力闲置，造成浪费
34. 会计账簿混乱，错误较多
35. 已经报废的固定资产没有及时处理，长期挂账
36. 固定资产没有按规定进行折旧
37. 客户欠款没有账龄管理，没有计提坏账准备
38. 现金报销核查不严，报销手续不规范
39. 租金、装修费等没有按照权责发生制摊销
40. 企业会计出纳一人兼任
41. 企业法人对会计监督认识不足，不明确会计责任主体
42. 内控制度存在严重缺陷
43. 账簿开设不规范，费用项目不完整
44. 相关税务手续不齐
45. 获取税收优惠的申报材料有瑕疵，或者找代理机构全包
46. 库存增长超过销售额
47. 生产和销售未建立逻辑测算
48. 库存积压
49. 企业退货期过长或者过短，且与账务处理脱节
50. 常常折价销售
51. 未考虑货币时间价值的因素
52. 原材料价格波动，更多是上升的时候，未采取措施

53. 流动资产少于长期资产

54. 期间费用率偏高异常

55. 仓储、搬运和保险等杂费未经测算

56. 企业产品品种单一

57. 把纳税工作全部交给代理记账，不筹划，甚至不过问

58. 对税收优惠政策不了解

59. 税务数据缺乏合理性，明显假账错账漏洞账

60. 长期零申报

61. 伪高企，做材料申报高新技术企业，研发费核算混乱

62. 报关日期早于发票日期

63. 缺少会计稽核

64. 管理层注重业务拓展，不关心企业管理问题

65. 生产线运作效率低，且未经分析

66. 生产计划不能按时完成，料工费哪里的问题未得分析

67. 没有建立档案管理，制度档案，会计档案，审计档案，业务档案等

68. 信用政策未经科学分析，盲目给出赊销条款

69. 公私不分家，资金资产混用

70. 毛利率异常，远高于/低于行业的平均水平

71. 存在单一客户重大依赖

72. 财务信息披露缺乏后果预估

73. 融资困难

74. 资金过剩

75. 逾期客户支付

76. 现金流出大于流入

77. 现金使用效率低下

78. 开销过度，债务过高，缺少现金预算

79. 无力享受供应商的现金折扣

80. 公司内部个别人未经许可私自开具支票

81. 现金报销人或供货商实为虚设

82. 未付、多付或重复支付的债务款项

83. 存在挪用公款

84. 开出的支票没有经过编号，或者在账上没有记录

85. 费用报销仅由一个人负责

86. 现金的实时盘点显示，账实不符

87. 账面银行存款余额，不等于银行存款的实际余额（银行存款余额调节之后）

88. 存在原始单据的金额和事项未经严格审核和核对的支付

89. 缺乏信用分析和评估

90. 库存周转率低

91. 库存不足

92. 超量订货，导致闲置或失窃

93. 库存断货

94. 存货保管不善，账实不符

95. 盘点工作执行不到位

96. 库存记录不准确

97. 生产定额或计划不达标

98. 生产设备老化、陈旧

99. 员工缺乏实际工作经验

100. 原材料采购量与需求不符

101. 引进新的生产设备或者采用新的生产手段导致了员工技术跟不上

102. 劣质商品导致退货或折价销售，甚至销售下降

103. 库存存放空间不足，仓储能力告急

104. 整个流程的大部分节点缺乏生产需求和计划目标的关键信息

105. 缺少原材料检验工作标准或环节

106. 采购系统与生产流程缺乏协调和对接

107. 供应商没有经过管理，订单零散，且不是最低单价

108. 未经过盈亏临界点分析，或者分析偏离了实际

109. 产品定价缺少财务人员参与，利润边际不足

110. 债务结构不合理，负债率过高，财务成本过重

111. 成本过高，尤其是变动成本过高，导致盈利空间有限

112. 销售组合未使用财务分析手段进行盈利预测

113. 由于缺乏财务专业内容的内部服务，导致了失去合同订单的潜在因素

114. 改进产品引发亏损

115. 流动比率低，不能满足公司的流动性需求

116. 依靠短期贷款带动长期非流动资产

117. 举债无门，筹资难，尤其缺乏应急筹资渠道

118. 净利率不合理的低，或者远低于同行业

119. 资产流动性差

120. 资不抵债

121. 举债扩张时对偿还能力预估不足

122. 有报表上没有披露的负债，或者法人代为借款实际企业承担财务成本的借款

123. 资产利用率低

124. 投资回报率低

125. 盈利质量不高

126. 销售收入、成本和利润长期波动，不稳定

127. 固定成本过高，导致了盈亏临界值实现难度大

128. 贷款被驳回，融资渠道受阻

129. 缺乏对财务决策的分析

130. 收到税务稽查，发现税务问题

131. 对外汇交易的计划性不足，造成汇兑损失

132. 管理层不关心财务问题

133. 预算制定得过紧，或者过松

134. 重复劳动或者重复购置

135. 标准成本计算得不准，或者未经提炼标准成本

136. 生产能力利用率低

137. 广告投入巨大，但对销售额的促进作用不大

138. 财务手段对退货没有帮助

139. 重要的财务数据不能马上提取，或者无人可以提供

140. 资产的管理和账面脱节

141. 报表不准，没有财务报告对外披露的稽核或者控制制度

142. 会计流程过于烦琐，制约效率

143. 税务报表缺乏合理性

144. 欠税或延迟纳税

145. 重复纳税

146. 过分补偿股东雇员